Rolf Müller · auf dass sie alle eins seien

Rolf Müller

auf dass sie alle eins seien

Das Werden und Wirken der Jungmännerwerke in der DDR und des CVJM-Gesamtverbandes ab Mitte der 70er Jahre

neukirchener
aussaat

MIX
Papier aus verantwortungsvollen Quellen
FSC® C023842

Dieses Buch wurde auf FSC-zertifiziertem Papier gedruckt.
FSC (Forest Stewardship Council) ist eine nichtstaatliche,
gemeinnützige Organisation, die sich für eine
ökologische und sozialverantwortliche Nutzung
der Wälder unserer Erde einsetzt.

Bibliografische Information der Deutschen Nationalbibliothek
Die Deutsche Nationalbibliothek verzeichnet diese Publikation in der Deutschen Nationalbibliografie; detaillierte bibliografische Daten sind im Internet über http://dnb.d-nb.de abrufbar.

Umschlaggestaltung: Andreas Sonnhüter, Düsseldorf
unter Verwendung eines Bildes von © MorgenDDL / iStockphoto.com
Lektorat: Simon Schild, Berlin
DTP: Breklumer Print-Service, Breklum
Verwendete Schrift: Sabon, Optima
Gesamtherstellung: Bercker Graphischer Betrieb, Kevelaer
Printed in Germany
ISBN 978-3-7615-5837-9

www.neukirchener-verlage.de

Inhaltsverzeichnis

Teil 2

Teil 3

Vorwort

Die Geschichte der CVJM-Bewegung in Deutschland bis in die Mitte der siebziger Jahre hat Walter Stursberg eindrücklich in seinem Buch „Glauben – Wagen – Handeln“ zusammengefasst. Rolf Müller, vier Jahre Bruderschaftssekretär in Nigeria und von 1977 bis 1999 Referent im CVJM-Gesamtverband, hat nun auf unsere Bitte hin die deutsche CVJM-Geschichte der letzten 30 Jahre geschrieben. Rolf Müller hat in dieser Zeit die Sportarbeit, die internationalen Begegnungen und Austauschprogramme verantwortet und maßgeblich mitgeprägt. Er kennt die CVJM-Geschichte aus eigenem Erleben. Ich danke ihm sehr herzlich für diese spannende und fundierte Fortschreibung der CVJM-Geschichte.

„Nur wer seine Geschichte kennt und sich ihr stellt, kann die Zukunft verantwortungsbewusst gestalten". Das jetzt vorliegende Buch hilft uns, die jüngere Vergangenheit der CVJM-Bewegung näher kennenzulernen. Es ist die Geschichte zum Aufbruch des CVJM ins 21. Jahrhundert und vor allem die Geschichte der Jungmännerwerke in der DDR. CVJM-Arbeit war in der DDR nicht möglich. Trotzdem haben sich die Jungmännerwerke nach der Wende als Mitgliedsverbände dem CVJM-Gesamtverband in Deutschland wieder angeschlossen. Die Verantwortlichen der Jungmännerwerke machten dadurch deutlich, dass sie sich immer als Teil der deutschen CVJM-Bewegung verstanden haben. Der CVJM in Deutschland wurde durch den Zusammenschluss im April 1991, also vor 20 Jahren, wieder vollständig. Die Mitarbeiterinnen und Mitarbeiter aus den neuen Bundesländern bereichern uns. Sie haben auch unter dem DDR-Regime nie die missionarische Jugendarbeit aufgegeben. Diese Erfahrungen, ihre Aufbauinitiativen, ihre Leidenschaft für benachteiligte junge Menschen bringen sie ins Gesamtwerk mit ein. Das hilft uns, gemeinsam und miteinander die Zukunft zu gestalten.

Heute ist der CVJM-Gesamtverband der größte christlich-ökumenische Jugendverband in Deutschland. In 2.200 CVJM, Jugendwerken und Jugenddörfern gibt es vielfältigste Formen von Jugendarbeit. 61.000 ehrenamtliche Mitarbeiterinnen und Mitarbeiter und 840 hauptamtliche CVJM-Sekretärinnen und CVJM-Sekretäre engagieren sich Woche für Woche für junge Menschen. 330.000 Mitglieder und regelmäßig Teilnehmende gehören zum CVJM in Deutschland. Der CVJM erreicht mit seinen Programmen, Aktionen und Freizeiten jedes Jahr über eine Million junge Menschen. In einer Zeit starker Veränderungen sind wir als CVJM weiter kreativ und engagiert mit jungen Menschen unterwegs.

Wo wollen wir als CVJM-Bewegung hin? Auf den Wurzeln der Vergangenheit Zukunft gestalten. Wir bleiben als CVJM dann zukunftsfähig, wenn wir das Evangelium, die Pariser Basis, die Wurzeln der Vergangenheit immer wieder neu entdecken und uns von ihrer Dynamik mitreißen lassen. Die Formen und Herausforderungen der CVJM-Arbeit waren und bleiben dem Wandel unterworfen. Das Entscheidende, das Einzigartige im CVJM ist und bleibt Jesus Christus. Sein Reich unter jungen Menschen auszubreiten, ist und bleibt die Beauftragung des CVJM. Es geht in der Vergangenheit, heute und zukünftig darum, dass Menschen das Liebesangebot Jesu annehmen, Schritte des Glaubens wagen und in Jesus Christus Hoffnung für heute und morgen gewinnen.

Mit der Gründung der CVJM-Hochschule 2009 und der Ausbildungsplatzinitiative „pack`s“ hat der CVJM aktuelle Herausforderungen neu angenommen. Im November 2010 haben 1500 Mitarbeiterinnen und Mitarbeiter den Jugendkongress „Von Wegen“ besucht und sich für ihre Mitarbeit ermutigen und stärken lassen. Die Bibelleseinitiative „Liest du mich?“ wurde gestartet und soll helfen, dass wir als CVJM dran bleiben an Jesus Christus und seinem lebendigen, aktuellen Wort. Als CVJM in Deutschland wollen wir verstärkt gesellschaftliche Randgruppen mit der christlichen Botschaft erreichen. Kinder und Jugendliche sollen weiterhin im CVJM Menschen finden, die sie begleiten, die ihnen zusagen, dass Jesus sie liebt. Sie sollen Räume und Angebote finden, in denen sie ihre Gaben und Begabungen entdecken und entfalten können. Als CVJM wollen wir für junge Menschen Wegbegleiter ins Leben bleiben.

Die Arbeit im neuen Jahrtausend wäre ohne die Vergangenheit und das Engagement vieler, vieler ehren- und hauptamtlicher Mitarbeiterinnen und Mitarbeiter in den zurückliegenden Jahrzehnten nicht möglich. Ihnen danke ich von Herzen für alle Zeit, alle Liebe, alles Engagement und allen Glauben, den sie in die Arbeit des CVJM investiert haben. Gott hat ihren Dienst reich gesegnet. Wir wollen im CVJM weiter mit Jesus Christus unterwegs zu jungen Menschen bleiben. Er wird uns in Bewegung halten und immer neu zeigen, was dran ist für den CVJM in Deutschland. Ich wünsche den Leserinnen und Lesern viel dankbare Freude und bei der Lektüre des Buches „auf dass sie alle eins seien“ und lade herzlich zur Mitarbeit im CVJM ein.

Karl-Heinz Stengel
Präses des CVJM-Gesamtverbandes in Deutschland

TEIL 1

Einleitung

„auf dass sie alle eins seien“ (Joh. 17,21a) ist das Motto des CVJM-Weltbundes. Es ist eine Bitte Jesu an seinen Vater um die Einheit seiner Jünger und aller nachfolgenden Generationen. Die Christenheit ringt bis heute um die von Jesus gewollte Einheit. Auch im CVJM-Weltbund hat dieses Ringen nie aufgehört, zu unterschiedlich waren und sind die Ansätze und Ausprägungen des Dienstes der CVJM-National verbände. Dennoch kann man sich auch noch heute der Feststellung John Motts anschließen, die er 1905 auf der CVJM-Weltbundtagung in Paris angesichts der Differenzen zwischen den deutschen Jünglingsbünden und dem angloamerikanischen YMCA traf, dass *der CVJM mehr als jede andere Organisation getan hat, die christliche Einheit zu praktizieren, und sich so um eine Antwort auf das Gebet unseres Herrn bemüht hat.*

Bezogen auf die Geschichte des deutschen CVJM und der Jungmännerwerke in der Nachkriegszeit hat die Weltbundlosung eine ganz besondere Bedeutung. Obwohl organisatorisch durch die politischen Verhältnisse seit Ende des Zweiten Weltkrieges getrennt, wurde die geschwisterliche geistige und geistliche Einheit bewahrt und führte schließlich im April 1991 auch wieder zur organisatorischen Einheit.

Die Einheit der Christenheit ist aber kein Selbstzweck. Im zweiten Teil des 21. Verses wird deutlich, warum Jesus für die Einheit der Christen gebetet hat. ... *so wie du, Vater, in mir und ich in dir, dass auch sie in uns eins seien, damit die Welt glaubt, du habest mich gesandt.* Das ist das eigentliche

Ziel der Einheit, dass die Welt glaubt, dass Jesus der Christus ist, der Sohn Gottes. Dieses Ziel findet sich in anderen Worten auch in den letzten Worten der Pariser Basis wieder, der 1955 beschlossenen Grundlage der CVJM: ... *und danach trachten, das Reich ihres Meisters unter jungen Menschen auszubreiten.*

Dieses Buch ist als Fortschreibung und Ergänzung zu Walter Stursbergs Buch „Glauben – Wagen – Handeln, eine Geschichte der CVJM-Bewegung in Deutschland“ zu verstehen.[1] Es ist eine Fortschreibung, weil Stursbergs Buch die Geschichte der CVJM-Bewegung bis Mitte der siebziger Jahre beinhaltet und weil in den 30 Jahren danach die Herausforderungen in einer sich rapide verändernden Gesellschaft den CVJM-Gesamtverband immer wieder vor neue Aufgaben gestellt haben, die es galt zu bewältigen. Im Vergleich zu den Jahren während der Herrschaft der Nationalsozialisten und den Jahren nach dem Ersten Weltkrieg oder der Zeit der Umstrukturierung Ende der fünfziger und Anfang der sechziger Jahre erscheint die Zeit von 1977 bis 1999 eher unspektakulär. Die „ruhige Phase“ während des genannten Zeitraums hat es dem CVJM-Gesamtverband aber ermöglicht, sich auf seine ureigenste missionarische Aufgabe zu besinnen und sich zu fragen, wie diese in angemessener Weise für den Dienst an und mit jungen Menschen umgesetzt werden kann. In den verschiedenen Aufgabenbereichen konnten so Programme auf den Weg gebracht werden, mit denen versucht wurde, der Aufgabenstellung gerecht zu werden. Dieses Buch ist aber auch eine Ergänzung zu „Glauben – Wagen – Handeln“, weil Walter Stursberg ein bedeutendes Kapitel, nämlich das der Geschichte der Jungmännerwerke in der DDR, aus unterschiedlichen Gründen in seinem Buch nicht berücksichtigen konnte. Das soll hier nachgeholt wer-

---

1 Erschienen 1977 im Aussaat Verlag

den. Dabei wird hauptsächlich auf Zeugenaussagen zurückgegriffen, weil die Aktenlage sehr dünn und wenig aussagekräftig ist. Protokolle von Sitzungen wurden in der Regel aus Sicherheitsgründen nicht angefertigt oder so formuliert, dass sie keinen Anstoß bei den DDR-Behörden erregten. Auch wenn sich die Jungmännerwerke in der DDR aufgrund der Gesetzeslage als Werke der Kirchen organisieren mussten und sich auch als solche verstanden, hat doch nach der Wende der Wunsch der Jungmännerwerke, wieder Mitglieder im CVJM-Gesamtverband zu werden, gezeigt, dass sie sich immer als Teil der deutschen CVJM-Bewegung verstanden haben. Es würde den Rahmen dieses Buches weit übersteigen, wenn im Folgenden auch die Geschichte der einzelnen Mitglieder des CVJM-Gesamtverbandes oder der einzelnen Jungmännerwerke in der DDR berücksichtigt würde. Dennoch muss auf die unterschiedliche Entwicklung der Jungmännerwerke in der DDR im gebotenen Rahmen eingegangen werden. Und weil die Geschichte der CVJM-Bewegung maßgeblich durch Personen geprägt wurde, ergänzen Kurzbiografien von Männern, die in dieser Zeit Leitungsfunktionen innehatten, die Schilderung der Ereignisse. Im Großen und Ganzen aber geht es hier um die Darstellung des Werdens und Wirkens der Jungmännerwerke in der DDR und die des CVJM-Gesamtverbandes von Ende der siebziger Jahre bis ins erste Jahrzehnt des 21. Jahrhunderts. Deshalb wird auch in der Chronik und bei der Liste der Personen in leitenden Funktionen auf die Erwähnung der Ereignisse und Namen nach dem Beitritt der östlichen Landesverbände in den CVJM-Gesamtverband verzichtet.

Der Glauben und das Wirken derer, die vor uns waren, sollte Inspiration sein für unser Handeln im Heute.

Die Jungmännerwerke in der DDR

Über die Geschichte der Jungmännerwerke in der DDR gibt es zahlreiche private Niederschriften und Veröffentlichungen der Landesverbände.[2] Deshalb wird hier die Arbeit der Jungmännerwerke in der DDR nur kurz skizziert, um einen Überblick zu geben und zu verdeutlichen, dass die gemeinsame Arbeit im Reichsverband der Jungmännerbünde und verwandter Bestrebungen ab 1946 aus politischen Gründen so nicht mehr möglich war. Die Werke im Osten und im Westen mussten getrennte Wege gehen, bis beide Seiten 1991 wieder in einem gemeinsamen Verband zusammenfanden. Die Verbindung aber blieb die ganze Zeit über bestehen. Auf beiden Seiten des Eisernen Vorhangs wurde der missionarische Dienst, gemäß der Pariser Basis, weiter getan, wenn auch mit anderen Herausforderungen und unter verschiedenen politischen Systemen und somit mit anderen Programmen.

Bei dieser Übersicht werden nur Entwicklungen und Dienste benannt, die für das Gesamtwerk der Jungmännerarbeit in der DDR von Bedeutung waren, es sei denn, es gab in den einzelnen Landesstellen erwähnenswerte Unterschiede und Sonderentwicklungen. Auch muss auf Entwicklungen in den Mitgliedsverbänden des CVJM-Gesamtverbandes aus verständlichen Gründen verzichtet werden.

Eine neue Situation für die Jungmännerwerke in der sowjetischen Besatzungszone

Bis zum Zusammenbruch der nationalsozialistischen Gewaltherrschaft 1945 waren alle Bünde und Jungmännerwerke im Deutschen Reich im Reichsverband der Jungmännerbünde als Mitglieder vertreten. Das änderte sich nach dem Krieg grundlegend. Schon der Befehl Marschall Schukows Anfang 1946 machte eine selbstständige Verbandsar-

2 Vgl. Literaturverzeichnis

beit unmöglich und mit der Gründung der beiden deutschen Staaten 1949 war auch die organisatorische Trennung endgültig vollzogen. Während in den Besatzungszonen der westlichen Alliierten unmittelbar nach Kriegsende die freie Verbands- und Vereinsarbeit nach den Einschränkungen und Verboten während der nationalsozialistischen Gewaltherrschaft wieder aufgenommen werden konnte, hatte sich in der sowjetischen Besatzungszone (SBZ) gegenüber den letzten zehn Jahren die Situation nicht wesentlich verändert. Eine selbstständige und freie Verbands- und Vereinsarbeit war ab Frühjahr 1946 nicht mehr möglich. Hier und da gab es zwar Bemühungen, eine CVJM-Arbeit wieder aufzubauen, so in einigen Städten Thüringens, und es kam auch zu einigen kurzlebigen Vereinsgründungen, z. B. in Schwerin und Rostock durch den ehemaligen CVJM-Sekretär Wilhelm Szameitat. In Sachsen hatte sich das Jungmännerwerk bereits im August 1945 entschlossen, die Arbeit künftig als ein Werk der Landeskirche fortzusetzen. In Berlin führte Georg Wichmann die Arbeit des Ostwerkes als Evangelisches Jungmännerwerk – Sitz Berlin fort. Der Befehl Marschall Schukows untersagte alle eigenständige Vereins- und Verbandsarbeit außerhalb der kommunistischen Organisationen. Die am 7. März 1946 gegründete Freie Deutsche Jugend (FDJ) wurde die einzige zugelassene Jugendorganisation. Das bedeutete für die Jugendarbeit der Jungmännerwerke zwar nicht das Aus, aber diese konnten ihre Arbeit nur mit erheblichen Einschränkungen und nur unter dem Dach der Kirche als kirchliche Jugendarbeit betreiben. Die Einschränkungen erinnern sehr stark an die Auflagen, denen die freie Jugendarbeit ab 1935 unterworfen war. In einem Schreiben vom 12. April 1946 an die Gemeinden in der Kirchenprovinz Sachsen erläutert ihr Präses Hübner diesen Befehl:

> *Es ist selbstverständliche Voraussetzung, dass die kirchliche Erbauungs- und Unterweisungsarbeit nicht den Charakter*

einer Jugendorganisation haben darf und sich nur auf religiöse und kirchliche Betreuung der Jugendlichen erstreckt. Jede andere Betätigung, sei es politischer, kultureller, unterhaltender oder sportlicher Art, ist der FDJ vorbehalten.

Die Jugendvertreter der evangelischen Kirchen und des Jungmännerwerkes hatten in den ersten Jahren noch im zentralen Jugendausschuss der sowjetischen Besatzungszone mitgearbeitet, in der Hoffnung, in den staatlichen Jugendausschüssen einen gleichberechtigten Platz zu finden und der von den Nazi-Ideen enttäuschten Jugend im gesamtgesellschaftlichen Rahmen wieder Perspektive und Hoffnung auf der Grundlage des christlichen Glaubens geben zu können. Diese Hoffnung basierte auch auf den Leitsätzen der FDJ, wo es in Punkt 4 u. a. heißt:

Wir wollen:
4. Die Schaffung eines neuen Deutschlands, das der Jugend das Mitbestimmungsrecht durch ihre Teilnahme an der Verwaltung des öffentlichen Lebens einräumt, das allen Jungen und Mädeln ohne Unterschied ihrer Herkunft, des Vermögens und des Glaubens eine gute Berufsausbildung, Zutritt zu allen Bildungs- und Kultureinrichtungen ... sichert.

Nur von den gleichen Chancen ohne Unterschied des Glaubens war bald keine Rede mehr. Nach dem Willen Honeckers, damals FDJ-Vorsitzender, sollte die kirchliche Jugendarbeit sich als Sparte „Arbeitsgemeinschaft Religion“ in die FDJ eingliedern. Die FDJ erhob aber bald nicht nur den Anspruch, Alleinvertreter der gesamten Jugend in der SBZ und ab 1949 in der DDR zu sein, sondern verstand sich als ideologische Speerspitze der kommunistischen Partei- und Staatsführung. In einer kommunistischen Jugendarbeit war für die Jungmännerwerke keine Mitarbeit möglich. Eine klare Positionierung im Bekenntnis auf der Grundlage des christlichen Glaubens war gefordert, wollte man nicht in der

Staatsjugend aufgehen. So eine Positionierung führte zwangsläufig zur Konfrontation und in eine Außenseiterrolle. Das traf auf die Arbeit der Werke zu, aber auch auf jeden einzelnen jungen Menschen, der nicht Mitglied der Staatsjugend war. Bereits im September 1947 trafen sich in Wernigerode die führenden Männer der Jungmännerwerke in der SBZ und bestätigten ihren Auftrag, *junge Männer zu christlichen Persönlichkeiten und lebendigen Zeugen ihres Herrn zu prägen und ihnen Lebensgemeinschaft aus dem Geiste Christi zu bieten.*[3]

Trotz aller Einschränkungen schlossen sich überall in der SBZ junge Menschen zu lebendigen christlichen Jugendgruppen zusammen. Die Zugehörigkeit zur Jungen Gemeinde war für viele Christen die einzige Möglichkeit, gegen die atheistischen Machenschaften des Staates zu protestieren; sie mussten aber in Kauf nehmen, dass sie in Betrieben und Schulen geschmäht, Repressalien ausgesetzt oder von den Oberschulen verwiesen wurden.

Bis 1952 war die Arbeit in den Jungen Gemeinden und die der Jungmännerwerke zwar schwierig und eingeschränkt, aber nicht wesentlich durch die staatlichen Organe oder die FDJ behindert worden. Mit der Jugendarbeit als Junge Gemeinde und dem Jungmännerwerk als Werk der Kirchen verliefen die Jugendarbeit und der Dienst der Jungmännerwerke in einem einigermaßen geschützten Umfeld. Örtliche Behinderungen und Zwischenfälle kamen vor, waren aber nicht symptomatisch. Dann aber änderte sich die Situation 1952 schlagartig und es kam zu wesentlichen Behinderungen und Anfeindungen, und zwar sowohl einzelnen Gliedern der Jungen Gemeinden als auch den Gruppen und Werken gegenüber. Es ist nicht auszumachen, was der Auslöser für die veränderte Situation war. Man kann vermuten, dass die FDJ hier eine ernsthafte Konkurrenz ausmachte, die es zu bekämpfen

[3] Karl-Heinz Wild in „125 Jahre CVJM Sachsen“

galt. Denn obwohl die FDJ zwar offiziell Alleinvertreter der jungen Generation in der DDR war, verzeichneten die Jungen Gemeinden dennoch einen guten Zulauf und ihre Treffen wiesen eine große Teilnehmerzahl auf. Als äußeres Erkennungs- und Bekenntniszeichen für die jungen Menschen, die sich zur Jungen Gemeinde bekannten, und bei den Mitarbeitern der Evangelischen Jugendarbeit hatte sich das Kreuz auf der Weltkugel durchgesetzt, das 1946 bereits von General Schukow als Bekenntniszeichen anerkannt wurde. Träger dieses Abzeichens wurden dennoch ab Ende 1952 in Schule und Beruf massiv unter Druck gesetzt und oft tätlich angegriffen. Mitglieder der Jungen Gemeinde wurden von den Oberschulen verwiesen, Studenten nicht zu den Examina und Lehrlinge nicht zu den Gesellenprüfungen zugelassen. Die Jugendwarte standen ständig in der Gefahr, wegen unbedachter Handlungen und Äußerungen oder berechtigten Widerstands gegen ungerechtfertigte Handlungen und Äußerungen der Staatsorgane verhaftet und inhaftiert zu werden. Einige wurden inhaftiert, andere rechtzeitig gewarnt, andere konnten der Verhaftung nur durch massiven Einspruch der Kirche entgehen. Es kam zu Verhaftungen von Mitgliedern der Jungen Gemeinde und Jugendwarten, Verhören und Inhaftierungen in der ganzen Republik. Die Landeswarte Fritz Hoffmann aus Magdeburg und Horst Reichelt aus Görlitz waren zwei von ihnen. Das veranlasste die Evangelische Kirche der Kirchenprovinz Sachsen in einem Brief an die Gemeinden die Mitarbeiter zu bitten: *hört nicht auf, für die Brüder Fritz Hoffmann und Potraike und all die anderen Brüder zu beten.*[4]

Eigentum der Jungen Gemeinden und Einrichtungen der Jungmännerwerke, u. a. auch Schloss Mansfeld, wurden beschlagnahmt.[5] Auf der Anreise zum Petersbergtreffen

4 Brief vom 26. April 1953

5 Eine ausführlichere Darstellung erfolgt unter „Rüstzeitheime“ weiter unten.

1953 wurden die Teilnehmer, unter ihnen auch Bischof Müller aus Magdeburg, massiv behindert und an der Weiterreise gehindert. Die offiziellen Veröffentlichungen in Amtsblättern und der Presse Anfang der fünfziger Jahre hatten ganz offensichtlich den Charakter eines „Kampfes gegen die Junge Gemeinde."

Faschistische Umtriebe des „BDJ"
... unter dem Deckmantel der illegalen „Jungen Gemeinde"
war nur eine der vielen verleumderischen Überschriften in „Junge Welt", dem Zentralorgan der FDJ. An anderer Stelle schrieb die „Junge Welt" u. a.:

> *Es erweist sich, dass die heuchlerisch mit christlichem Sinn verbrämte Junge Gemeinde direkt durch die in Westdeutschland und vorwiegend in Westberlin stationierten amerikanischen Agenten- und Spionagezentralen angeleitet wird. ... Somit ist die Junge Gemeinde nichts weiter als ein verlängerter Arm der Terrororganisation des BDJ*[6]*. ... Die Hintermänner und Leiter der Jungen Gemeinde wollen – wie die Tatsachen beweisen – in unserer Republik ein gleiches System des Terrors aufrichten wie in Westdeutschland, sie besorgen die schmutzige Wäsche Adenauers, des Todfeindes der deutschen Jugend.*[7]

Auch Rüstzeitheime wurden als Agentenausbildungsstätten und Terrorschulen in Verruf gebracht. Im Zuge der Bemühungen, das Nutzungsrecht für das Schloss Mansfeld der Kirchenprovinz Sachsen zu entziehen, war in der „Volksstimme" zu lesen:

> (eine kirchliche Stelle) *hat das Schloss Kreisen überlassen, die es für staatsfeindliche Zwecke nutzen. Sie entfalten*

---

6 BDJ = Bund Deutscher Jugend, der spätere Deutsche Bundesjugendring

7 Leider tragen die vorliegenden Zeitungsausschnitte kein Datum und nicht den Zeitungstitel.

nicht nur eine feindliche Tätigkeit gegen die Deutsche Demokratische Republik, sondern beherbergten Elemente, die sich … illegal aufhielten.[8]

In dieser Situation erwies sich aber die enge Verzahnung mit der Kirche als Jugendwerk der Kirche als besonders wertvoll. Weil nach den Gesetzen in der DDR Religionsfreiheit garantiert wurde und die Kirchen Körperschaften des öffentlichen Rechts waren, konnte die Kirchenleitung solchen Anfeindungen entgegentreten. Für die jungen bekennenden Christen, die wegen ihrer Mitgliedschaft zur Jungen Gemeinde nicht zum Abitur zugelassen wurden, richtete die Kirche sogenannte Proseminare ein. Dort konnten sie ein kirchliches Abitur ablegen und danach Theologie studieren. Außerdem konnte auch ohne Abiturvoraussetzungen in einer Predigerschule oder Diakonenausbildungsstätte eine kirchliche Ausbildung absolviert werden.

Auf Drängen der Konferenz der Evangelischen Landeskirchen in der DDR fand am 10. Juni 1953 eine Besprechung zwischen den Kirchenvertretern und Vertretern des Staates in Berlin statt. Am 12. Juni gab das Presseamt des Ministerpräsidenten das Ergebnis bekannt, das sofort in den Tageszeitungen veröffentlicht wurde. Da heißt es u. a.:

Gegenstand der Besprechung war die Überprüfung des Verhältnisses zwischen Staat und Kirche in der Deutschen Demokratischen Republik. … Die einmütige Auffassung, dass die Herbeiführung der Einheit unseres Vaterlandes und die Schaffung eines Friedensvertrages heute das dringendste Anliegen aller Deutschen ist, erfordert die Überwindung der Gegensätze, die dieser Entwicklung entgegenstehen. … Auf der Grundlage dieser Übereinstimmung sind folgende Anordnungen getroffen:

---

[8] Volksstimme vom 14. April 1953

1. Es sind keinerlei Maßnahmen gegen die sogenannte „Junge Gemeinde" und sonstige kirchliche Einrichtungen einzuleiten. Das Amt für Jugendfragen wird beauftragt …, eine Klärung der strittigen Fragen in Bezug auf die „Junge Gemeinde" herbeizuführen.
2. Alle im Zusammenhang mit der Überprüfung der Oberschüler in der Diskussion über die Tätigkeit der „Jungen Gemeinde" aus den Oberschulen entfernten Schüler sind sofort wieder zum Unterricht zuzulassen. Es ist ihnen die Möglichkeit zu geben, die versäumten Prüfungen nachzuholen.
3. Alle … Exmatrikulationen sind sofort von dem Staatssekretariat für Hochschulwesen zu überprüfen und bis zum 20. Juni 1953 zu entscheiden.
… Die seit dem 1. Januar 1953 erfolgten Einschränkungen der Abhaltung des Religionsunterrichts in den Schulgebäuden sind zu überprüfen und zu beseitigen.
5. Die beschlagnahmten Einrichtungen und Anstalten kirchlichen Charakters sind an die früheren Verwaltungen zurückzugeben. … Das Schloss Mansfeld bleibt dagegen in der Verwaltung des Kombinats Mansfeld und dient als Kulturhaus und Erholungsheim für Bergarbeiter des Kombinats Mansfeld.
7. Die Urteile der Gerichte sind zu überprüfen. …
8. Die Verordnung über die Anmeldepflicht von Veranstaltungen … ist zu überprüfen und Härten auszugleichen.
9. Die staatlichen Zuschüsse an die Kirchen werden nach den vereinbarten Regeln zur Auszahlung gebracht.[9]

Daraufhin kamen die inhaftierten Jugendwarte frei, ohne dass es zu einer Gerichtsverhandlung kam, und die Lage entspannte sich. Die unmittelbaren Angriffe auf die Junge Gemeinde hörten auf. Die Methoden, die Junge Gemeinde in Misskredit zu bringen und die Arbeit der Jungmännerwerke zu behindern oder gar unmöglich zu machen, wurden subtiler. Die Unterwanderung durch die Stasi begann.

---

[9] Pressemeldung ADN vom 12. Juni 1953

Für die Stasi waren wir offensichtlich ein Phänomen gewesen, nicht greifbar, gegenwärtig, real existierend mit einem Einfluss, dem sie nichts entgegenzusetzen hatten. Eben nur Widerstand leisten konnten sie durch Herauspicken von einzelnen Personen, die dann als IM eingesetzt wurden.[10]

Bis in die Führungsebene der Jungmännerwerke, den Bruderrat, reichte der Arm der Staatssicherheit. Ein äußerst perfider Fall war die juristische Unterstützung durch den Rechtsanwalt und Berater der Kirchen und der Jungmännerwerke Wolfgang Schnur[11]. Als Justiziar des Jungmännerwerkes Berlin nahm er an den Sitzungen des Bruderrates und des Arbeitskreises Friedensdienste und an Gesprächen mit den Kirchen und Behörden teil. Nach Aussagen der verantwortlichen Mitarbeiter in den Gremien hat er bei Prozessen der Wehrdienstverweigerer als Berater gute Dienste geleistet, ohne vermutlich an der Situation der Verweigerer etwas verändern zu können. Seine Tätigkeit im Jungmännerwerk wird jedoch recht unterschiedlich beurteilt. Zwei Stimmen von führenden Mitarbeitern der Jungmännerwerke sollen das verdeutlichen.

Er war im Verwaltungsrat und im Friedensarbeitskreis unser ganz wesentlicher Mitarbeiter. Er ist ein geistlicher Mann gewesen. Er hat die gefangenen oder in einem Gerichtsverfahren steckenden Bausoldaten und Wehrdienstverweigerer beraten und ihnen geholfen. Dass sich dann herausstellte, dass er für die Stasi gearbeitet hat, hat mich sehr enttäuscht. Er ist eine gespaltene Persönlichkeit.[12]

Der Landeswart Rudolf Reese wurde als „Operativer Vorgang" „Soldat" und „Boykott" ab 1955, wie viele andere Ju-

---

10 Arne Witting im Gespräch mit dem Autor am 2. April 2009

11 Schnur war selbstständiger Rechtsanwalt, kein Angestellter der Kirchen oder der Jungmännerwerke. Er wurde im März 1971 zum Sprecher des DDR-Arbeitskreises gewählt.

12 Arne Witting im Gespräch am 2. April 2009

gendwarte auch, beschattet. Es war geplant, ihn zu inhaftieren und wegen Wehrkraftzersetzung anzuklagen, weil er eine Kartei mit den Standorten der NVA-Garnisonen führte, wo vom Jungmännerwerk betreute Soldaten ihren Dienst taten. Sein vertrauter Rechtsanwalt Schnur fertigte genaue Skizzen von seiner Wohnung und Büro an, die es der Stasi ermöglichten, 1974 in Reeses Wohnung und Büro einzubrechen, während er im Urlaub war. In Wohnung und Büro werden 46 vorgefundene und dokumentierte strafrechtlich relevante Merkmale aufgelistet.

> *Es sind bei mir 1973/1974 zwei konspirative Untersuchungen vorgenommen worden. Einmal in der Wohnung über Nacht, als wir in Urlaub waren, und einmal in der Dienststelle. Und der Mitarbeiter im besonderen Einsatz war mein Rechtsanwalt, dem ich die Vollmacht gegeben hatte, mich zu vertreten. Das war gleichzeitig der Justiziar des Jungmännerwerkes. Er war ein Mann, der nach Einfluss, nach Macht strebte. ... Das war bei ihm schon krankhaft, in bestimmte Funktionen zu kommen. ... Er hat Christ gespielt. So hat er es (bei seiner Vernehmung) zu Protokoll gegeben.*[13]

Die Kampf- und Aufbruchstimmung der ersten Jahre in der evangelischen Jugend wandelte sich zu einer Phase des Versuchs, sich zu arrangieren und die Freiräume zu nutzen, die das Gesetz offiziell erlaubte. Lücken im Gesetz machten manches möglich, ohne dass der Staat offiziell einschreiten konnte.

Kurz darauf wurde die Aufmerksamkeit der Weltöffentlichkeit auf die Ereignisse am 17. Juni 1953[14] gelenkt.

---

[13] Rudolf Reese im Gespräch am 23. April 2009

[14] Am 17. Juli 1953 kam es in der DDR zu einer Welle von Streiks und Demonstrationen, verbunden mit politischen Forderungen. Ausgangspunkt war die Erhöhung der Arbeitsnormen in der Schwerindustrie. Der von den sowjetischen Behörden ausgerufene Ausnahmezustand schaffte die Voraussetzung zur blutigen Niederschlagung des Aufstandes.

Die Vereinbarungen vom 10. Juni traten hinter diesem dramatischen Geschehen zurück und wurden von der Öffentlichkeit kaum wahrgenommen. Ein Nachgespräch, für Juli 1953 geplant, sollte Einzelheiten der oben genannten Vereinbarung ausarbeiten. Viel konnte dabei nicht geklärt werden, zumal sich zwischen Staat und Kirche neue Konfliktfelder auftaten.

Solange es ging, versuchte der CVJM-Gesamtverband die Einheit der Landesverbände in Ost und West auch öffentlich zu demonstrieren. Es war ein starkes Zeichen der Einheit der Kirchen und des CVJM, als auf dem Kirchentag 1954 in Leipzig der damalige Generalsekretär des CVJM-Weltbundes John Mott als Gastredner auftrat.

Einen herben Rückschlag erlitten die Bemühungen um Einheit durch den Militärseelsorgevertrag, der am 22. Februar 1957 zwischen der EKD und dem Verteidigungsministerium der Bundesrepublik unterzeichnet wurde.[15]

1975/76 kam es noch einmal zu erheblichen Behinderungen der Rüstzeiten, weil die Behörden eine Anmeldung mit Teilnehmerlisten und Programm der Rüstzeiten forderten, die Jungmännerwerke aber nicht gewillt waren, solche Anmeldungen vorzunehmen. Dies hatte zur Folge, dass Mitarbeiter mit empfindlichen Ordnungsstrafen belegt wurden, die die Kirchen übernahmen, aber nur selten zahlten.

Bei allen Einschränkungen und Bespitzelungen waren die Jungmännerwerke doch in der Lage, erstaunliche Aktivi-

---

[15] Der Vertrag regelte die Unabhängigkeit der kirchlichen Militärseelsorge von staatlichen und militärischen Strukturen. Im selben Jahr traten die Kirchen der DDR dem Vertrag bei, was den Konflikt zwischen dem DDR-Staat und den Kirchen in der DDR verschärfte. Der Konflikt wurde am 21. Juli 1958 beigelegt, nachdem in Gesprächen den Kirchen am 21. Juli 1958 von der DDR-Regierung Gewissensfreiheit und geschützte freie Religionsausübung zugesagt wurde und die Kirchen der DDR daraufhin aus dem Militärseelsorgevertrag austraten.

täten zu entwickeln und Dienstleistungen den Jungen Gemeinden anzubieten. Allerdings muss auch erwähnt werden, dass die Möglichkeiten des Dienstes und der Widerstand oder die Offenheit der örtlichen Behörden nicht überall und nicht zu allen Zeiten in der DDR gleich waren. Da war von der Leitung der Jungmännerwerke Fantasie und Feingefühl gefordert, ohne die Grundsätze eines missionarischen Dienstes zu verleugnen.

Die Jungmännerwerke als Werke der Kirchen

Für die Jungmännerwerke, die auch als Werke der Kirchen in den Jahren vor 1934 eine große Freiheit in ihrer Arbeit und ihren Personalentscheidungen hatten und mit eingeschränkten Arbeitsmöglichkeiten auch während des Dritten Reiches durchhalten konnten[16], ergab sich die Frage, wie man nun unter dem Verbands- und Vereinsverbot, also ohne Vereine in den Orten, sinnvoll arbeiten konnte. Zudem musste man sich mit der Frage der Kirchenleitungen auseinandersetzen, ob denn unter den gegebenen Umständen eigenständige Werke unter dem Dach der Kirche noch sinnvoll seien. Männer, die ihre Prägung in der Jungmänner- und CVJM-Arbeit erhalten hatten, kehrten aus der Kriegsgefangenschaft zurück. Einige von ihren hatten neue Anregungen durch die YMCA-Kriegsgefangenenarbeit der Westalliierten erhalten. Ihnen ist es zu verdanken, dass die selbstständige Arbeitsform der Jungmännerwerke als Werk in und unter dem Dach der Kirche erhalten blieb. Dass die Kirchen, mit Ausnahme der mecklenburgischen Kirche, diese Form akzeptierten und

---

[16] 1934 wurde im Deutschen Reich alle Arbeit der freien Verbände mit Kindern und Jugendlichen unter 18 Jahren in die Hitlerjugend eingegliedert. Kinder- und Jugendarbeit in den Kirchen und der CVJM/Jünglingsvereine war nur mit rein religiösen Programmen möglich. 1938 löste die Geheime Staatspolizei das Evang. Jungmännerwerk Sachen auf und 1939 wurden die sächsischen CVJM aufgelöst.

durch Übernahme der Personalkosten ganz oder teilweise auch förderten, ist einigen Pfarrern der Bekennenden Kirche zu verdanken. Einige von ihnen wurden in den folgenden Jahren zu Bischöfen ihrer Kirche berufen. Zu nennen sind da Bischof Moritz Mitzenheim für Thüringen, Bischof Carl Hugo Hahn für Sachsen und Generalsuperintendent Krummacher für die Evangelische Kirche der Union (EKU).

Bereits 1945 entstanden in vielen Gemeinden Jugendkreise, Jungscharen, Jungmännergruppen als Junge Gemeinden, oft als gemischte Kreise, ganz unabhängig von den Werken.[17] Diese formierten sich erst im Laufe der nächsten Jahre auf der inhaltlichen Grundlage ihrer bisherigen Arbeit, einige früher, andere später, aber eben nicht mehr als Verbände oder Vereine. Obwohl alle Jungmännerwerke freie Werke der Kirche wurden, wurde dieser Zustand jedoch unterschiedlich interpretiert und formuliert. Auch die Stellung und Bezahlung der Landeswarte in den einzelnen Landesstellen war verschieden. Außer in Görlitz wurden die Landeswarte von den zuständigen Gremien der Jungmännerwerke berufen und nur in Sachsen-Anhalt wurde deren Gehalt nicht von der Kirche bezahlt,[18] die aber der Landesstelle dafür einen Zuschuss gab.

Im Jungmännerwerk der Evangelischen Kirche der Union (EKU) waren auch die Arbeitsmöglichkeiten von Landeskirche zu Landeskirche unterschiedlich. Nicht alle Pfarrer und Jugendwarte waren mit dem missionarischen Kurs des Jungmännerwerkes einverstanden. *Manche Pfarrer fühlten sich nicht in der Lage, zu solchen Veranstaltungen ihre Leute einzuladen.*[19]

---

17 Neben dem Jungmännerwerk waren es das Mädchenwerk und die Schülerbibelkreise.

18 Vgl. nächstes Kapitel: Die Hauptamtlichen in den Jungmännerwerken

19 Rainer Dick in einem Beitrag zu „125 Jahre CVJM Sachsen“

Die Leitung der Jungmännerwerke hatten von Anfang an die entsprechenden Leitungsgremien. Gemäß ihrer Tradition als „Laienwerke" hatte ein gewählter, ehrenamtlicher Mitarbeiter den Vorsitz im Leitungsgremium. In der Regel waren das die Beiräte, in Thüringen der Landesarbeitskreis, im Jungmännerwerk der EKU der Verwaltungsrat.[20] Das höchste Leitungsgremium der Jungmännerwerke war die Hauptversammlung. In diesen auf Delegationsprinzip aufgebauten Gremien berieten und entschieden ehrenamtliche und hauptamtliche Mitarbeiter gemeinsam über die anstehenden Fragen. Die hauptamtlichen Jugendwarte trafen sich in Jugendwartekonventen und Jugendwartekonferenzen, hatten aber, was die Leitung und Konzeption der Werke betraf, nur Vorschlagsrecht. In der Regel konnten die Jungmännerwerke ihre Landeswarte selbst berufen, benötigten aber zur Anstellung das Einverständnis der Kirche. Die Positionen der verschiedenen Landeskirchen innerhalb der EKU gegenüber den Jungmännerwerken waren aber nicht einheitlich. Sie variierten von Landeskirche zu Landeskirche.

Im ehemaligen Ostwerk, dem Jungmännerwerk der EKU – Sitz Berlin, wurde in den siebziger Jahren eine neue Struktur geschaffen und eine neue Ordnung erstellt. Dies war nötig, weil die alte Satzung von vor 1945, die auf Mitgliedschaften gründete, bis dahin noch bestand, aber nicht mehr den Gegebenheiten entsprach. Beschlossen wurde als Leitungsgremium eine Hauptversammlung, zu der alle Mitarbeiter gehörten, die einen Hauptausschuss wählten. Dieser berief einen Verwaltungsrat. 1976 wurde die neue Satzung in Kraft gesetzt.

Während im Kirchengebiet Görlitz und in der Kirchenprovinz Sachsen lebendige Jungmännerwerke im Auftrag der Kirchenleitung ihren Dienst für junge Männer und Junge Ge-

---

20 Eine Personenliste ist im Anhang beigefügt.

meinden tun konnten, konnte erst 1955, nachdem Krummacher Bischof der Pommerschen Kirche geworden war, die Arbeit in Pommern aufgenommen werden.[21] In Pommern gab es eine starke Schülerbibelkreis-Arbeit. Der dafür zuständige Pfarrer brachte der Arbeit des Jungmännerwerkes zunächst keine Sympathien entgegen. Der neue theologische Leiter des Jungmännerwerkes Berlin, Eugen Meckel, wurde 1955 berufen und hatte nach dem Bischofswechsel darauf gedrängt, in Pommern eine Landesstelle des Jungmännerwerkes einzurichten. Rudolf Reese wurde 1955 berufen, diese in Greifswald aufzubauen. Es bedurfte eines intensiven Besuchsdienstes und vieler Gespräche, bis die Pfarrer die Arbeit des Jungmännerwerkes akzeptierten.

Für die praktische Jugend- und Jungmännerarbeit waren in Berlin und Brandenburg die Voraussetzungen für einen flächendeckenden Dienst des Jungmännerwerkes so nicht gegeben, zumal bei jeder Sitzung des Arbeitskreises Jugendarbeit (AKJ) die Frage nach der Berechtigung des Jungmännerwerkes, eigenständige Qualifizierungsmaßnahmen für Mitarbeiter durchzuführen, gestellt wurde. Und es gab erhebliche theologische Differenzen zwischen den pietistisch geprägten Mitarbeitern des Jungmännerwerkes und der liberalen und pastoralen Linie der Evangelischen Kirche von Berlin-Brandenburg.

In Mecklenburg kam es kurzfristig zur Gründung des CVJM Rostock durch den vormaligen CVJM-Sekretär Wilhelm Szameitat. Erstaunlicherweise wurde der CVJM Rostock erst 1947 verboten. In Mecklenburg stand die Kirchenleitung dem Jungmännerwerk kritisch gegenüber, obwohl in den ersten Jahren einige wenige Jugendwarte Anschluss an das Jungmännerwerk gesucht haben und die Landesjugend-

[21] Das ist die kirchliche Bezeichnung des westlichen Pommern, also des Greifswalder Kirchengebietes. Es handelt sich dabei um das Gebiet, das später als Vorpommern Teil des Bundeslandes wurde.

warte Hans Zinnow und sein Nachfolger Klaus Biehl sich mit Einverständnis des Landesjugendpfarrers der Landeswartekonferenz der Jungmännerwerke angeschlossen hatten. Es gab in Mecklenburg bis zur Wende aber keinen Landesjugendwart des Jungmännerwerkes. Und außer der Gründung der Buchhandlung in Rostock hat es dort auch keine Aktivitäten des Werkes gegeben. *Die Kirchenleitung in Mecklenburg hat es nicht für nötig erachtet, dass sich ein Jungmännerwerk in Mecklenburg etablieren konnte.*[22] Die Jungen Gemeinden, die aus den CVJM Schwerin und Rostock hervorgegangen waren, kamen erst kurz vor der Wende wieder in Kontakt zum CVJM-Nordbund. 1986 kam es auf dem Sunderhof bei Hamburg zu einem Treffen mit Wilhelm Szameitat[23] und einigen jungen Menschen aus Rostock. Dieses Treffen legte den Grundstein für die spätere Zusammenarbeit.

In Thüringen gestaltete sich der Neuanfang etwas schwieriger. Das lag an der unterschiedlichen Auffassung über die Art der künftigen Jungmännerarbeit. Der Landeswart Willi Stetter befürwortete eine bündische Jugendarbeit, der Landesjugendpfarrer sah die Zukunft der Arbeit in den Strukturen der verfassten Kirche. Die Spannungen führten Ende 1949 zum Ausscheiden des Landeswartes Willi Stetter. Nur in Thüringen hatte die Landeskirche durch einen Synodalbeschluss am 13. Dezember 1950 ein Gesetz zur Regelung des Verhältnisses zu den „gemeinständischen Werken" erlassen. Der entscheidende Satz lautet: *Die diakonischen und missionarischen Werke sind – ungeachtet ihrer Rechtsform – durch den Auftrag Gottes an die Kirche – geforderte Lebensäußerungen der Landeskirche und ihrer Gemeinden.* Im Oktober 1947 trafen sich einige Leiter von Jungmännerkreisen und der Landesstelle und riefen einen Landesarbeitskreis ins Leben, dem die Leitung des Jungmännerwerkes, einschließlich der

22 Rudolf Reese am 23. April 2009
23 Szameitat starb 2000

Berufung der Landeswarte, bei nachträglicher Zustimmung des Landeskirchenamtes oblag. Das Jungmännerwerk Thüringen, dessen Zuständigkeit sich mit den Landesgrenzen deckte, also auch Gebiete der Kirchenprovinz Sachsen umfasste, konnte erstaunlicherweise seine Vereinsform als eingetragener Verein auf Grund eines Immobiliengesetzes auch in der DDR-Zeit aufrechterhalten. In Thüringen gehörte der Landesjugendwart zur Jugendkammer, in der die Leiter der Werke, der Landesjugendpfarrer und ein Kreisjugendpfarrer vertreten waren. Er vertrat, wegen der über die Kirchengrenzen hinausgehenden Arbeit, das thüringische Werk auch im Konsistorium der Kirchenprovinz. Nach zähem Ringen ist es in Thüringen gelungen, flächendeckend in allen Kirchenkreisen bzw. Superintendenturen einen Jugendwart einzusetzen. Die Anstellung der Jugendwarte geschah beim Jungmännerwerk oder bei der Superintendentur, wobei die Fachaufsicht in der Regel beim Jungmännerwerk lag

In der Ordnung des Jungmännerwerkes Sachsen lautet der erste Satz: *Das Jungmännerwerk gehört zur Jugendarbeit der Evang.-Luth. Kirche Sachsens. Es führt die Bezeichnung Evangelisch-Lutherische Kirche Sachsens – Jungmännerwerk* –. Und weiter: *Das Jungmännerwerk will als Laienwerk in eigenständiger Arbeit junge Menschen zu Christus führen.*[24]

Was aus der Namensgebung nicht hervorgeht, war die große Freiheit und Selbstständigkeit, mit der das sächsische Werk arbeiten konnte.

Die Evangelischen Jungmännerwerke in der DDR arbeiteten entsprechend ihrer Geschichte in drei selbstständigen Werken unterschiedlicher Rechtsform, gemäß den Grundrechten der Landeskirchen. Das Jungmännerwerk in den Evangelischen Kirchen der Union, dem früheren Ostwerk, war in die Landesstellen Berlin-Brandenburg, Sachsen-

[24] Protokoll vom 14. Februar 1957

Anhalt, Görlitz und Greifswald untergliedert. Es hatte seinen Sitz in Berlin in der Sophienstraße und war der Evangelischen Kirche der Union zugeordnet, wobei die Arbeit im Bereich der Gliedkirchen in enger Bindung an die landeskirchliche Jugendarbeit geschah. Das Jungmännerwerk der Evangelisch-Lutherischen Landeskirche Sachsens war die Jungmännerarbeit der Landeskirche. Das Evangelische Jungmännerwerk Thüringens ging über die Grenzen der Landeskirche hinaus und entsprach mit seiner Arbeit in einer der Evangelisch-Lutherischen und in einer der Evangelisch-Unierten Landeskirche zugehörenden Gemeinden der ökumenischen Ausrichtung des Gesamtwerkes.

Die praktische Arbeit

Die Jungmännerwerke, die ja keine Vereine oder Gruppen als Mitglieder hatten, mussten sich neu orientieren. Die Frage war, wie die sich selbst gestellten missionarischen Aufgaben und der Auftrag der Kirche praktisch umgesetzt werden konnten. Es gab in vielen Gemeinden Jungscharen, Jugendgruppen und Jungmännerkreise, die sich als Junge Gemeinden zum Jungmännerwerk hielten, aber eben nicht Mitglieder der Jungmännerwerke sein konnten. Vor Ort hatten es die Jugendwarte mit koedukativen Gruppen zu tun. So wurde Ende der sechziger Jahre in den Jungmännerwerken die Frage diskutiert, inwieweit Mädchen und junge Frauen an bestimmten Treffen der Jungmännerwerke teilnehmen konnten, zumal einige beliebte Treffen auf dem Delegationsprinzip basierten.

In vielen Gemeinden vollzog sich die Kinderarbeit in Form eines Christenlehre- und Konfirmandenunterrichts, die Jugendarbeit in Junge-Gemeinde-Gruppen. In der immer deutlicher werdenden antichristlichen Staatsdoktrin gewann die Glaubensstärkung der jungen Menschen durch die Auslegung des biblischen Wortes eine zentrale und existenzielle Bedeutung in der Jugend- und Jungmännerarbeit. Weil die jungen Leute meist nach der Konfirmation den Kontakt zu ihrer Gemeinde verloren, war es eine der wichtigsten Aufgaben der Jugendwerke, solchen jungen Menschen Programme und Hilfen zu bieten, die sie ermutigten, ihrer Gemeinde die Treue zu halten und ihren Glauben in einer sozialistischen Gesellschaft nicht zu verstecken. Dies beinhaltete für das Jungmännerwerk, den Jungen Gemeinden Hilfen an die Hand zu geben, wie die Arbeit mit jungen Menschen praktisch gestaltet werden konnte. Daraus ergab sich zwangsläufig, dass die Jungmännerwerke Dienststellen für die Jungen Gemeinden wurden und mit ihren Veröffentlichungen, Programmen und Jugendwarten jungen Männern unmittelbar eine Hilfe in wichtigen Entscheidungen und für ihre Zukunft sein konnten. Die Hilfen und Programme waren von Jungmännerwerk zu Jungmännerwerk unterschiedlich und hingen von den materiellen Möglichkeiten und Begabungen der Landeswarte ab, im Wesentlichen aber auch von den politischen Gegebenheiten, die in der DDR durchaus nicht einheitlich waren.

Die Jungmännerwerke arbeiteten in verschiedenen Gremien mit. Durch den Generalsekretär des Bruderrates wurde das Werk im Ökumenischen Arbeitskreis für Bibellesen (ÖAB) für den deutschsprachigen Raum vertreten und ebenso in der Kommission Kirchliche Jugendarbeit (KKJ) und der ökumenischen Arbeitsgemeinschaft christlicher Jugend (AGCJ). Die Arbeit in der KKJ war nicht ganz spannungsfrei. Sie war konfliktbeladen, weil die Kommission den Status und die Vielfalt der Jungmännerwerke als Hindernisse in ihren Bemühungen zur Zentralisierung der kirchlichen Jugendarbeit ansah. Auf der anderen Seite war die Kommission aber das Gremium, über das die materielle Hilfe lief, von der das Jungmännerwerk profitierte und die von der Arbeitsgemeinschaft der Evangelischen Jugend (aej) in der Bundesrepublik ausging.

Obwohl die Leitung der Jungmännerwerke in den Händen ehrenamtlicher Mitarbeiter lag, wurde der praktische

Dienst in den Landesstellen, in den Kirchenkreisen und vor Ort von den hauptamtlichen Jugendwarten geleistet. Waren es in den ersten Jahren Jugendwarte und CVJM-Sekretäre, die ihre Ausbildung vor 1938 in den Diakonenausbildungsstätten und der CVJM-Sekretärschule erhalten hatten, die die Arbeit wieder aufnahmen, so waren die Jungmännerwerke doch bald genötigt, auf qualifizierte Absolventen der vorhandenen Diakonenausbildungsstätten zuzugehen. Zu den Männern der ersten Stunde zählen u. a. Georg Wichmann in Berlin[25], Fritz Hoffmann in Magdeburg, Horst Reichelt in Görlitz, Fritz Riebold, Herbert Gehre und Christoph Zschach in Sachsen (Annaberg-Buchholz), Willi Stetter in Thüringen und Pastor Martin Jentsch, der den Vorsitz in Thüringen übernahm. Reichelt und Zschach waren CVJM-Sekretäre, die in den ersten Nachkriegsjahren an der CVJM-Sekretärschule ausgebildet wurden. Diese Männer schulten in den ersten Jahren dann aus eigener Initiative ihre Mitarbeiter und Nachfolger. Für eine spezielle Jungmänner- und Jugendarbeit nach den Grundsätzen und der Arbeitsweise der Jungmännerwerke wurden natürlich auch speziell qualifizierte Jugendwarte benötigt. Eine darauf ausgerichtete Ausbildung gab es vorerst nicht. Die Kirchen hatten ihre eigenen Häuser für die Diakonenausbildung, Thüringen das Johannes-Falk-Haus in Eisenach, die Kirchenprovinz Sachsen die Diakonenausbildung in Neinstedt, die Sachsen die Ausbildungsstätte in Moritzburg, das Paulinum[26] in Berlin, zu dessen Trägerkreis auch das Jungmännerwerk der EKU gehörte, und das Stephanusstift in Berlin. Mit dem Paulinum wurde ein besonderes Ausbildungsmodell vereinbart. Junge Männer, die von den Jung-

---

[25] Georg Wichmann war von 1945 bis 1955 kommissarischer Leiter des Jungmännerwerkes in Berlin.

[26] Im Paulinum konnten junge Männer, die wegen ihres Bekenntnisses zum christlichen Glauben vom Abitur ausgeschlossen waren, Theologie studieren, um dann als Pfarrer in den Gemeinden oder Jugendwarte im Jungmännerwerk zu dienen. (s. oben)

männerwerken dorthin zur Ausbildung entsandt und auch teilweise finanziert wurden, machten nach ihrer vierjährigen Ausbildung ein geteiltes Vikariat. Sie arbeiteten eine Hälfte der Zeit in einer Gemeinde und die andere Zeit in einem Praktikum zusammen mit einem erfahrenen Jugendwart. So standen ihnen beide Wege offen, Pfarrer oder Jugendwart zu werden. Vor dem Gemeindepraktikum schickten einige Ausbildungsstätten ihre Schüler bis Ende der sechziger Jahre zu Qualifizierungslehrgängen für Jugendarbeit auf Schloss Mansfeld. Das Jungmännerwerk führte diese im Auftrag der EKU durch. 1970 wurde im Bruderrat die Möglichkeit diskutiert, mit dem Burckhardthaus gemeinsam Qualifizierungskurse im Brüderhaus Moritzburg anzubieten. Ab 1972 haben das Diakonenhaus in Moritzburg und das Johannes-Falk-Haus in Eisenach die zwischen den Vorstehern der Diakonenausbildungsstätten in der DDR vereinbarte zweijährige Spezialausbildung nach einer zweijährigen Grundausbildung übernommen, in Moritzburg für die freie Kinder- und Jugendarbeit bis 1990, in Eisenach für die Jugendarbeit und den Gemeindeaufbau. In Moritzburg geschah das durch Peter Koch und Johannes Affolderbach und in Eisenach durch Kurt Eis und Dieter Oberländer. Der Unterricht war auf die Anforderungen ausgerichtet, denen ein Jugendwart in seiner Praxis ausgesetzt war. Zuvor ist in allen Diakonenausbildungsstätten durch die jeweiligen Landes- und Landesjugendwarte Katechetik und im Fach Jugendkunde Unterricht für die Jungschar- und Jugendarbeit erteilt worden. In der Predigerausbildung im Paulinum in Berlin haben der Leiter des Jungmännerwerkes Berlin und die Landeswarte die Fächer gelehrt, die die Studierenden auf ihre Arbeit in der Jugendarbeit vorbereiteten. Auf Schloss Mansfeld wurden weiterhin regelmäßig Fortbildungslehrgänge und Proseminare[27] durchgeführt.

27 Proseminare waren Teil des oben gen. Studiums.

Die Jugendwarte Klaus Rudolf, Fritz Hoffmann, Rudolf Reese, Rainer Saurbier beim Petersbergtreffen 1987

Die Landeswarte waren Angestellte der Landesstellen, außer im Görlitzer und Greifswalder Kirchengebiet, berufen durch die Beiräte der Landesstellen bzw. der Landesarbeitskreise. Ihre Aufgabe war die Begleitung und Fortbildung der Kreisjugendwarte, sofern sie sich zum Jungmännerwerk hielten, die Durchführung von Rüstzeiten, Besuche in den Jungen Gemeinden und Evangelisationen in ihrem Wirkungsbereich. Zu den Schwerpunkten der Jungmännerwerke gehörten die Gewinnung, Zurüstung und Qualifizierung ehrenamtlicher Mitarbeiter für die Arbeit in den Jungen Gemeinden. Alle hauptamtlichen Mitarbeiter der Jungmännerwerke übernahmen auch vor Ort in den Jugendkreisen und der Jungen Gemeinde Verantwortung für die Gruppen. Einige von ihnen hatten besondere Schwerpunkte in der Wahrnehmung bestimmter Sonderausgaben, wie die Wehrpflichtigenbetreuung, oder Evangelisationsveranstaltungen, obwohl Evangelisationsveranstaltungen zum Aufgabenbereich eines jeden

Landeswartes gehörten und sie oft viele Wochen im Jahr als Prediger bei solchen Veranstaltungen im Lande unterwegs waren. Ausnahmeerscheinungen unter den Landeswarten waren zweifelsohne Fritz Reschke von Jungmännerwerk Sachsen, ein begabter Redner und Illusionist, der bei seinen Veranstaltungen mit gekonnten „Zaubertricks" die Zuhörer begeisterte,[28] und Fritz Hoffmann, ein begnadeter Evangelist und hervorragender Organisator großer Treffen und Gründer der Versandstelle in Magdeburg.

Die besonderen Dienste

Es waren vor allen Dingen zwei Fragen, die die Jungmännerwerke im Osten kurz nach dem Krieg beschäftigten, nämlich die Fragen nach der Verantwortung der säkularisierten und enttäuschten Jugend Deutschlands und den aus der Kriegsgefangenschaft heimkehrenden jungen Männern gegenüber und die Frage, mit welchen Mitteln diese Verantwortung wahrgenommen werden konnte. Es ist dem Landeswart in Magdeburg, Fritz Hoffmann, zu verdanken, dass bereits 1948 mit Gewerbegenehmigung der Stadt Magdeburg eine Versandstelle eingerichtet werden konnte. Ab 1949 wurde diese von der Hesekielstraße 1 aus betrieben. Die Jungen Gemeinden konnten von der Versandstelle viele hilfreichen Materialen zur Gestaltung der Arbeit und Ermutigung der Mitarbeiter beziehen. Es entstand ein Netz von Buchhandlungen, Tonbanddiensten und Filmdiensten mit Filmmissionaren. 1966 übernahm Landeswart Rudolf Reese die Verantwortung für diese Dienste in Magdeburg. Auch in den Landesverbänden Sachsen und Thüringen entstanden Ende der fünfziger Jahre von Magdeburg unabhängige Angebote für die Zurüstung junger Menschen und Gestaltung von Jungmännerarbeit. In der Regel wurden diese von Arbeitskreisen verantwortet.

---

28 Er starb 2006 infolge eines Krebsleidens.

Buchhandlungen

Bereits vor dem Krieg hatte das Ostwerk einen Verlag mit einer Buchhandlung in der Sophienstraße in Berlin betrieben. Im Verlagswesen musste mit der Evangelischen Verlagsanstalt (EVA) und der Evangelischen Hauptbibelgesellschaft zusammengearbeitet werden, weil das Jungmännerwerk als Werk der Kirche, nach den Satzungen zwar selbstständig, in der Praxis aber Teil der Kirche, für sich in der DDR keine Lizenz für die Führung eines Verlages erhalten konnte. Eine Buchhandlung gab es unmittelbar nach dem Krieg wieder in der Sophienstraße in Berlin, die auch noch einige Zeit nach der Wende weiterbetrieben wurde. Die Bücher wurden über die christlichen Verlage in der DDR bezogen. Literatur aus dem Westen konnte nur für kurze Zeit in den Anfängen der Buchhandlungen eingeführt werden. Bis 1990 brachte das Jungmännerwerk zusammen mit der EVA jährlich die Handreichung zur Morgenwache und die Monatssprüche als Postkartenserie heraus. Das Evangelische Jungmännerwerk – Sitz Berlin hatte neben der Berliner Buchhandlung in der Sophienstraße weitere Buchhandlungen in Brandenburg, Greifswald, Rostock, in Bergen und eine Bücherstube in Wernigerode[29] als Teil der Versandstelle Magdeburg. Durch den Gewinn, den die Buchhandlungen erwirtschafteten, konnten die Mitarbeiter teilweise mitfinanziert und die Heime unterhalten werden. Nach der Wende waren die Buchhandlungen nicht weiter zu halten. Allein Greifswald und Rostock wurden unter anderer Leitung weitergeführt. Die Werke in Sachsen und Thüringen hatten keine Buchhandlungen.

Versandstellen

In den Materialstellen der Landesstellen wurden auch eigene Druckerzeugnisse vertrieben: Hilfen für die Gestaltung von

[29] Schon vor 1945 gab es im Huberhaus ein kleines Buchlager, das dann nach 1945 nach Magdeburg ausgelagert wurde.

Gruppenstunden, Monatssprüche, Jahreslosungen, Jahreskalender mit einer künstlerischen Grafik auf Vließ gedruckt. Die Produktion und den Versand organisierten die Landesstellen. In großer Auswahl und bescheidener Ausführung wurden Hilfsmaterialien für die Gestaltung von Gruppenstunden von den Landesstellen ins Land geschickt. Von Sachsen herausgegeben wurden „Die Jungschar", die Liedermappe „Durchbruch", Spieltexte für Laienspielscharen und die Mitarbeiterhilfe.

Von der Zentrale in Berlin kamen: „Die Morgenwache", die Jahreslosungen, die Monatssprüche mit Auslegungen, Entscheidungshilfen für Wehrpflichtige „Wenn du den Wehrdienst verweigern willst" als einfaches Faltblatt, der „Leitfaden" mit konkreten Informationen zur Beratung Wehrpflichtiger, eine thematisch gestaltete Hilfe für Gruppenstunden der Jungen Gemeinde „Das nächste Mal". Aus Thüringen kamen „Der Schaukasten-Ratgeber" und zweimal jährlich eine umfangreiche Mitarbeiterhilfe für die Familienarbeit. Unter der Federführung von Berlin wurden in Zusammenarbeit mit den Landesstellen der „Vierklang" als Arbeitshilfe für Kinder- und Jungschararbeit herausgegeben. Dazu kamen Kleinartikel wie Lesezeichen oder Einladungen. Diese ließ die Landesstelle in Herrnhut drucken, oft ohne Papierkosten, weil der Verschnitt oft für diese Auflagen ausreichte. In anderen Teilen der DDR mussten allein wegen des Bedarfs für den Druck von ein paar hundert Plakaten Anträge gestellt werden und die Antragsteller hatten sich einer Befragung zu unterziehen. Auch der Inhalt eigener Veröffentlichungen musste von den Behörden genehmigt werden und alle Publikationen mussten immer mit dem Vermerk „nur zum innerkirchlichen Dienstgebrauch" versehen werden. Denn Druckerzeugnisse waren auch 1988 noch ein sensibler Bereich, der zu Schwierigkeiten mit der Zensurbehörde führen konnte.

Wir haben das dann letztlich für die ganze DDR gemacht: Aber das war auch immer wieder ein Kampf, die Dinge durchzukriegen. Aber es ist dann doch immer wieder gelaufen. Unser Lektor, zuletzt der Emil Schulz in Berlin, musste immer ganz genau aufpassen, dass bestimmte Worte wie z. B. Israel im Text nicht vorkamen. Man musste möglichst vorher schon bestimmte Begriffe im Manuskript aussortieren, damit die Zensur nicht im Nachgang einhakte und den ganzen Text verwarf.[30]

In Thüringen erschien das Liederbuch „Gott ist immer noch Gott" mit Eberhard-Laue-Liedern und die Mitarbeiterhilfe. In den Anfängen wurde diese, wie auch die Druckerzeugnisse anderer Landesverbände, mit der Schreibmaschine und entsprechenden Durchschlägen herausgebracht; später, als eine modernere Abzugsmaschine zur Verfügung stand und man mehr produzieren konnte, gab es Probleme mit der Papierbeschaffung. 1983 erhielt das Jungmännerwerk Sachsen-Anhalt mit Unterstützung durch die Kirchenprovinz (KPS) eine moderne Offset-Maschine. Kurze Zeit später bekam auch das Jungmännerwerk Sachsen, allerdings gegen den erheblichen Widerstand der Landeskirche, über den CVJM-Gesamtverband eine solch moderne Druckmaschine. Als aber die Maschine dann in Dresden in Betrieb genommen wurde, ließ auch die dortige Kirche ihre Materialien dort drucken.

Horst Tasche hatte in Thüringen in den sechziger Jahren eine Werkstelle aufgebaut, die eng mit der Versandstelle in Magdeburg zusammenarbeitete, aber auch eigenes Material erstellte, Arbeitshilfen für Familienarbeit und den Friedensdienst, dazu eine Mappe mit vielfältigen Anregungen für die Jungmänner- und Jugendarbeit und für die Schaukastengestaltung. Besonders die Entwürfe für die Schaukastengestaltung („Der Schaukasten-Ratgeber") stießen auch in den anderen

---

30 Arne Witting im Gespräch am 2. April 2009

Jungmännerwerken und bei den Kirchengemeinden im ganzen Land auf großes Interesse. Der verantwortliche Arbeitskreis war auch um Schulung von Mitarbeitern für die Schaukastengestaltung bemüht und führte dafür Seminare durch und betreute die entstandenen Mitarbeiterkreise im Lande.

Bild und Ton

Schwerpunkt der Arbeit der Versandstelle in Magdeburg war der Filmdienst und die Abteilung Bild und Ton. Rudolf Reese, von 1966 bis 1990 Leiter der Versandstelle, schreibt über die Arbeit dieses so wichtigen Dienstes für die Gemeinden und Jungen Gemeinden in der DDR[31]:

> *Mehrere Bildstreifen und Ton-Dia-Streifen standen zum Verkauf und einige Ton-Dia-Serien konnten ausgeliehen werden. Mit einem Bildstreifen „Kirche im Bild", der alle zwei Monate mit Text und Ton in großer Auflage ohne staatliche Genehmigung erstellt und versandt wurde, wurden die Gemeinden über besondere Ereignisse im kirchlichen Leben informiert. Daneben gab es zweimal im Jahr einen Bildstreifen mit Text und Ton für die Jugendarbeit „Kirche, Welt und junge Leute", für die Konfirmandenarbeit „Konfirmandenkaleidoskop" und für die Arbeit mit Kindern „Gottes Kinder geben Gott die Ehre".*
> *Bald wurden Musikkassetten mit ins Programm aufgenommen. Westliche Liedermacher wie Manfred Siebald und einige Verlage erlaubten kostenfreies Kopieren ihrer Lieder. Kirchliche Jugendbands der DDR lieferten Programme für Musikkassetten zur Vervielfältigung und für den Vertrieb. Die Kassetten fanden großen Anklang.*
> *Zum Verkauf standen außerdem viele bestimmte Schallplatten, die gefragt waren. Die Abteilung Geräte verkaufte technische Geräte für die Gemeinde- und Jugendarbeit und Ersatz- und Zubehörteile, verbunden mit einer Beratungsstelle, z. T. mit Installation für Übertragungsanlagen in Kir-*

[31] In einem Brief vom 2. März 2010 an den Autor

chen und Diakonischen Einrichtungen. In der DDR wurden Tonbandgeräte, Plattenspieler, Kassettenrekorder, Verstärker u. v. a. m. für den Export in die Bundesrepublik hergestellt. Wenn solche Exportsendungen mit westlichen Firmennamen nicht abgenommen wurden, konnten sie in den HO- und Konsumläden in der DDR nicht angeboten werden. Sie wurden der Versandstelle des Jungmännerwerkes angeboten. Dann sind wir mit einem Lieferwagen vorgefahren und haben Hunderte von Geräten eingepackt. Es sprach sich herum, dass in der Versandstelle Geräte zu kaufen waren, die eigentlich für die BRD bestimmt waren. Das war erste Qualität. Wir hatten von daher einen ungeheuren Umsatz.
Wir waren außerdem der größte Abnehmer für bestimmte Schallplatten bei der VEB Schallplatte. Der Buchvertrieb in Magdeburg und die Buchhandlung in Wernigerode, der Vertrieb von Schallplatten, Bildstreifen, Tonbildstreifen, verschiedene Geräte für die Gemeinde und Jugendarbeit sowie Beratung, Verkauf und Installation von Übertragungsanlagen dienten als Teil der Finanzierung des missionarischen Dienstes mit einem hauptamtlichen Evangelisten, der Gehälter des Landeswartes und der Jugendwarte und der Rüstzeitheime in Sachsen-Anhalt. Viele Geräte erhielten die Jungmännerwerke auch über einen entsprechenden Fonds, der über die Arbeitsgemeinschaft Evangelische Jugend (aej) aus Bundesmitteln kam. Die Transferstelle war in Berlin bei der Kommission kirchlicher Jugendarbeit (KKJ) des Bundes der Evangelischen Kirchen in der DDR: Herbert Hennersdorf, bis 1961 Landeswart des Jungmännerwerkes Berlin, war dafür ein wichtiger Anlaufpunkt.

Filmdienst

Fritz Hoffmann hatte sehr bald den Wert des Films als missionarisches Medium erkannt und mit staatlicher Genehmigung einen Filmdienst ins Leben gerufen. Es wurde auf das Filmmaterial der Kirchen zurückgegriffen, so z. B. der Film vom Kirchentag 1954 und später christliche Filme westlicher Produktion wie der Film „Lambarene und Albert Schweitzer“. Mit diesen Filmen reisten Filmmissionare durchs Land und führten diese in den Gemeinden vor. Landeswart Rudolf Reese, der ab 1976 den Filmdienst leitete, erinnert sich:

> *Filmmissionare wurden ausgebildet. Das waren junge Männer, die bereit waren, für eine begrenzte Zeit, mindestens ein Jahr, aber auch zwei, drei Jahre, mit einem PKW und Filmapparaturen vom Staat genehmigte Tonfilme, am Anfang Stummfilme, in Gemeinden als Filmfeierstunde vorzuführen. Die Kollekten waren für die missionarische Arbeit des Jungmännerwerks und deren Hilfsprogramme bestimmt. Diese Filme sind dann in den Gemeinden vorgeführt worden. Ich habe dann ab 1976 den Filmdienst weiter ausgebaut. In meiner Zeit von 1976 bis 1990 sind insgesamt so 29 Filme zugelassen und Filmmissionare ausgebildet worden. Das waren junge Männer, die ihren Beruf für eine Zeit aufgegeben hatten. Sie wurden von einem bewährten Filmmissionar, dem Absolventen der Filmhochschule in Babelsberg Klaus Ehlers, der auch Leiter des Filmdienstes war, ausgebildet. Dieser wurde 1964 als Wehrdienstverweigerer exmatrikuliert. Die Filmmissionare mussten eine staatlich anerkannte Filmvorführerlizenz erwerben und lernen, wie eine Filmfeierstunde in einer Gemeinde organisiert werden kann, wie sie abläuft und welche Aufgaben sie dabei haben. Begrüßung, Einführung in den Film, den Film am Schluss noch einmal zu präsentieren, mit der Gemeinde zu beten und zu singen. Das war keine Unterhaltung. Wir haben diesen Dienst bewusst als missionarischen Dienst verstanden.*

Jeder Film musste vom Amt für Kultur, Abt. Filmzulassung zugelassen werden. Eine stillschweigende Vereinbarung zwischen dem Ministerium und dem Filmdienst ermöglichte aber die direkte Beurteilung durch die Filmzulassung. Das führte dazu, dass im Laufe der Jahre nur ein Film nicht genehmigt wurde. Manch einer der Begutachter im Ministerium ist beim Anschauen der Filme ins Fragen gekommen und hat das Gesprächen mit dem Leiter des Filmdienstes gesucht. 1986 setzte sich Rudolf Reese erfolgreich für die Zulassung des Films „Was würde Jesus dazu sagen?“ über Martin Niemöller ein, nachdem andere kirchliche Stellen bereits einen negativen Bescheid erhalten hatten. Bei den Leipziger Kurzfilmwochen 1985 ist dieser Film mit der „Silbernen Taube“ ausgezeichnet worden. Die Filmmissionare bekamen eine Lizenzkarte, mit der sie sich auch den örtlichen Behörden gegenüber ausweisen konnten.

Die Filmmissionare taten ihren Dienst überall im Land und über die Konfessionsgrenzen hinweg, oft unter sehr beschwerlichen Umständen. Oft passten Kabel, Anschlüsse oder Leinwand nicht oder der Raum ließ sich nicht verdunkeln. Es war ein missionarischer Dienst, denn nach der Vorführung kam es zu Gesprächen. Andachten, Lieder und hilfreiche Hinweise auf den Inhalt des Films gehörten zum Programm. In Sachsen und Thüringen hat es einige Zeit einen eigenen bescheidenen Filmdienst in Verbindung mit Magdeburg gegeben. Dieser wurde aber 1971 zugunsten des Dienstes mit Dia-Tonserien eingestellt.

Alle Jungmännerwerke nahmen die Dienste der Magdeburger Versandstelle und den Filmdienst auch für ihre Arbeit in Anspruch; aber auch die Angebote der anderen Werke wurden von den Jungmännerwerken in Anspruch genommen. Das galt besonders für das Angebot des Arbeitskreises „spielen und gestalten“, bei dem auch die Laienspielarbeit angesiedelt war, mit der durch Fritz Riebold eine Tradition fortgesetzt wurde, die ihre Wurzeln in der Spielbewegung der zwanziger Jahre des vorigen Jahrhunderts hatte. Der AK „spielen und gestalten“ war eine Gemeinschaftsarbeit der Jugendwerke in der Kirche in Sachsen.

Rüstzeitheime

Die kirchlichen Rüstzeitheime in eigener Verwaltung spielten für die Zurüstung der Mitarbeiter und als Begegnungsstätten für junge Menschen eine wichtige Rolle. Soweit sie nicht während der Naziherrschaft beschlagnahmt wurden, gehörten sie bis 1945 dem Ostbund der evangelischen Jungmännervereine. Das konnte natürlich nach 1945 nicht aufrechterhalten werden. Die Kirche wurde Eigentümerin der Häuser. Sie übergab die Verwaltung dem Jungmännerwerk und sie wurden ihm zur Nutzung überlassen. Das Jungmännerwerk der Kirche der Union war das einzige Werk, dem solche Heime zur Verfügung standen. Es waren das „Haus am See“ in Mötzow, das „Andreasheim“ in Granitz, die Rüstzeitheime in Zingst und auf Hiddensee (die einzige Möglichkeit für junge Christen, an der Ostsee einige Zeit in Gemeinschaft zu verbringen), das „Haus der Kirche“ in Waldsieversdorf, die „Werlseehütte“ in Grünheide und das „Wichernhaus“ in Brandenburg. Sie alle wurden von der Zentrale in Berlin verwaltet. Daneben gab es die Häuser der Landesstelle Sachsen-Anhalt, das Schloss Mansfeld ab 1948 und das „Huberhaus“ in Wernigerode, manche davon mit einer interessanten und wechselvollen eigenen Geschichte. Die Belegung der Rüstzeitheime wurde in der Landeswartkonferenz abgesprochen. So konnten auch die Thüringer und die Sachsen die Häuser nutzen. Allseits immer heiß begehrt waren das „Haus am See“ und Schloss Mansfeld. Diese Heime sind vielen Menschen mit ihren Rüstzeiten und Familienfreizeiten zum Segen geworden und eine entscheidende Hilfe in Konfliktsituationen, die sich zwangsläufig für bekennende Christen in einem sozialistischen Staat ergaben.

Die Jungmännerwerke Sachsen und Thüringen hatten keine eigenen Heime, waren also bei der Durchführung ihrer Rüstzeiten auf die Häuser des Jungmännerwerkes der EKU und auf andere Heime ihrer Landeskirche angewiesen. In den ersten Jahren gab es in Thüringen Versuche, für Rüstzeiten angemietete Häuser dauerhaft anzumieten oder zu übernehmen. Das betraf die Elgersburg bei Ilmenau und das Küsterhaus Hoheneiche bei Saalfeld. Ersteres wurde aufgegeben und in Hoheneiche konnten Rüstzeiten nur unter erschwerten Bedingungen durchgeführt werden. Einerseits war die Unterbringung unzureichend, weil umfassende Umbaumaßnahmen nicht genehmigt wurden, andererseits lag Hoheneiche im sogenannten „grenznahen Raum“ und stand damit unter strenger Beobachtung der staatlichen Organe. Dennoch konnten im „Haus der Stille“, wie das Gebäude in Hoheneiche genannt wurde, im kleinen Umfang Rüstzeiten durchgeführt werden, nachdem mit Hilfe des Jungmännerwerkes in Württemberg unter der Leitung von Eberhard Laue die Unterbringungssituation etwas verbessert werden konnte. Erst nach der Wende konnte dann Hoheneiche umfangreich ausgebaut werden. Das Gelände wurde dem CVJM Thüringen 1994 per Erbbauvertrag überlassen. Ein neues Gebäude wurde auf dem Gelände errichtet, sodass nun sowohl der Campingplatz als auch das Heim für Freizeiten und Tagungen genutzt werden konnten. Bemühungen nach der Wende um den Erwerb des „Lutherparks“ am Stadtrand von Erfurt scheiterten an den finanziellen Forderungen des Kirchenkreises und an den geringen Möglichkeiten für bauliche Veränderungen.

Die Bemühungen des sächsischen Jungmännerwerkes, 1987 ein eigenes Rüstzeitheim zu erwerben, wurden von der Landeskirche verhindert.[32]

Die notwendigen Sanierungsarbeiten in der Sophienstraße 19 und in mehreren Häusern des Werkes führten in den siebziger Jahren auf Anregung des Leiters der Berliner Zentrale und Generalsekretärs des Bruderrates Hilmar Schmid zur Bildung eines „Bautrupps“. Zu ihm gehörten Handwerker, die vom Jungmännerwerk angestellt wurden und bereit waren, als kirchliche Mitarbeiter für weniger Geld zu arbeiten, als in staatlichen Betrieben gezahlt wurde. Das war ein besonderer Dienst junger Männer in einer besonderen Situation und Zeit. So konnten manche Häuser des Werkes Schritt

[32] Es war vor allen Dingen der Vorsitzende Karl-Heinz Wild, der sich darum bemüht hatte und wegen des Widerstandes der Kirche von dieser „tief enttäuscht wurde“. (A. Kaul)

Evangelisches Jungmännerwerk Berlin, Sophienstraße 19, 1994

für Schritt renoviert werden. Sie waren nötig, weil die Planwirtschaft auch im Handwerkerbereich kaum eine Möglichkeit bot, Fachkräfte und Baumaterialien zu erhalten.

Nach einigen Anlaufschwierigkeiten konnten durch die von Hilmar Schmid ins Leben gerufenen Bautrupps die Räume in der Sophienstraße in Berlin renoviert, das „Haus der Kirche“ in Waldsieversdorf in ein Rüstzeitheim umgebaut und die „Werlseehütte“ in Grünheide“ saniert und ausgebaut werden. Mithilfe von Rechtsanwalt Schnur wurde für die Dombuchhandlung in Greifswald das Nachbarhaus erworben und mithilfe des Bautrupps zu einem ordentlichen Verkaufsraum erweitert und ausgebaut.[33] In Görlitz wurde aus einem alten, verfallenen Kantorenhaus eine Begegnungsstätte geschaffen. In Ludwigsdorf konnte ebenfalls durch den Bautrupp ein baufälliges Kantorenhaus zu einer Begegnungsstätte umgestaltet werden.

---

33 In den 80er Jahren leitete der Berliner Geschäftsführer Volker Haby (1984 bis 1989) die Bautrupps.

Einen besonderen Stellenwert nahm das „Haus am See“ in Mötzow ein. Es wurde auch von den Thüringern und Sachsen gerne für Jungscharrüst- und Familienfreizeiten genutzt. Gelände, See und die verschiedenen Möglichkeiten der Unterbringung im Haus, in zwölf Bungalows und in Zelten ließen viele Möglichkeiten der Gestaltung von Rüstzeiten und Lager zu. Das Haus stand dem Jungmännerwerk schon unmittelbar nach Beendigung des Krieges zur Verfügung, aber es musste über viele Jahre hin viel investiert werden.[34] Oft unter schwierigen Umständen wurden Baumaterialien beschafft und zum Gelände transportiert. Viel ehrenamtliches Engagement ermöglichte es, dass dort jährlich von Mai bis September immer 80 bis 100 Personen ihren Urlaub verbringen oder Mitarbeiter für ihren Dienst im Jungmännerwerk zugerüstet werden konnten. Dort fand dann auch das erste Sport- und Spielseminar der neuen CVJM-Landesverbände/ Jungmännerwerke nach der Wende statt.

Das „Huberhaus“ in Wernigerode kann auf eine wechselvolle Geschichte verweisen. Benannt ist es nach der Familie Victor Aimé und Auguste Huber, den Gründern des St. Theobaldi-Vereinshauses, der späteren St. Theobaldistiftung (1863), einer Stiftung zur Förderung kleiner Gewerbe- und Handwerksbetriebe durch Vergabe günstiger Kredite und Fortbildung der Lehrlinge und Gesellen. Als 1939 das Haus nicht mehr im Sinne der Stiftung fortgeführt werden konnte, wurde es dem Ostdeutschen Evangelischen Jungmännerwerk zur Nutzung für 50 Jahre angeboten. 1984 wurde die Stiftung auf Betreiben der Leitung des Jungmännerwerkes Sachsen-Anhalt und mit Unterstützung des Konsistoriums durch die staatliche Stiftungsbehörde aufgelöst. Das Haus ging in das Eigentum der Kirchenprovinz Sachsen, Sondervermögen

---

[34] Um den Ausbau des Hauses und Geländes hat sich besonders der Buchhändler und ehemalige CVJMer Georg Jagdhuhn große Verdienste erworben. Das Gelände gehört nach wie vor dem Domstift Brandenburg.

Jungmännerwerk Sachsen-Anhalt über. Das ist umso erstaunlicher, weil eine Rechtsform des Werkes nicht vorhanden war. Für eine kurze Zeit beherbergte das Haus eine Buchhandlung der Landesstelle. Die Unterbringungsmöglichkeiten waren begrenzt. Sie deckten bei weitem nicht den Bedarf für die Rüstzeiten und Proseminare, obwohl es ganzjährig genutzt wurde und die Beschaffung von Heizmaterial nicht immer einfach war. Nach der Wende wurde das Huberhaus als Familienferienstätte mit Fördermitteln des Bundes und des Landes modernisiert und erweitert und 1995 als alte und neue Familienbildungsstätte eingeweiht.

Ein besonderer Fall ist die wechselvolle Geschichte des Rüstzeitheimes Schloss Mansfeld, wegen seiner Beliebtheit und des ständigen Hin und Her um das Nutzungsrecht. An Schloss Mansfeld wird deutlich, mit welchen Methoden die staatlichen Stellen die Rüstzeiten der Jungmännerwerke zu be- und verhindern suchten. Für die Jungmännerwerke waren die auf dem Schloss jährlich durchgeführten Jungscharrüsten der Höhepunkt der Jungschararbeit. Schloss Mansfeld ist ein Schlosskomplex dreier Schlösser der Grafen Mansfeld aus dem 13. Jahrhundert und war bis zur Enteignung 1945 im Besitz der Freiherren von der Recke.[35] Am 18. Juni 1947 erließ der Landtag von Sachsen-Anhalt ein Gesetz, das die Regierung der Provinz ermächtigte, der Evangelischen Kirche der Kirchenprovinz Sachsen an der Schlosskirche, dem Schloss und den Nebengebäuden in Mansfeld einen unentgeltlichen Nießbrauch mit der Maßgabe einzuräumen, dass der Park des Grundstückkomplexes als Erholungsstätte der Öffentlichkeit zugänglich bleibt. *Der Nießbrauch … erlischt, sobald diese Gebäude nicht mehr für kirchliche Zwecke benutzt werden.*[36]

---

35 Der Förderverein Schloss Mansfeld hat zur Geschichte des Schlosses eine ausführliche Dokumentation herausgegeben. (Schloss Mansfeld – Vergangenheit, die Zukunft hat)

36 Aus dem Vertragstext vom 9. August 1947

Eingang zum
Schloss Mansfeld
1949

Die Kirchenleitung übergab die Verwaltung des Komplexes dem Jungmännerwerk Sachsen-Anhalt. Es dauerte aber noch ein Jahr, bis die letzen Aussiedlerfamilien ausgezogen waren und das Schloss in einem Festakt am 16. Mai 1948 übernommen werden konnte. Ein Kuratorium unter der Leitung von Bischof Müller wurde gebildet und Diakon Willi Reschke wurde mit der Leitung des Schlosses betraut. Er konnte diesen Dienst jedoch nicht sehr lange wahrnehmen. In der Auseinandersetzung um die Nutzung des Schlosses und die Aktivitäten des Jungmännerwerkes im Schloss geriet er ins Visier der Staatssicherheit. Seine Verhaftung stand unmittelbar bevor. Auf Anraten der Brüder zog die Familie Reschke in den Westen. Aber erst einmal mussten nach der Übernahme die Räume für die geplanten Rüstzeiten hergerichtet werden. Betten und Mobiliar mussten besorgt und das eine oder andere ausgebessert werden. In der kalten Jahreszeit fehlte das notwendige Heizmaterial. Die Übergabe des Schlosses an die Kirche erweckte im Umfeld von Mansfeld Neid und Begehrlichkeiten. Mehrere Versuche wurden unternommen, die Regierung von Sachsen-Anhalt zu bewegen, den Vertrag über den Nießbrauch rückgängig zu machen. Die Aktivitäten auf Schloss Mansfeld wurden sehr genau beobachtet. Es gab ständig Kontrollberichte durch die Volkspolizei. Die Durchführung von Proseminaren, das Vorhandensein einer Bibliothek mit alten Büchern, die von Teilnehmern ausgeliehen werden konnten und aus denen ihnen vorgelesen wurde, verstieß nach Auffassung der Kläger gegen die Auflagen, das Schloss ausschließlich für kirchliche Zwecke zu nutzen. Erschwerend kam hinzu, dass den Teilnehmern ein Schwimmbadbesuch erlaubt wurde und bei einer Durchsuchung Lebensmittel aus US-Carepaketen gefunden wurden. Der Heimleiter Willi Reschke kam dadurch in erhebliche Schwierigkeiten. Durch die Presse wurde 1952/53 der Bevölkerung eingeredet, dass auf Schloss Mansfeld eine Agentenschule des amerikanischen Geheimdienstes betrieben wurde und im Mantel der Religion junge Menschen gegen die Deutsche Demokratische Republik aufgehetzt werden würden. Die Weigerung einheimischer Lieferanten, das Schloss zu beliefern, führte mehrmals zu Ausfällen der Rüstzeiten. Die Anfeindungen gegenüber der Jungen Gemeinde und dem Jungmännerwerk in den Jahren 1952 und 1953 gingen natürlich auch an Schloss Mansfeld nicht vorüber. Am 4. März kam es zu einer Durchsuchung des Hauses und zu Verhören aller Anwesenden durch die Stasi. Es folgte eine sechswöchige Lagerhaft, die mit der Räumung am 19. April endete. Das Schloss wurde dem Mansfelder Bergbau- und Hüttenkombinat „Wilhelm Pieck“ als Erholungsstätte übergeben. In der Presse wurde die Übergabe gebührend gefeiert, *denn dieses Nest der Feindhetze der Jungen Gemeinde existiert nicht mehr.*[37]

[37] Proseminarist E. Franke in seinen Erinnerungen aus „50 Jahre Schloss Mansfeld“

Eberhard Franke, Praktikant im Schloss Mansfeld, erinnert sich:

> *Wir saßen beisammen und feierten Geburtstag von Fräulein Herta Jahn. … Es war vielleicht eine knappe Stunde vergangen, da merkten wir, dass ein oder zwei Autos auf den Hof fuhren. Männer stiegen aus. Draußen wurde es dunkler und immer mehr Autos füllten den Schlosshof. Eine Menge Männer und einige Frauen quollen gewissermaßen ins Schloss hinein. Inzwischen waren einige Männer in unsere Wohnung gekommen und bedeuteten uns, dass das Schloss durchsucht werden soll. Wir sollten uns zur Verfügung halten. Ich schätze, dass ca. 100 Personen das Gelände belagerten. Wir hatten keine Gelegenheit, eine Erklärung zu bekommen. Sofort wurden wir getrennt. Jeder hatte die Aufgabe, eine Gruppe der Invasoren durch alle Räume sämtlicher Gebäude und durch das Gelände zu führen. … Auf dem Kirchenboden lagen noch ein paar alte, museale Gewehre, völlig unbrauchbar und verrostet. Das wurde natürlich in den Tageszeitungen journalistisch ausgewertet. In dieser Situation der „Führung" wurde es mir jedoch anders. Das Fieber der Ungewissheit stieg. Der Rummel ging bis spät in die Nacht hinein. Dann begannen die Verhöre. Jeder von uns wurde isoliert. In Reschkes Salon … war das „Hauptquartier" der Besatzer. Dort fanden die Verhöre statt. Das grelle Licht aus einer Schreibtischlampe strahlte mein Gesicht an. Ich konnte keine Person erkennen. Einer fragte, mehrere standen dabei. … Alle Fragen waren auf Herrn Reschke[38] und seine Familie ausgerichtet. … mein Verhältnis zu Herrn Reschke, seine Amtsbeziehungen, seine Reisen, seine Lebensgewohnheiten, seine Bekanntschaften, sein Briefverkehr u. a. Ein Corpus Delicti war aufgefallen und war Thema dieses und weiterer Verhöre: Im Kamin des Salons war eine Menge Papierasche. Fazit: Hier wurden geheime Dokumente verbrannt. … In der Zeit der Belagerungshaft kamen etliche Delegationen*

---

38 Willi Reschke war zu diesem Zeitpunkt auf Dienstreise in Neinstedt.

von Betrieben und der Sowjetarmee ins Schloss. ... Dabei wurde klar, dass das Schloss in staatliche Hände kommen oder von der Besatzungsmacht übernommen werden sollte. ... Es war soweit. Am 19. April bekamen wir am Morgen den Befehl, bis Mittag, also binnen einer Stunde, das Schloss zu verlassen. Eilig suchten wir unsere Habseligkeiten zusammen und brachten sie nach draußen vor das Pförtnerhaus. Das Tor fiel zu.[39]

Als der Landeswart Fritz Hoffmann im Juli 1953 aus der Haft entlassen wurde, bemühte er sich zusammen mit der Kirchenleitung um die Rückgabe des Schlosses. Dies gelang nur teilweise. Am 23. September 1953 wurde zwischen der Kirchenleitung und dem Kombinat eine Übergabe vereinbart, bei der der Kirche das Nutzungsrecht für das Schloss eingeräumt wurde, ohne dass die Besitzverhältnisse geklärt wurden. Da das „Nießbrauchrecht" erloschen war, wurde als Eigentümer der Rat des Kreises Hettstedt geführt, der, um der evangelischen Kirchengemeinde entgegenzukommen, bereit war, ihr das Schloss pachtweise zu überlassen, was von übergeordneten Stellen verhindert wurde. Danach kam es zwar immer wieder zu einzelnen Störungen durch die staatlichen Stellen, aber wie in der gesamten Republik hatten die offenen Angriffe gegenüber den Personen und Aktivitäten des Jungmännerwerkes aufgehört und einer verdeckten Bespitzelung Platz gemacht. Und es gab immer wieder Anlass, mit dem Rat des Kreises über die Nutzung und die Pachtsumme hart zu verhandeln. Die Besitzverhältnisse konnten auch in der ersten Zeit nach der Wende nicht eindeutig geklärt werden. Ab 1990 war das Schloss als Jugendbildungsstätte anerkannt und gefördert. Am 24. Mai 1997 wurde in Halle ein „Förderverein Schloss Mansfeld" auf Initiative und unter dem Vorsitz von Landeswart Rainer Saurbier gegrün-

39 Schloss Mansfeld – Vergangenheit, die Zukunft hat; Ein geschichtlicher Rückblick, Seite 4/5

det. Dieser Förderverein erwarb 1999 das Schloss. Mit erheblichen Spenden und öffentlichen Zuschüssen konnten die Räume renoviert und die Nebengebäude für einen den heutigen Ansprüchen entsprechenden Freizeitbetrieb umgebaut werden.

Die Durchführung von Rüstzeiten in der DDR verlief nicht immer reibungslos, auch nicht nach den Verhandlungen 1953. Eine „Verordnung zur Feriengestaltung“ von 1958 erlaubte nur der FDJ und den Jungen Pionieren die Durchführung von Freizeiten. Deshalb wurden die Ferienmaßnahmen der Jungmännerwerke auch Rüstzeiten genannt. Fußballspielen oder Schwimmen war, wie zu HJ-Zeiten, ein Grund, die Rüstzeit aufzulösen. Und sie durften nach dem Jugendschutzgesetz nicht länger als acht Tage dauern, um den Kindern genügend Zeit für Ferienmaßnahmen und Erholung zu geben. Rüstzeiten waren ja keine Erholung und keine Ferienmaßnahmen. Viele dauerten aber länger. So kam es oft vor, dass in den ersten Jahren die Kreisverwaltungen durch die Volkspolizei die Rüstzeiten beendeten und die Teilnehmer per LKW mit ihrem Gepäck zum Bahnhof gebracht wurden. Zu massiven Behinderungen der Rüst- und Familienfreizeiten kam es in einigen Landesteilen in den Jahren 1973 bis 1977 durch eine neue Veranstaltungsordnung, die die Veranstalter verpflichtete, Rüstzeiten mit Programm, Namen und Teilnehmerzahlen anzumelden, um angeblich den erhöhten Lebensmittelbedarf sicherzustellen. Die Jungmännerwerke weigerten sich mit Unterstützung der Kirchen standhaft, diese Auflagen zu erfüllen. Als Folge wurden in solchen Fällen, wie auch bei abgebrochenen Rüstzeiten, gebührenpflichtige Verwarnung von beträchtlicher Höhe ausgesprochen, die die Kirchenleitungen auf sich nahmen, aber nie bezahlten. Mit der Vorbereitung auf das Lutherjahr 1983 hörte diese Art der Behinderung auf. Die DDR-Regierung war auf die Kooperation der Kirche angewiesen.

Treffen und Feste

Die Leitungen der Jungmännerwerke waren sich der gemeinschaftsbildenden und glaubensstärkenden Wirkung von überörtlichen und überregionalen Treffen bewusst. Bereits 1946 wurden in der Kirchenprovinz Sachsen die ersten Probsteijugendtreffen durchgeführt, das erste fand in Stendal statt. Fritz Hoffmann erkannte die Chance, die sich durch ein Großtreffen bot, und so lud der Landesverband 1947 zum ersten Jungmännertreffen auf den Petersberg bei Halle ein. Dieses „Petersbergtreffen" zu Himmelfahrt entwickelte sich zum größten christlichen Jugendtreffen in der DDR unter freiem Himmel, zu dem Gäste aus allen Landesteilen anreisten, zeitweise mit mehreren Tausend Teilnehmern[40]. Als 1966 Himmelfahrt als Feiertag abgeschafft wurde, wurde das Treffen auf den Sonntag vor Himmelfahrt verlegt. Wie bereits berichtet, wurde es 1952 und 1953 von den Staatsorganen massiv behindert und die Teilnehmer wurden bei der Anreise eingeschüchtert. Stets zeigten hochrangige Kirchenvertreter durch ihre Anwesenheit und Redebeiträge ihre Solidarität mit den jungen Menschen. Das Petersbergtreffen war zunächst ein reines Jungmännertreffen, aber es wurde mehr und mehr ein Anziehungspunkt für die Mädchen und junge Frauen, für die es kein Treffen dieser Art gab. Anfang der siebziger Jahre wurde daraus das „Petersbergtreffen des evangelischen Jungmännerwerkes für junge Leute". Zwischen Eröffnungsgottesdienst und Abschlussveranstaltung wurde in „kleinen Treffen" über aktuelle Fragen diskutiert.

Ein Petersbergtreffen hat uns ein ganzes Jahr in Atem gehalten. Bis hin zu den staatlichen Stellen. Jedes Programm musste ich dem Rat des Bezirkes, Abt. Inneres (Stasi) in Halle vorlegen. Ich brauchte ja die Genehmigung der Verkehrspolizei. Da haben sie gefragt: Wer hält denn die Pre-

---

40 1949 = 7000; danach 2 bis 3 Tsd., ab 1965 weniger

digt? Und dann kam die Frage: Können wir die Predigt mal lesen? Was nicht möglich war, weil vorher keine Manuskripte für Predigten vorlagen. Immer ging es bei den Petersbergtreffen um das ganze Evangelium und um ein Leben ganz mit Jesus Christus. Wie viele durch diese Petersbergtreffen einen Neuanfang im Glauben gemacht haben, in ihrem Glauben gestärkt wurden und für ihr Leben Wegweisung erhielten, lässt sich nicht sagen. Aber viele bezeugen es. Darin liegt der Sinn dieser missionarischen Veranstaltungen des Evangelischen Jungmännerwerkes.[41]

Auch nach der Wende wurde das Treffen weiter durchgeführt, 1990 noch mit 4000 Teilnehmern. Langsam aber ließ das Interesse nach, sodass sich der Landesverband entschloss, ab 2000 keine Petersbergtreffen mehr zu veranstalten.

Das älteste gemeinsame Treffen der Werke war die Oktobertagung für haupt- und ehrenamtliche Mitarbeiter in Berlin, an der auch Mitarbeiter aus den westlichen CVJM-Verbänden als Gäste teilnahmen. Als sie 1968 von den Be-

Petersbergtreffen 1987

[41] Rudolf Reese in „Petersbergtreffen 1967 bis 1976“

hörden verboten wurde, wich man aufs Land nach Erkner aus. Waren es in den Anfangszeiten noch an die 200 Teilnehmer, so waren es jetzt nur noch 80 im Durchschnitt. Als man die Tagung 1976 wieder zurück nach Berlin verlegte, stieg die Zahl wieder. 1983 waren es 265. Die Planung der Tagung lag bei der Landeswartekonferenz und die Themenfindung in Händen des DDR-Arbeitskreises, einer Gruppe von Laienmitarbeitern der Werke. Höhepunkt, aber sicher auch schon ein Abschied, war dann die Oktobertagung 1989. Erstmals waren „fast offiziell“ Vertreter des schweizerischen, deutschsprachigen CVJM dabei, während draußen durch die Straßen die Demonstranten zogen.

In Thüringen begann es 1947 mit einer Seminarwoche in Friedrichroda unter der Leitung von Paul Le Seur. Sie wurde gemeinsam mit dem Mädchenwerk durchgeführt. Im August desselben Jahres fand eine Mitarbeitertagung statt. Dort wurde die Bildung eines Landesarbeitskreises (LAK), der späteren Leitung des Werkes beschlossen. Und es wurde unter anderem der Grundstein für die Struktur und die Inhalte künftiger Jungmännertage gelegt. Der erste Jungmännertag wurde 1948 in Neudietendorf durchgeführt. Pfingsten 1950 wurde zum ersten „JMAK“, dem Jungmänner-Arbeitskreis eingeladen, einer Laienmitarbeitertagung, die fortan jährlich 70 bis 160 junge Männer als ehrenamtliche Mitarbeiter versammelte und zurüstete. Die unvergesslichen Jungmännertage waren die Höhepunkte in der Jungmännerarbeit im thüringischen Werk. 1951 kamen über 1000 junge Männer in Bad Blankenburg zusammen. 1957 kamen 500 junge Männer zu diesem Treffen an den Pfingsttagen nach Erfurt. Es war immer wieder ein Kampf mit den Behörden, für dieses Treffen eine Genehmigung zu erhalten. 1957 wurde das Jungmännertreffen massiv gestört. Auch das Treffen im darauf folgenden Jahr in Arnstadt stand unter massivem Druck und Drohungen der Regierung. Von staatlicher Seite wurden harte Konsequenzen angedroht. Die Verantwortlichen des Jungmännerwerkes waren genötigt, die oft sehr belastenden Gespräche mit den staatlichen Behörden zu führen. Ohne Rückendeckung der Landeskirche führte das schließlich, nach unerfreulichen Verhandlungen, zum Aus der Jungmännertage. In Absprache mit dem Mädchenwerk wurden dann ab 1957 die Thüringer Landes-Jugend-Sonntage an wechselnden Orten durchgeführt. Diese Jugendsonntage mobilisierten eine große Anzahl von Mitarbeitern und Gemeindemitgliedern. Die Veranstaltung war auf kirchliche Räume angewiesen. Es wurde aber bald klar, dass diese bei einer Teilnehmerzahl von 4000 jungen Menschen an ihre Grenzen stießen. 1967 fand dann der Jugendgottesdienst erstmals im Freien auf dem Marktplatz in Eisenach statt. In den sechziger Jahren wurden eigens für Jungscharen noch die Jungschartage organisiert. 1988 konnte das Jungmännerwerk Thüringen mit 60 Teilnehmern vom 9. bis 11. Dezember in Neudietendorf sein 100jähriges Jubiläum feiern. Das Fest stand unter der Losung „Danken – Denken – Handeln“. Der damalige Landesbischof Dr. Werner Leich hielt ein Referat zum Thema „Aufgaben des missionarischen freien Jugendwerkes aus der Sicht der Kirche“.

In Sachsen waren es die Landesmitarbeitertage und später die Landesjungmännertage. Auch in Sachsen wurden erst verhältnismäßig spät Landesjugendtage und Mitarbeitertage durchgeführt. 1969 wurden die Vorbereitungskreise für die verschiedenen Treffen gegründet, die die jungen Menschen zusammenriefen und so deren Zugehörigkeitsgefühl zum Jungmännerwerk stärkten und ihnen neuen Mut zum Festhalten an ihrem Glauben in einem glaubensfeindlichen Umfeld gaben. Über die ersten Landesmitarbeitertage, an denen ehrenamtliche Mitarbeiter als Delegierte ihrer Kirchenbezirke teilnahmen, ist wenig bekannt. Eine „Ordnung des Jungmännertages und des Beirates für die Jungmännerarbeit“ aus dem Jahr 1951 lässt darauf schließen, dass diese Treffen bereits vorher stattgefunden haben. 1957 fand der

Landesjugend-
sonntag
Thüringen 1979

erste Landesjungmännertag in Karl-Marx-Stadt im Röhrsdorfer Park unter dem Thema „O komm, du Geist der Wahrheit“ statt, ab da im zweijährigen Rhythmus. Sowohl der Landesmitarbeitertag als auch der Landesjungmännertag waren ausschließlich männlichen Teilnehmern vorbehalten. Die Frage, ob auch Mädchen und Frauen teilnehmen könnten, wurde 1972 in der Form geklärt, dass man beschloss: Mädchen dürfen mitgebracht werden. Die „mitgebrachten“ Mädchen wurden im Laufe der Jahre zu einem festen Bestandteil der Treffen, zu denen bis zu 5000 Teilnehmer kamen, was eine enorme logistische Leistung von Beschallung, Bühnenaufbau und Verpflegung für die Verantwortlichen darstellte.

Sächsisches Landesjugendtreffen 1988 im Röhrsdorfer Park, Karl-Marx-Stadt

Verantwortlich für die Vorbereitung und Durchführung der Jungmännertreffen war in den Anfängen der Beirat des Jungmännerwerkes. 1957 wurde diese Verantwortung einem ehrenamtlich geleiteten Vorbereitungskreis übertragen. Höhepunkt der Treffen war ohne Zweifel der Jugendtag am 4. Juni 1978 zum 100jährigen Bestehen des Landesverbandes in Karl-Marx-Stadt mit 2500 Teilnehmern zum Thema „bekannt, erkannt, anerkannt“. Die Kirchenzeitungen „Der Sonntag“ und „Die Kirche“ berichteten ausführlich darüber. Alle diese Treffen standen unter penibler Beobachtung der Stasi. Auto- und Rollerkennzeichen aller Teilnehmer wurden notiert.

Arbeitskreis für Friedensdienst

Mit der Einführung der Allgemeinen Wehrpflicht 1962 kamen auf die Jungmännerwerke neue Aufgaben zu. Zu den ersten eingezogenen Jahrgängen gehörten junge Männer, die den Krieg miterlebt hatten und in der Schule eine „antifaschistische Erziehung“ genossen hatten. Unter ihnen waren

Christen, die den Wehrdienst verweigern wollten. Verweigerer mussten mit Gefängnisstrafen rechnen.[42]

Hier war Beratung gefragt. Die Jungmännerwerke erkannten hier ihre Verantwortung. Die Kirchen und die vielen Wehrdienstverweigerer drängten den Staat, über eine Alternative nachzudenken. So kam es 1964 zur „Verordnung über die Aufstellung von Baueinheiten". Damit war die Frage, wie sich Christen zu und in solchen Situationen verhalten sollten, zwar nicht gelöst, aber es gab eine Möglichkeit, dem Dienst an der Waffe zu entgehen. Zunächst geschah die Beratung durch die Jugend- und Landeswarte sporadisch und ohne Vernetzung. Auf Initiative des Jungmännerwerkes Berlin[43] und mit Beauftragung durch den Bund der Evangelischen Kirchen in der DDR wurden 1968 in den einzelnen Landeskirchen „Arbeitskreise für Friedensdienst" gegründet. Auf DDR-Ebene gab es einen entsprechenden Arbeitskreis, der sich jährlich zur Koordinierung und Beratung in der Sophienstraße traf. Ihm gehörten die verantwortlichen Mitarbeiter der Jungmännerwerke, die Kreisjugendpfarrer, ein Oberkirchenrat, der mit den Jungmännerwerken zusammenarbeitende Rechtsanwalt und einige weitere am Thema interessierte Mitarbeiter, einschließlich eines Vertreters des EC an. Die Schwerpunkte der Arbeit können in Beratung und Seelsorge zusammengefasst werden. Dies bezog sich bis zur Einführung des Wehrunterrichts 1978 ausschließlich auf die wehrpflichtigen jungen Männer und ihre Familien. Mit der Verabschiedung einer Neufassung des Gesetzes über den Wehrdienst 1982 musste man damit rechnen, dass auch junge Frauen Beratung in Anspruch nehmen würden.[44] Im

---

[42] 1985 waren über 50 Verweigerer inhaftiert. (Matthias Domaschke-Archiv, Berlin)

[43] Die Initiative ging aus von Günter Hein, dem Leiter des Evang. Jungmännerwerkes Berlin.

[44] Eine allgemeine Wehrpflicht für Frauen gab es in der DDR nicht. Dieses Gesetz regelte nur das Recht der Frauen auf Wehrdienst.

Auftrag des Kirchenbundes wurde hier der „Leitfaden“ für die Friedensarbeit und die Begleitung wehrpflichtiger junger Männer erarbeitet.

Die Beratung erstreckte sich auf alle Bereiche, die mit dem Wehrdienst zu tun hatten: Beratung über die Entscheidungsfindung und Informationen über die Folgen einer jeweiligen Entscheidung, Informationen zum Armeealltag, Information über die Rechtslage. Dies betraf die Zeit vor der Einberufung. Beratung wurde nicht nur von Christen in Anspruch genommen.

Der seelsorgerliche Dienst galt hingegen christlichen jungen Männern. Zur bereits erwähnten Beratung wurden die Wehrpflichtigen ermuntert und gestärkt, ihren Glauben und ihre Bibel auch in der Kaserne nicht zu verstecken. Eine Möglichkeit für die Männer des Werkes, in die Kasernen zu kommen, gab es nicht, es sei denn zu persönlichen Besuchen. Einberufene Jugendwarte in den Einheiten der Bausoldaten waren für die jungen Christen eine wesentliche Stütze. Im Vorfeld der Einberufung spielten die Rüstzeiten eine entscheidende Rolle, auch für die Familien der Eingezogenen, die dann auch weiter beraten und betreut wurden, während die jungen Männer ihren Dienst ableisteten. Hier und da gab es „Alt-Neu-Treffen“ von jungen Männern, die vor der Einberufung standen und solchen, die ihren Dienst absolviert hatten. Während der Dienstzeit wurde die Begleitung durch persönliche Briefe aufrechterhalten. In einigen wenigen Fällen, so z. B. in Thüringen, ist es gelungen, für wenige Soldaten Sonderurlaub für „eine Weiterbildung ehrenamtlicher Mitarbeiter“ zur Ostertagung zu erhalten. Die Eingezogenen wurden auf Gemeinden und Personen an ihren Standorten hingewiesen. Zu besonderen Gelegenheiten gab es eine Geschenkpäckchenaktion. In Berlin verfasste das Jungmännerwerk in Zusammenarbeit mit dem Stadtjugendpfarramt die Broschüre „Wenn du den Wehrdienst verweigern willst ...“. Darin wurde die Gesetzeslage erläutert, auf die

Folgen der Verweigerung hingewiesen und Ansprechpartner in den Kirchen und im Jungmännerwerk benannt, die in Konfliktsituationen beraten konnten. Spezielle Literatur für die Soldaten und Bausoldaten gab es vom Jungmännerwerk nicht, abgesehen von einfachen Informationsblättern über die Friedensdienste und Mitarbeiterhilfen zur Rüstungsproblematik. Man verteilte aber die von der methodistischen Kirche herausgegebene Arbeitshilfe „Christ in der Gesellschaft". Anfang 1989 wurde ein „Brusttaschenheftchen" für Soldaten geplant. Dieser Plan kam aber nicht mehr zur Umsetzung, weil die Wende nun andere Voraussetzungen geschaffen hatte.

Die Arbeit des Arbeitskreises für Friedensdienst und die Soldatenseelsorge des CVJM mündeten nach der Wende zum Teil und unter anderen Voraussetzungen und Bedingungen in die Arbeitsgemeinschaft Soldatenseelsorge (ags).

Ein anderer Aufgabenbereich kam den Arbeitskreisen für Friedensdienst durch die Einführung des Wehrkundeunterrichts für die 9. und 10. Klasse ab 1978 zu. Es handelte sich dabei um den „Wehrunterricht in den allgemeinbildenden Schulen" im Rahmen der „Sozialistischen Wehrerziehung", der außerdem zur vormilitärischen Ausbildung für männliche Jugendliche im Alter von 16 bis 19 Jahren in den Oberschulen und zur Lehrerausbildung gehörte. Teile des obligatorischen, vier Doppelstunden umfassenden Unterrichts waren Luftgewehrschießen und Handgranatenwerfen. Eine Weigerung, daran teilzunehmen, hatte schlechte Noten zur Folge. Pazifistisch eingestellte Eltern und Jugendliche der Jungen Gemeinden suchten Rat bei ihren Pfarrern und Jugendwarten. Am 22. November 1978 fand auf Veranlassung der Kirchenleitung ein Gespräch mit dem Staatssekretär für Kirchenfragen statt. Danach hatten Eltern, die ihren Kindern die Teilnahme verweigerten, kein Ordnungsverfahren mehr zu befürchten und die Nichtteilnahme durfte sich im Zeugnis nicht als Nachteil niederschlagen. Nichtteilnahme wurde, trotz nachdrücklichen Widerspruchs der Kirchen, als „unentschuldigt gefehlt“ vermerkt.

Für die Auszubildenden war die Lage ähnlich. Für sie war eine Teilnahme in den Winterferien an der drei Tage dauernden „Vormilitärischen Ausbildung bei Berufsausbildung“ obligatorisch. Wer diese ablehnte, erhielt keinen Lehrvertrag. Die Entscheidung bei Nichtteilnahme an Waffenübungen lag im Ermessen der Lehrherren. Auch hier war Information über die rechtliche Lage und Beratung gefragt.

Aber auch der AK-Friedensdienst war vor der Unterwanderung durch die Stasi nicht gefeit. Frank Rudolph[45], ein Mitarbeiter im Redaktionskreis für verschiedene Hilfen, Flugblätter und Leitfäden, entpuppte sich nach der Wende als IM.

Der Bruderrat

Der Kontakt zwischen den drei Jungmännerwerken war gut und brüderlich. Ab Anfang der fünfziger Jahre trafen sich die hauptamtlichen Vertreter der drei Werke im Landeswartkreis regelmäßig in Berlin. Während einer Sitzung des Landeswartkreises am 14. Februar 1957 in Berlin beschlossen die Vertreter der drei Jungmännerwerke:

> *Die drei Jungmännerwerke in der DDR bestätigen die bisherige Zusammenarbeit und bilden zu ihrer Festigung und Weiterführung einen Bruderrat, dem die Vorsitzenden der drei Werke und die legitimierten Berufsarbeiter angehören.*

Es gab bereits 1948/49 in den Jungmännerwerken die sogenannten Konferenzen der Landeswarte, aus denen dann etwa

---

45 Rudolph hat als IM über verschiedene kirchliche Mitarbeiter in der DDR Bericht erstattet. Er hat die Ausreise in die Bundesrepublik beantragt und dort, lt. Gauck (siehe oben, Seite 281), als IM beim Evangelischen Pressedienst weitergearbeitet. Dort ist er dann auch enttarnt worden.

zur selben Zeit der Landeswartekreis wurde. Auch der Jugendwart der Mecklenburgischen Landeskirche konnte mit Genehmigung seiner Kirche an diesen Treffen teilnehmen. Das ist umso erstaunlicher, weil eine Jungmännerwerksarbeit dort nicht gewünscht war.

Der Bruderrat traf sich jährlich einmal abwechselnd in Berlin, Dresden und Magdeburg. Bis 1974 hatte der Vorsitzende des gastgebenden Landesverbandes die Sitzungsleitung. 1974 wurde die Praxis aufgehoben und ein Vorsitzender des Bruderrates gewählt, der auch zwischen den Sitzungen die Aufgaben eines ehrenamtlichen Leiters wahrnehmen konnte. Der theologische Leiter des Jungmännerwerkes Ost – Sitz Berlin war qua Amt der hauptamtliche Leiter des Bruderrates. Ab 1970 führte er den Titel „Generalsekretär des Bruderrates“. Als Vorsitzende wurden dann abwechselnd bis 1970 für zwei Jahre Vertreter der Jungmännerwerke Sachsen und Thüringen gewählt. Ab 1977 betrug ihre Amtszeit drei Jahre mit der Option der Wiederwahl. Der Generalsekretär hatte seine Geschäftsstelle in der Sophienstraße 19 in Berlin. Im Frühjahr 1980 wurde beschlossen, eine „Leitungsgruppe des Bruderrates“ einzusetzen, die aus den beiden Vorsitzenden und dem Generalsekretär bestand. Die Landeswarte trafen sich weiter sechsmal im Jahr in der Landeswartekonferenz. Aber eine deutliche Abgrenzung der Verantwortung der verschiedenen Gremien, Leitungsgruppe, Bruderrat und Landeswartekonferenz, wurde gefordert. Ebenso musste geklärt werden, ob die Entstehung des Bundes der Evangelischen Kirchen in der DDR 1969 Konsequenzen für die Arbeitsweise und Vertretung der Jungmännerwerke nach sich ziehen würde. Die Zentrale in Berlin sollte dann die Vertretung gegenüber dem „Bund“ wahrnehmen.

In der ersten Zeit, als es noch keine Reisebeschränkungen gab, nahmen an den Tagungen regelmäßig Vertreter des Reichsverbandes der CVJM und deren Mitglieder teil.

Nach dem Mauerbau musste die Teilnahme der Geschwister aus dem Westen auf die Adventstagung beschränkt werden. Obwohl die Tagungen mehrere Tage dauerten, konnten die Gäste aus dem Westen doch nur tagsüber teilnehmen und mussten zur Übernachtung wieder nach Westberlin zurückkehren. Alle Jungmännerwerke bekannten sich in ihrer Ziel- und Aufgabenbeschreibung ausdrücklich zur Pariser Basis.

Einheitliches Symbol der Jungmännerwerke in der DDR

Der Bruderrat beschloss auf seiner Sitzung im November 1975, für alle Jungmännerwerke zukünftig ein einheitliches Symbol zu verwenden. Das von Hans-Georg Annies entworfene Symbol zeigte zwei weiße Figuren auf blauem Grund, die so zueinander standen, dass durch ihre Haltung ein Kreuz gebildet wurde.

Immer wieder musste sich der Bruderrat auf Anfragen von verschiedenen Seiten seiner Bedeutung vergewissern, sein Selbstverständnis formulieren und die Arbeit der Jungmännerwerke als eigenständige Werke in der Kirche begründen. Dazu gibt es zwei bedeutende Dokumente, einmal die Stellungnahme des Bruderrates von 1970 zur Aufgabe des Jungmännerwerkes, und zum anderen die „Erklärung des Bruderrates“ vom März 1982. Aber auch im März 1989 formulierte der Bruderrat „Gedanken zum Selbstverständnis des Bruderrates“. Wesentliche Teile dieser Erklärungen sollen hier wiedergegeben werden:

Stellungnahme des Bruderrates auf eine Anfrage des „Bundes" 1970
Das Evangelische Jungmännerwerk versteht sich als eine Dienstgemeinschaft von hauptberuflichen und freien Mitarbeitern, für die in der evangelische Jugendarbeit die missionarisch-evangelistische Aufgabe Vorrang hat. Es sieht sein Ziel darin, jungen Menschen eine persönliche Bindung an Jesus Christus in Glaubensentscheidung und Nachfolge und zum Leben in einer verbindlichen Bruderschaft des Hörens, des Gebetes und des Dienstes in Kirche und Welt zu verhelfen. ...
Für den vor uns liegenden Zeitraum sehen wir insbesondere folgende Aufgaben:
a) sachorientierter Besuchsdienst
b) Durchführung von Bibelrüstzeiten
c) Beratung und Begleitung von Wehrpflichtigen
d) Beratung und Begleitung von jungen Männern in Internaten
e) Zurüstung ehrenamtlicher Mitarbeiter für die Jugendarbeit
f) Kontaktmöglichkeiten zwischen ehren- und hauptamtlichen Mitarbeitern
g) Jugendevangelisationen und Jugendwochen
h) Erarbeitung und Herausgabe von Bibellese- und Arbeitsmaterial
i) Zurüstung und Qualifikation von Jugendwarten in Sinne obriger Zielsetzung
j) Durchführung von Jungschar- und Jungmännertagen. ...

In der Darlegung des Selbstverständnisses des Evangelischen Jungmännerwerkes in der DDR, die 1982 vom Bruderrat beschlossen wurde, werden die Ziele der Arbeit wiederholt. Neu in diese Darstellung aufgenommen sind die Beziehungen zu anderen Werken und der Bezug auf die Geschichte.

Das Evangelische Jungmännerwerk ist Teil der Jugendarbeit in Gliedkirchen des Bundes der Evangelischen Kirchen in der DDR. Es arbeitet in der DDR entsprechend seiner Ge-

schichte in drei selbstständigen Werken unterschiedlicher Rechtsform. ...
Das Evangelische Jugendwerk geht zurück auf den 1856 in Berlin gegründeten „Ostdeutschen Jünglingsbund", den 1878 in Sachsen entstandenen „Evangelisch-Lutherischen Jungmännerbund" und den 1888 ins Leben gerufenen „Thüringer Jungmännerbund".
In der „Kommission Kirchliche Jugendarbeit" ist das Evangelische Jungmännerwerk ein Partner innerhalb der kirchlichen Jugendarbeit und ist bereit, seine Aktivitäten mit den anderen Partnern zu koordinieren. ...
Auf der Grundlage der Orientierung an der Pariser Basis von 1855 steht das Evangelische Jungmännerwerk in geistlicher Gemeinschaft mit CVJM-Nationalverbänden in vielen Ländern. ...

Im März 1989 verabschiedete der Bruderrat ein Papier zum Selbstverständnis des Bruderrates. Darin heißt es u. a. :

1. *Der Bruderrat vertritt die drei Evangelischen Jungmännerwerke in allen gemeinsamen Belangen.*
3. *Der Bruderrat hat die Aufgabe, wichtige theologische, gesamtkirchliche und gesellschaftliche Themen zu bearbeiten ... und als Anregung an die Werke weiterzugeben.*
4. *Für den Bund der Evangelischen Kirchen in der DDR ... ist der Bruderrat der jeweilige Ansprechpartner der Evangelischen Jungmännerwerke.*
5. *Die partnerschaftlichen Beziehungen zu ökumenischen Jugendgruppierungen – besonders zu den Nationalverbänden des CVJM – bedürfen der organisatorischen und inhaltlichen Abstimmung. ...*

Ökumenische Beziehungen

Die Beziehungen zu anderen christlichen Jugend- und Jungmännerverbänden im Ausland spielten sich verständlicherweise mehr auf der persönlichen als auf der institutionellen Ebene ab. Die Kontakte zu kirchlichen Jugendwerken in der

DDR waren durch die Zugehörigkeit der Jungmännerwerke in den Gliedkirchen der Jugendkammer Ost und später der des „Bundes“ und im Ökumenischen Jugendrat/Ökumenischer Jugenddienst gegeben.[46]

Das Verhältnis zur Schülerarbeit war wegen seiner theologischen Ausrichtung und des besonderen Stils eher distanziert. Zum Mädchenwerk MBK gab es dagegen sehr viel inhaltliche Übereinstimmung, zumal in den Gruppen vor Ort die Jugendkreise gemischt waren. Zu konkreten Ergebnissen führten die Gespräche aber nicht.

In Thüringen gab es eine enge Zusammenarbeit mit der katholischen Kirche und den Freikirchen. In einem regelmäßig zusammenarbeitenden Ökumenischen Arbeitskreis wurden Aktionen und gemeinsame Rüstzeiten und Veranstaltungen geplant und durchgeführt.

Die Jungmännerwerke in der DDR als ehemalige Mitglieder des Reichsverbandes der Evangelischen Jungmännerbünde und der CVJM-Gesamtverband hatten natürlich großes Interesse daran, dass trotz der institutionellen Trennung die Verbindung weiter bestehen blieb. In der Zeit bis zum Mauerbau konnten aufgrund von Einladungen Vertreter beider Seiten gegenseitig an Konferenzen und Festen teilnehmen oder auch als Gastredner auftreten. Nach dem Mauerbau war das schwieriger. Die Treffen und Begegnungen mussten reduziert werden und fanden nunmehr nur noch in Ostberlin statt. Es hatten sich bereits in den Jahren davor Partnerschaften zwischen den Jungmännerwerken und den Bünden des Reichsverbandes herausgebildet, so z. B. zwischen dem CVJM-Westbund und Sachsen und Sachsen-Anhalt, zwischen dem Evangelischen Jungmännerwerk Württemberg und Thüringen, zwischen dem Görlitzer Kirchengebiet und Baden, zwischen Berlin-Brandenburg und Bayern und

46 Ein internationales Work-Camp-Programm, gegründet 1956 mit einer Geschäftsstelle in Berlin

schließlich zwischen Greifswald und dem Nordbund. Die Beziehungen zur Zentrale und ihren Angestellten in Berlin wurden vom CVJM-Gesamtverband, wie der Reichsverband seit 1969 heißt, wahrgenommen. Die Adventstagungen in Ostberlin waren immer ein besonderes Erlebnis für alle Beteiligten. Sie waren auch eine Gelegenheit, bestimmte notwendige Materialien von West nach Ost mitzunehmen. Bereits in den fünfziger Jahren haben sich der CVJM-Gesamtverband und seine Mitglieder bemüht, persönliche Partnerschaften für ihre hauptamtlichen Mitarbeiter zu den Jugendwarten der Jungmännerwerke aufzubauen. Bei den Treffen in Ostberlin lernte man sich näher kennen und es war auch die Gelegenheit für die Partner aus dem Westen, die Wünsche und Bedürfnisse der Brüder besser einschätzen zu können. Arbeitsmaterial, Geräte, Kleidung und Lebensmittel wurden in einer Vielzahl von Paketen „rübergeschickt“ oder über eine Kontaktadresse in Westberlin „rübergeschafft“. Vieles davon wurde von Zuschüssen der öffentlichen Hand finanziert, vieles aber auch durch den Hilfsfonds „Philadelphia“ des Westbundes, in den Spenden und besondere Kollekten flossen.

> *Wir werden nie die Freundlichkeiten materieller Art vergessen, mit denen unsere Freunde uns bedachten; es war ihnen oft mehr als peinlich, uns Tüten mit Dingen zu überreichen, die für uns unerreichbare Kostbarkeiten enthielten. Noch mehr tat uns die Art und Weise gut, mit der unsere Freunde sie uns aushändigten. Da war keine „Onkel aus Amerika-Mentalität“ zu verspüren.*[47]

Es war durchaus möglich, dass Vertreter der Jungmännerwerke in der DDR an besonderen Tagungen und Festen des CVJM-Gesamtverbandes, des Europäischen CVJM-Bundes und des CVJM-Weltbundes teilnehmen konnten. Die Anträge auf Reisegenehmigung mussten über den Ökumeni-

[47] Hilmar Schmid in seinen „Erinnerungen“, Band 2/II, 1998

schen Jugenddienst gestellt werden, der darauf bestand, dass die Kompetenz für die Zusammensetzung der Delegation ungeschmälert beim Beirat des Ökumenischen Jugenddienstes verbleibt. Eine entsprechende Anzahl seiner Mitarbeiter fügte der ÖJD den Delegationen immer hinzu. Nicht immer wurden die Anträge des Jungmännerwerkes akzeptiert.

Bundesfeste der Mitglieder des CVJM-Gesamtverbandes, in den ersten Jahren die Reichsvertretungen, die 100-Jahr-Feier des CVJM-Weltbundes in Paris, Hauptversammlungen des Europäischen CVJM-Bundes, Weltratstagungen, Europäische CVJM-Sekretärskonferenzen, Euromeet im Burgenland zum internationalen Jahr der Jugend, 100-Jahr-Feier des CVJM-Gesamtverbandes in Kassel – immer war es möglich, dass eine kleine Delegation aus den Jungmännerwerken teilnehmen konnte. Als der internationale Jugendaustausch im CVJM-Gesamtverband intensiviert wurde und zunehmend ausländische Gruppen Gäste des CVJM-Gesamtverbandes waren, wurden, wenn es eben ging, für diese auch Besuche in der Jungmännerwerk-Zentrale in Ostberlin eingeplant. Am Grenzübergang konnte man dann erleben, wie unterschiedlich die Gruppen aus den USA, Großbritannien, Sri Lanka, Israel und Palästina behandelt wurden.

Wie wichtig internationale Kontakte und die Teilnahme an internationalen Konferenzen für das Jungmännerwerk waren, formulierte Günter Steffenhagen, der Vorsitzende des Bruderrates, im Grußwort an die IX. Weltratstagung des YMCA 1985 in Nyborg Strand/Dänemark:

> *Die Einheit der Brüder aus aller Welt wurde zum sichtbaren Zeichen einer Bruderschaft im Geiste Christi. Für mich gehört es zu den Wundern, die Gott den Seinen im Zeichen des Kreuzes zuteilwerden lässt. Ich bin sehr froh, dass Ihre Einladung uns erreichte, und möchte stellvertretend für viele … dafür unseren Dank aussprechen. … Wenn wir als Christen in der DDR unsere Verantwortung wahrnehmen und immer neu junge Menschen zu solchem verantwortli-*

chen Leben aus Gründen des Glaubens ermutigen, damit Gerechtigkeit und Frieden zeichenhaft geschehen, dann deshalb, weil Gottes Herrschaft unter seinen Jüngern ausgerufen ist. ... Er baut seine Gemeinde über Grenzen und Kontinente. Hineingenommen in diese weltweite Gemeinde der Brüder loben und preisen wir seine Herrlichkeit.

Mitte der achtziger Jahre wuchs die Unzufriedenheit mit dem staatlichen System unter jungen DDR-Bürgern. Überall etablierten sich kirchliche Gruppen, die auf Veränderungen hofften. Die Jungmännerwerke sahen in dieser Situation eine neue Aufgabe, Jugendliche und Mitarbeiter in ihrem Glauben zu stärken, zu begleiten und zu ihrem Friedensdienst zu ermutigen.

Die Aufrechterhaltung der Beziehungen und die Unterstützung der Arbeit der Brüder in den Jungmännerwerken war seit Kriegsende erklärtes Ziel des CVJM-Gesamtverbandes, sei es durch die Teilnahme an Tagungen, die materielle Unterstützung durch persönliche Patenschaften oder durch Beschaffung von Materialien und Geräten für die praktische Arbeit.

Der CVJM-Gesamtverband von 1975 bis 1989

Eine Phase der Konsolidierung

Nach der Strukturdebatte im Reichsverband[48] in den sechziger Jahren, die zur Folge hatte, dass die Wirtschaftsbetriebe aus der Arbeit[49] in Kassel ausgegliedert wurden und Aufgaben, die der Reichsverband im Laufe der Zeit übernommen

[48] „Reichsverband der Evangelischen Jungmännerbünde und verwandter Bestrebungen" war die damalige offizielle Bezeichnung des CVJM-Gesamtverbandes in Deutschland e.V.

[49] Vgl. Walter Stursberg „Glauben – Wagen – Handeln" S. 307

hatte, wieder in die Zuständigkeit der „Bünde“[50] übergingen oder aufgegeben wurden[51], konnte sich der Reichsverband wieder auf seine satzungsmäßigen Aufgaben konzentrieren.

Das ist der vertrauensbildenden Arbeit des neuen Präses Hermann Kupsch und des Generalsekretärs Pfarrer Walter Arnold und der kompetenten Geschäftsführung unter Reinhard M. Walter und seines Nachfolgers Gerhard Elser zu danken. So fand der neue Generalsekretär Pfarrer Matthias Dannenmann, der dieses Amt am 27. Oktober 1974 antrat, strukturell und finanziell einigermaßen geordnete Verhältnisse vor und konnte sich mit seinen Mitarbeitern wieder verstärkt den inhaltlichen Aufgaben des CVJM-Gesamtverbandes zuwenden. Dazu gehörten:

- *die Vertretung der CVJM gegenüber Staat und Kirche,*
- *die Wahrnehmung internationaler Angelegenheiten im CVJM-Weltbund und die Partnerschaft mit CVJM-Verbänden in anderen Ländern, einschließlich des CVJM-Weltdienstes,*
- *die Koordinierung der Arbeit der Mitglieder durch die entsprechenden Ausschüsse und Tagungen,*
- *die Aus- und Fortbildung hauptamtlicher Mitarbeiter im CVJM und entsprechende Studienarbeiten,*
- *die Herausgabe von Schrifttum für die CVJM-Arbeit.*[52]

Alle angeführten Aufgaben konnten unter Mitwirkung der Mitglieder des Verbandes ausgeweitet und vertieft werden. Auf dem Gebiet der Außenvertretung schlug sich das in der Berufung eines Öffentlichkeitsreferenten nieder. Bei den internationalen Aufgaben kam im Laufe der Jahre ein verstärktes Engagement im europäischen CVJM hinzu. Die zentrale Herausgabe des Schriftmaterials stieß aber auf den Widerstand der Mitgliedsverbände. *Es war mein Anliegen, die Zeitschrif-*

---

[50] Gängiger Ausdruck für die Mitglieder des Reichsverbandes

[51] Dazu gehörten u. a. der Heimatlosenlagerdienst, die Eichenkreuzbildkammer, der Internationale Jugendaustausch

[52] Aus der Satzung des CVJM-Gesamtverbandes (Fassung 1973)

ten, die im Auftrag des GV von Württemberg und dem Westbund herausgegeben wurden, stärker an den GV anzubinden. Aber da bin ich gescheitert.[53] Die Situation bei Werkspublikationen stellte sich Ende 1978 wie folgt dar: Beim CVJM-Gesamtverband lag die Schriftleitung für die „Mitarbeiterhilfe“,[54] „Termine mit Gott“, „Gespräche mit Jesus“ und die „Jungschar-Jahresrüste“. Ab 1983 kam noch eine Mitarbeiterhilfe für die Junge Erwachsenenarbeit unter dem Titel „betrifft: Arbeit mit jungen Erwachsenen“ hinzu. Im Auftrag des Gesamtverbandes brachten der Westbund „Die Junge Schar“ und den „Baustein“ und das Evangelische Jungmännerwerk Württemberg „Zu Gottes Lob und Ehre“, „Jungscharleiter“ und „Steigbügel“ heraus. Der Information der Mitarbeiter und Vereine, was die aktuellen Ereignisse betraf, dienten die „CVJM-Informationen“ und die „Eichenkreuzmitteilungen“. Letztere wurden en bloc an die Mitglieder des CVJM-Gesamtverbandes zum Verteilen zugesandt. Vorerst waren beide einfache vervielfältigte und geheftete Informationsblätter.[55]

Im Februar 1978 befand sich eine Gruppe junger Menschen aus dem norwegischen CVJM auf einer vom CVJM-Gesamtverband organisierten Rundreise. Sie nannte sich TEN SING-Norwegen. Das, was sie in zwölf Auftritten boten, lag völlig außerhalb des bisher Gewohnten, sollte aber im Laufe der nächsten Jahre Scharen junger Menschen in Deutschland und Europa begeistern und die Jugendarbeit in den CVJM und Gemeinden bis in die Gegenwart hinein bele-

53 Matthias Dannenmann im Gespräch am 27. April 2009

54 „Mitarbeiterhilfe“ wurde von einem Redaktionskreis unter der Leitung des Referenten für Programm und Mitarbeiter für den deutschsprachigen Raum erstellt und vom CVJM-Gesamtverband herausgebracht. Der Mitarbeiterkalender war dann eine kostenlose Zugabe für Bezieher der Mitarbeiterhilfe, konnte von Nichtbeziehern aber auch käuflich erworben werden.

55 Form, Gestaltung und Erscheinungsfrequenz wechselten im Laufe der Jahre. Die Eichenkreuzmitteilungen wurden 2002 in die CVJM-Informationen integriert.

ben. Die Kombination aus Pop- und Gospelsong, Band, Tanz und Theater wirkte mitreißend und begeisterte selbst Erwachsene.[56]

Die Referenten und ihre Aufgaben

Die Aufgabenverteilung der Referenten im CVJM-Gesamtverband stellte sich 1977 wie folgt dar: Die Gesamtleitung lag in den Händen des Generalsekretärs Pfr. Matthias Dannenmann. Die einzelnen Aufgabenbereiche waren in Referate aufgegliedert, die durch Ausschüsse oder Arbeitskreise beraten und begleitet wurden.[57] Fast alle Referenten hatten mehr als ein Referat zu betreuen und zusätzliche Aufgaben zu übernehmen, wie die folgende Aufstellung von Ende der siebziger Jahre zeigt. Nicht erwähnt sind die Vertretungen, die die Referenten in Gremien anderer Verbände, ihren Aufgabenbereich betreffend, wahrnehmen mussten.

Dieter Roll, Referent für Programm und Mitarbeiter
Arbeit mit jungen Erwachsenen, Jungschararbeit bis 1980, Jugendpolitik und Öffentlichkeitsarbeit bis 1985, Werkspublikationen, Jugendarbeit bis 1977 und wieder ab 1983, Mitarbeitertagungen, Vertretung des Generalsekretärs
Günter Haas, Referent für CVJM-Weltdienst
Rolf Müller, Sportarbeit, Jugendarbeit bis 1983, Internationale Begegnungen und Austauschprogramme ab 1983
Reinhart Weiß (ab 1980)
Jungschararbeit, Öffentlichkeitsarbeit und Jugendpolitik ab 1985, Neue Medien, Kirchentage
Friedhard Gutsche, Fortbildung und Studienmaterial
Gerhard Elser, Geschäftsführung, Häuserverwaltung

---

[56] Mehr zu TEN SING weiter unten

[57] Ausschüsse wurden vom Hauptausschuss, Arbeitskreise vom Vorstand eingesetzt und deren Mitglieder entsprechend berufen.

Etwas anders stellte sich die Arbeit des Musikreferenten dar. Bis 1985 hatte es keinen hauptamtlichen Musikreferenten im CVJM-Gesamtverband gegeben. Der Heimleiter des Eichenkreuzheimes in Willingen, Eduard Adorjan, fungierte als kommissarischer Musikreferent. Der Musikpädagoge Johannes Nitsch wurde 1985 als Musikreferent angestellt. Sein Zuständigkeitsbereich umfasste Posaunenarbeit, Jugendchöre und TEN SING.[58]

Diese Aufteilung und Zuordnung hat sich bis 1996, abgesehen vom Personalwechsel, nicht verändert.[59]

Die Arbeit der Zentrale

Nach Anerkennung der CVJM-Sekretärschule als Fachschule für Sozialpädagogik bot das Referat Fortbildung für Hauptamtliche ohne eine anerkannte sozialpädagogische Ausbildung die Möglichkeit, die staatliche Anerkennung durch Fortbildungskurse nachträglich zu erwerben.[60]

Konzeptionelle Themen beherrschten wieder die Delegiertenversammlungen, das oberste Gremium des CVJM-Gesamtverbandes, zu dem die Mitglieder entsprechend ihrer Größe eine bestimmte Anzahl Delegierte entsenden. Die Schwerpunkte wurden durch den Bericht des Generalsekretärs gesetzt. Diese ergaben sich aus den gemeinsamen Überlegungen der Generalsekretäre und Bundeswarte der Mitglieder in der Konferenz der Generalsekretäre[61], aus Gesprächen in den Referentenkonferenzen und durch Herausforderun-

---

58 Die Musikarbeit wurde kommissarisch von den Posaunenwarten der Mitglieder wahrgenommen: Paul Beinhauer vom CVJM-Westbund 1970 bis 1979, Wilhelm Mergenthaler aus Württemberg von 1979 bis 1982.

59 Vgl. das entspr. Organigramm im Teil 3

60 Wird im Einzelnen weiter hinten ausführlicher behandelt

61 Kein offizielles Gremium, aber eine wichtige Arbeitsgruppe zur Vorbereitung von Abstimmungen und Aktionen

gen, die von außen an den CVJM herangetragen wurden. Unabhängig vom Thema ging es meist darum, sich des gemeinsamen missionarischen Auftrages zu vergewissern und eine Antwort auf die Frage zu finden, wie dieser in einer sich verändernden Gesellschaft umgesetzt werden kann. Für Ulrich Parzany war klar, dass es zur Rolle des CVJM gehört, in *der missionarischen Arbeit einen Kristallisationspunkt zu setzten* und Brückenbauer zwischen den verschiedenen Ausprägungen der Träger missionarischer Arbeit zu sein. Die Mitarbeit im bereits erwähnten missionarischen Jahr 1980, eine Initiative der evangelischen Landes- und Freikirchen und der evangelischen Werke, war deshalb geboten. Zum Vorstand des Missionarischen Jahres gehörten vom CVJM-Gesamtverband der Präses Hermann Kupsch, Herbert Demmer und Matthias Dannenmann. Durch die Initiative sollten auf regionaler Ebene Trägerkreise gebildet werden. Durch Herausgabe von Informationen und Arbeitshilfen sollten Vereine angeregt werden, bei der Initiative mitzumachen und selbst missionarische Aktionen durchführen zu können.

Der CVJM-Gesamtverband konnte seinen missionarischen Auftrag aufgrund seiner Struktur und seines Auftrages bis auf die Aus- und Fortbildung hauptamtlicher Mitarbeiterinnen und Mitarbeiter nur indirekt wahrnehmen. Das geschah in Zusammenarbeit mit den Mitgliedern und anderen Werken und durch Herausgabe von Schriftmaterial für Mitarbeiter. Dazu gehörten neben den schon erwähnten Periodika Bibellesehilfen für einzelne Sparten der Arbeit, „Die Junge Kraft" für Jungscharler, „Gespräche mit Jesus" für Jugendliche, „Die ersten 100 Tage mit der Bibel" für Anfänger im Bibellesen und die „Handreichung zur täglichen Morgenwache"[62] für junge Erwachsene. Hinzu kamen Arbeitshilfen für Mitarbeiter der verschiedenen Altersgruppen und Sparten, so z. B. die Jahresaufgabe für die Jugendarbeit, die

62 Später: Termine mit Gott

„Jungschar-Jahresrüste" oder Andachtshilfen für die Sportarbeit. Das CVJM-interne Schriftmaterial einschließlich der Liederbücher wurde von einem Arbeitskreis „Werkspublikationen" verantwortet. „Die ersten 100 Tage mit der Bibel" waren ein Ergebnis eines zweiten theologischen Gespräches leitender Mitarbeiter des CVJM, das im März 1978 in Kassel stattfand. Im Protokoll wird u. a. festgestellt:

> *Es ist notwendig, die ganze Heilige Schrift zu lehren; nicht nur bestimmte Texte. Wir müssen dabei stärker das Denken in biblischen Leitlinien fördern. Es ist wichtig, Orientierung in dogmatischen und ethischen Fragen zu geben. ... Wir müssen wieder anfangen, über unser Verständnis von der Bibel zu arbeiten. Gegen die Verunsicherung in der Frage des Schriftverständnisses ist anzugehen. Dabei wird es unvermeidlich sein, Position zu beziehen und darzustellen.*

Dieser Text sollte auch helfen, die Position des CVJM gegenüber den charismatischen Gruppen zu klären.

Die Texte für das tägliche Bibellesen und die Auswahl der Jahreslosungen und Monatssprüche werden vom Textplanausschuss der Ökumenischen Arbeitsgemeinschaft für Bibellesen festgelegt. In diesem, vom damaligen Reichsverband nach dem Ersten Weltkrieg initiierten Ausschuss arbeitet der CVJM-Gesamtverband seitdem ständig mit.

In den Arbeitsbereichen der einzelnen Referate und Ausschüsse wurden neue Schwerpunkte gesetzt. Mit Leitlinien und Thesen vergewisserten sich die Arbeitszweige ihres Auftrages. Die Zielsetzungen wurden den gegebenen Herausforderungen entsprechend neu formuliert.

1978 stimmte der Vorstand der neuformulierten Konzeption der Jungschararbeit zu. Acht Jahre später wurde diese überarbeitet und mit Hinweisen für die praktische Arbeit versehen.[63]

---

[63] 1994 wurde diese Konzeption erneut überarbeitet.

Als Zielgruppe werden die neun- bis 13-jährigen Jungen und Mädchen genannt. *Jungschararbeit geschieht in nach Jungen und Mädchen getrennten Gruppen.* Als Ziele werden darin u. a. formuliert:

> *Es gilt, den Jungscharler mit dem Evangelium bekannt zu machen und ihm die biblischen Aussagen und Wahrheiten zu erläutern, sodass er sie versteht. … Die Leitsätze des Jungscharlers lauten: „Jesus will der Herr meines Lebens sein."*

Und weiter:

> *Die Jungschar darf nicht nur als Nachwuchsgruppe angesehen werden. Jungschararbeit ist eine gleichwertige, theologisch und pädagogisch konzipierte Arbeit innerhalb des Werkes. … Die Gruppenstunde bildet den Kern der gesamten Jungschararbeit. Die Grundkonzeption „glauben an, leben mit und zeugen für Jesus Christus" muss durchgängig in allen Programmpunkten zum Ausdruck kommen.*

1984 fand eine Jungscharfachtagung in Kassel statt.

1982 führte der CVJM-Gesamtverband eine „Konsultation zur gegenwärtigen Jugendsituation" durch. Aufgabe der fünfzig Teilnehmerinnen und Teilnehmer war, Erfahrungen auszutauschen und sich gegenseitig über gegenwärtige Tendenzen in der jungen Generation zu beraten. U. a. wurde auch festgehalten, *dass der CVJM sich in Zukunft verstärkt der Randgruppenarbeit zuwenden, im Dienst an der jungen Generation der Anspruch der Ganzheitlichkeit erhoben werden und den neuen Medien in der Jugendarbeit mehr Beachtung geschenkt werden sollte.*

Der Jugendausschuss musste sich mit den Ergebnissen der Konsultation auseinandersetzen. Diese *erwiesen sich als so umfangreich, dass … eine Begrenzung nötig war. Daher hat sich der Jugendausschuss auf die Jugendgruppenarbeit beschränkt.*[64] Das Ergebnis waren die Thesen zur Jugend-

---

[64] Mitarbeiterhilfe 3/85

gruppenarbeit, die der Vorstand im Dezember 1984 beschloss. Die zentrale Frage ist darin: *Was braucht der Jugendliche in der Gruppe?* Diese Frage wird in den unterschiedlichen Lebenssituationen des Jugendlichen aufgegriffen. Es wird festgestellt:

> *Da Jesus das Leben ist, braucht der Jugendliche die deutliche Einladung, Ermutigung und Hilfestellung zum Glauben an Jesus Christus. Der Jugendliche braucht: in der Zeit seines Umbruchs den Zuspruch der Liebe und die Erfahrung von Vertrauen, Erwachsene, an denen er sich orientieren kann, Menschen, die ihn ernst nehmen und ihn in seiner Situation verstehen wollen, Menschen, mit denen er sich ernsthaft auseinandersetzen kann; … die Gemeinschaft Gleichaltriger, einen Ort, wo er zusammen mit anderen ein Stück Freiraum … erleben kann; die Konfrontation mit einem Bezug zu seiner unmittelbaren Umwelt, Erfahrungen im Umgang mit seiner eigenen Persönlichkeit.*

Ende der siebziger Jahre stand in den Gremien des CVJM-Gesamtverbandes und bei den Mitgliedern der Dienst an jungen Erwachsenen immer häufiger auf der Tagesordnung. Es fanden verschiedene Kongresse für die Arbeit mit jungen Erwachsenen statt, so 1983 in Wuppertal, 1985 im Bernhäuser Forst/Württemberg und 1990 auf der Burg Wernfels/Bayern. Junge Erwachsenenarbeit als Fortsetzung der Jugendarbeit zu sehen entsprach nicht mehr den Herausforderungen, denen junge Erwachsene gegenüberstanden. Themen wie Wehrdienst und Zivildienst, partnerschaftliche Beziehungen und Familie, Beruf und gesellschaftliche Verantwortung waren Bereiche, in denen junge Menschen Orientierungshilfen suchten. Der CVJM-Gesamtverband sah sich aufgrund seines missionarischen Auftrages herausgefordert, für solche Lebenssituationen Orientierungspunkte zu formulieren. Das Ergebnis war die Empfehlung zur Arbeit mit jungen Erwachsenen vom Dezember 1979. Darin heißt es u. a.:

Missionarische Arbeit mit jungen Erwachsenen meint nicht nur die aus der Jugendarbeit Herausgewachsenen. Jungen Erwachsenen, die Jesus Christus nicht kennen, soll die Versöhnungsbotschaft Gottes ausgerichtet und mit ihnen gemeinsam, in der Nachfolge Jesu, sollen die Herausforderungen dieser Lebensphase bewältigt werden. …
Sie sehen sich Umbrüchen gegenüber durch immer neue Herausforderungen: Wehrdienst, Zivildienst, partnerschaftliche Bindungen, Ehe, Familie, Beruf, gesellschaftliche Verantwortung. … Sie suchen verlässliche Gemeinschaften, in denen sie sich mit den Lebenszielen auseinandersetzen und Schritte zum Erwachsenenwerden einüben können. … Dazu sind Angebote von Gemeinschaft nötig …

Die Empfehlungen des Weltbundes zur christlichen Mitarbeiterschaft und offenen Mitgliedschaft von 1977 waren für den CVJM-Gesamtverband eine Möglichkeit, erneut seine christlichen Grundlagen und missionarischen Ziele deutlich zu machen und entsprechende Empfehlungen an die Vereine weiterzugeben. Der Hauptausschuss unterstützte die Empfehlungen des Weltbundes, in denen es u. a. hieß:

Dass ein stimmberechtigtes Mitglied jemand sei, der eine persönliche Verpflichtung gegenüber Jesus Christus hat … Alle CVJM sind eindringlich gebeten sicherzustellen, dass in ihren Entscheidungsgremien der christliche Charakter beibehalten und gefördert wird. Mitglieder in Entscheidungsgremien sollen Christen sein.

Was deutschen CVJM als selbstverständlich erscheint, war so in vielen Vereinen der weltweiten CVJM-Bewegung nicht vorzufinden, wurde teilweise abgelehnt und das nicht nur in Gesellschaften, in denen Christen in der Minderheit waren. Der Hauptausschuss des CVJM-Gesamtverbandes hat sich mit den Empfehlungen des Weltbundes auf seiner Sitzung im April 1979 ausführlich befasst und zur Frage, wer Mitarbeiter im CVJM ist, geeinigt und u. a. erklärt:

Verantwortlicher Mitarbeiter ist, wer sich auf Ziel und Auftrag des CVJM, wie sie in der Pariser Basis gegeben sind, verpflichtet. ... Grundlage seines Lebens ist die Heilige Schrift. Darin findet der Mitarbeiter im regelmäßigen Lesen der Bibel und Gebet Orientierung und Hilfe.

Mitarbeitern eine Hilfe für ihren Dienst und für ihre Rolle in der Gesellschaft zu geben, hatten sich die CVJM-Foren[65] zur Aufgabe gemacht. Mitte der siebziger Jahre zeichnete sich aber bereits eine Entwicklung mit nachlassendem Interesse ab, die eine Weiterführung nicht gerechtfertigte und schließlich zur Absetzung des Forums führte. Das letzte CVJM-Forum fand im April 1978 in Dassel statt.[66]

An eigenen Seminaren für bestimmte Zielgruppen entzündete sich immer wieder die Frage, ob die Durchführung von zentralen Seminaren zum Auftrag des CVJM-Gesamtverbandes gehörte oder nicht alleinige Aufgabe der Mitglieder des Werkes sei. Für den Bereich der Aus- und Fortbildung hauptamtlicher Mitarbeiterinnen und Mitarbeiter war die Zuständigkeit geregelt. Sie gehören zum Auftrag des CVJM-Gesamtverbandes. Unbestritten war auch, dass die Aktionen der Mitglieder koordiniert werden sollten und der CVJM nach außen hin ein klares Profil haben sollte. Neben den Mitarbeitertagungen waren die CVJM-Kongresse, Weltdienstseminare, Konsultationen zu gemeinsamen relevanten oder spartenspezifischen Themen, Modelllehrgänge im Sport und Multiplikatorenbegegnungen im internationalen Austausch wichtige Instrumente der Integrationsförderung und Profilierung, die nicht immer auf Verständnis bei den Mitgliedern des CVJM-Gesamtverbandes stießen.

Als 1973 der ehemalige Bruderschaftssekretär Egon Slopianka Generalsekretär des CVJM-Europakomitees wurde und sein Büro in der Zentrale des CVJM-Gesamtver-

---

[65] Hervorgegangen aus dem Jungmännerforum der fünfziger Jahre
[66] Veröffentlicht in Kasseler Hefte S 7

bandes bezog, tat sich ein neues Feld internationalen Engagements für den CVJM-Gesamtverband auf. Europa gewann immer mehr an Bedeutung und daraus ergab sich die Notwendigkeit einer verstärkten Zusammenarbeit der CVJM-Verbände in Europa und der Thematisierung internationaler Arbeit in den Arbeitszweigen des CVJM-Gesamtverbandes über den Weltdienst hinaus. Zudem engagierten sich ehrenamtliche Mitarbeiter und Referenten des CVJM-Gesamtverbandes verstärkt in den Arbeitsgruppen und Leitungsgremien des europäischen CVJM.

Auch die Jugend- und Junge-Erwachsenen-Arbeit und die Sportarbeit waren davon betroffen. Die Ausschüsse dieser Arbeitszweige kamen überein, Leitlinien zur internationalen CVJM-Arbeit zu formulieren. Diese Leitlinien, die Herausforderungen nannte, Ziele beschrieb und Empfehlungen für internationale Arbeit und Begegnungen enthielt, wurden vom Vorstand im April 1980 beschlossen. Diese Leitlinien zur internationalen CVJM-Arbeit waren das erste gemeinsame Papier verschiedener Arbeitszweige.[67]

Das war Anlass genug, darüber nachzudenken, wo in den verschiedenen Ausschüssen und Arbeitskreisen gemeinsame Interessen lagen und sich Schnittmengen ergaben. Es dauerte aber noch bis zum Herbst 1988, bis es möglich war, eine erste Tagung aller Ausschüsse und Arbeitskreise in Dassel durchzuführen. In den die Ausschüsse übergreifenden Arbeitsgruppen wurden Fragen nach der Bedeutung der Musik und des Sports, der internationalen Dimension und der Mitarbeiterfrage für die Gesamtheit der CVJM-Arbeit erörtert.

Der zu beschreibende Zeitraum war eine Zeit der Konsolidierung, in dem die großen Feste besondere Höhepunkte bildeten und in dem in den einzelnen Referaten nach neuen Wegen des missionarischen Dienstes für die einzelnen Zielgruppen gesucht und einiges auch modellhaft

67 Siehe weiter unten unter „Internationaler Jugendaustausch"

durchgeführt werden konnte. Matthias Dannenmann, der Generalsekretär, konnte die Bemühungen seines Vorgängers Walter Arnold um ein vertrauensvolles Verhältnis zwischen dem CVJM-Gesamtverband und seinen Mitgliedern erfolgreich fortsetzen.

Ein weiterer gravierender Personalwechsel musste bei CVJM-Reisen vollzogen werden. Der Geschäftsführer Peter Heinemann musste wegen Unregelmäßigkeiten einer seiner Mitarbeiterinnen ausscheiden, obwohl ihm selbst in dieser Hinsicht nichts vorzuwerfen war. Aber als Geschäftsführer trug er die Gesamtverantwortung. Dem Geschäftsführer des CVJM-Gesamtverbandes Fritz Kaufmann wurde die Führung der Geschäfte von CVJM-Reisen übertragen.

Auch in der Leitung der CVJM-Sekretärschule fand ein Wechsel statt. Direktor Dr. Klaus Brockhaus wurde nach 17-jähriger Tätigkeit im Oktober 1987 in den Ruhestand verabschiedet. Als Nachfolger wurde der bisherige Dozent und CVJM-Sekretär Siegfried Fischer berufen.

Die Auseinandersetzung zwischen emanzipatorischer und missionarischer Jugendarbeit war in internen und externen Diskussionen ein entscheidender Faktor und auch auf jugendpolitischer Ebene, spiegelte sich aber im Alltagsgeschäft der normalen Arbeit nicht so deutlich wider, abgesehen vielleicht in der einen oder anderen Konferenz und Konsultation. Auf der Ebene der aej war sie aber auf jeder Sitzung in den achtziger Jahren gegenwärtig. Intern tat sich in dieser Frage ein Konfliktfeld zwischen der CVJM-Sekretärschule und einigen Mitgliedern des CVJM-Gesamtverbandes auf, das der Generalsekretär nicht ignorieren konnte. Mit neuen Personen in den Gremien und den Veränderungen in der gesellschaftlichen Situation junger Menschen verlor diese Fragestellung im Laufe der nächsten Jahre an Bedeutung. Andere Themen rückten in den Vordergrund.

Entscheidend für den weiteren Weg des CVJM-Gesamtverbandes war der Wechsel im Amt des Generalsekretärs.

Matthias Dannenmann schied nach neunjähriger Dienstzeit 1983 aus.[68] Im Herbst 1984 begann Pfr. Ulrich Parzany[69] seinen Dienst als Generalsekretär. In der kurzen Vakanz führte Willi Reschke[70], ein ehemaliger Jugenddorfleiter und bis dahin Mitglied im Vorstand, kommissarisch die Geschäfte des Generalsekretärs. Parzany setzte neue Schwerpunkte.

> *Das missionarische Profil des CVJM sollte gestärkt werden und Die Zusammenarbeit mit anderen missionarischen Jugendbewegungen entsprach der Brückenbaueraufgabe des CVJM und verstärkte im CVJM und weit darüber hinaus die jugendmissionarische Arbeit. Mein erstes Ziel war, den missionarischen Impuls zu stärken.*

Das missionarische Engagement stieß innerhalb des CVJM nicht überall auf Zustimmung, gelegentlich auch auf Widerstand. Bei seinem Dienstantritt bat sich Ulrich Parzany aus, etwa zehn Wochen im Jahr Evangelisationen durchführen zu können. Im Hauptausschuss herrschte in dieser Hinsicht große Einmütigkeit.

> *In meinem Dienst ging es immer um einen klaren missionarischen Akzent. Und das ist uns leichter gefallen, wenn wir andere eingeladen haben, da mitzumachen. … Wenn wir das nur innerhalb des CVJM versucht haben, hatten wir immer größere Schwierigkeiten, eine klare missionarische Linie reinzubringen.*[71]

Deshalb lag die Mitarbeit des CVJM beim Christival und später dann auch bei den christlichen Familiencamps „Spring“ ganz auf der Linie, die der Generalsekretär mit der

---

68 Generalsekretäre werden für jeweils fünf Jahre für diesen Dienst von ihren Kirchen beurlaubt, wobei Verlängerung möglich ist.

69 Vgl. Ulrich Parzany bei Kurzbiografien

70 Willi Reschke war in der Zeit der Auseinandersetzungen um Schloss Mansfeld dort Heimleiter und stand kurz davor, verhaftet zu werden. Auf Anraten der Brüder entzog er sich der Verhaftung und wechselte in die Bundesrepublik. Vgl. „Die Rüstzeitheime“ unter „Die Jungmännerwerke in der DDR“ weiter oben.

71 Ulrich Parzany im Gespräch am 19. Januar 2010

missionarischen Akzentsetzung verfolgte.[72] Wie sich die einzelnen Aufgabenbereiche dieser Herausforderung stellten, ihre Arbeit festigten und neue Programme entwickelten, wird im Folgenden beschrieben.

Die großen Treffen und Jubiläen

1978 konnte die CVJM-Sekretärschule ihr 50-jähriges Bestehen feiern. Diese Feier fand in den neuen Schulräumen statt, die zwei Jahre zuvor als Anbau an das alte Haus in der Hugo-Preuß-Straße 40 fertiggestellt werden konnten. 300 Ehemalige kamen nach Kassel, um mit den Studierenden, den Referenten und Gästen des CVJM-Gesamtverbandes das Fest zu feiern. Als besondere Gäste konnte Präses Hermann Kupsch den Weltbundpräsidenten OKR Walter Arnold und Bischof Claß begrüßen. Im Juni 1973 hatte die CVJM-Sekretärschule die Anerkennung als private Fachschule für Sozialpädagogik durch das Land Hessen erlangt.

Einen besonderen Stellenwert in der Tagungsplanung hatten die Mitarbeitertagungen des CVJM-Gesamtverbandes. Sie brachten eine beträchtliche Zahl an Mitarbeiterinnen und Mitarbeiter zusammen und erforderten einen großen organisatorischen Aufwand.

1976 fand die erste Mitarbeitertagung in Matthias Dannenmanns Amtszeit als Generalsekretär in Kassel statt.

Die Mitarbeitertagung 1979 stand unter dem Thema „missionarisch leben“. 245 Teilnehmerinnen und Teilnehmer kamen vom 1. bis 4. November nach Kassel, wo auf dem Gelände des CVJM-Gesamtverbandes und im Philipp-Scheidemann-Haus die Tagung durchgeführt wurde. Eine erwähnenswerte und außergewöhnliche Idee war sicher die, die auf der Bibelarbeit über das Gleichnis der anvertrauten Pfunde basierte. Den Teilnehmern wurden bei einem Spiel

[72] Er gehörte schon seit 1976 zum Leitungsteam des Christival. 1988 übernahm er den Vorsitz.

Europäisches Musikfestival Kassel, KFUM-Bigband Jonköping, 1980

mit Luftballons 20 DM übergeben. Die Teilnehmer sollten bei der nächsten Delegiertenversammlung berichten, was sie damit gemacht hatten. Man hoffte, dass die 20 DM „vermehrt" werden würden.

Pfingsten 1980 hatte der CVJM-Gesamtverband zu einem europäischen Musikfestival nach Kassel eingeladen. 400 aktive Sänger und Musiker aus acht europäischen Ländern zeigten ihr umfangreiches Repertoire in der Stadthalle und auf den Straßen Kassels. 1500 Besucher kamen zu den Veranstaltungen. Jazz, Rock, Posaunen, gemischte Chöre, TEN SING, Solisten, Folklore und Kinderchöre zeigten die Vielfältigkeit der Musikarbeit im europäischen CVJM. Es war das erste und einzige europäischen Musikfestival des CVJM.

1982 beging der CVJM-Gesamtverband sein 100-jähriges Jubiläum an den Pfingsttagen in Kassel.

Mit großer Dankbarkeit haben wir die 100-Jahr-Feier des CVJM-Gesamtverbandes in Deutschland am 30. und 31.

100-Jahr-Feier des CVJM-Gesamtverbandes 1982 in Kassel

> *Mai 1982 in Kassel erleben dürfen. Alle Veranstaltungen haben uns wieder einmal gelehrt: Es ist gut, sich auf unseren Herrn Jesus Christus verlassen zu dürfen.*

So leitete Matthias Dannenmann seinen Bericht über das Treffen im Materialbericht 1982 ein. „Mit Jesus Christus unterwegs“ lautete das Motto, das 15.000 Teilnehmerinnen und Teilnehmer, einschließlich der Tagesbesucher, und 500 ausländische Gäste in Kassel zu einem großen Fest vereinte. 400 ehrenamtliche Mitarbeiterinnen und Mitarbeiter sorgten für einen reibungslosen Ablauf. Als besondere Gäste konnte der Präses Hermann Kupsch den Weltbundpräsidenten Jim Love, den Bundespräsidenten Karl Carstens und den Vorsitzenden des Bruderrates der Jungmännerwerke Karl-Heinz Wild begrüßen. In seiner Grußbotschaft sagte Wild u. a.:

> *100 Jahre CVJM-Gesamtverband – eine lange Zeit. In dieser langen Zeit ist mit viele Freude, Liebe und Aufopferung für die Sache Jesu Christi gearbeitet worden. ... Es gab auch Notzeiten, Wegstrecken der Bewährung und Tiefgänge. Sie*

wurden überstanden, nicht aus eigener Kraft allein. Der Herr hat geholfen. Ihm sei Dank. ... Die Geschichte des CVJM-Gesamtverbandes ist bis zum Ende des Zweiten Weltkrieges unsere gemeinsame Geschichte. Die historischen Wege wurden nach 1945, nach der Teilung des Deutschen Reiches als Jungmännerarbeit in den Evangelischen Kirchen der DDR wieder aufgenommen.[73]

Die Deutsche Post hatte aus diesem Anlass eine Briefmarke herausgebracht.

Das nächste große Treffen mit 2320 Teilnehmerinnen und Teilnehmern waren die CVJM-Spiele an den Pfingsttagen 1984 in Kassel. Mit diesen Spielen hat der CVJM-Gesamtverband einen neuen Weg der Begegnung beim Sportwettkampf aufgezeigt. Es fanden Wettkämpfe und Leistungsvergleiche statt, es wurden jedoch keine Sieger ermittelt und keine Siegerlisten geführt. Vielfältige Teilnahme wurde mit einer Medaille honoriert.

Die nächste Mitarbeitertagung fand Pfingsten 1987 in Dassel unter dem Thema „Der Geist macht lebendig" statt. Die große Zahl von 700 Teilnehmerinnen und Teilnehmern machte es erforderlich, für die Übernachtungen, die gemeinsamen Veranstaltungen und die Gruppenarbeiten eine Zeltstadt auf dem Gelände des CVJM-Heimes Haus Solling zu errichten. Bibelarbeiten, Referate und die Anregungen aus den Workshops sind im Buch „Gottes Geist macht lebendig", Mitarbeitertexte 3, veröffentlicht.

Der CVJM-Gesamtverband oder auch einzelne Referate waren auch auf Großtreffen anderer Träger aktiv oder als Mitveranstalter engagiert.

Da wären erst einmal die Kirchentage zu nennen. Auf allen Kirchentagen war der CVJM mit einer Vielzahl von Mitarbeiterinnen und Mitarbeitern aktiv, ohne bis 1981 in

[73] Quelle: Karl-Heinz Wild

CVJM-Spiele 1984 in Kassel

Mitarbeitertagung in Dassel, 1987

Hamburg selbst eine Veranstaltungsreihe oder einen eigenen Veranstaltungsort auf dem Gelände zu haben, abgesehen von einem oder auch mehreren Ständen im Markt der Möglichkeiten. Ab 1981 war der CVJM-Gesamtverband immer mit einer eigenen Veranstaltungsreihe und sportlichen Angeboten dabei. Der Schwerpunkt der Mitarbeit lag in der Bildung von Kleingruppen nach Bibelarbeiten und Abendveranstaltungen. Die Unterbringung der Mitarbeiterinnen und Mitarbeiter bei den Kirchentagen erfolgte in einer Schule.

Es wurde aber immer wieder neu die Frage gestellt, ob der CVJM es verantworten könne, auf dem Kirchentag junge Menschen als Mitarbeiter einzusetzen und jungen Menschen die Teilnahme zu empfehlen. Und ob die Heterogenität, das Überangebot und die Vielzahl nicht geistlich orientierter Veranstaltungen junge Menschen nicht eher verunsichern als stärken würden. Innerhalb der leitenden Mitarbeiterschaft war es dann doch einheitliche Meinung, dass man sich als CVJM nicht verweigern könne, wo Zehntausende junger Menschen zusammenkommen. Aus dieser Erkenntnis wuchs dann auch der Wunsch nach einer eigenen missionarisch orientierten Veranstaltungsreihe mit Bibelarbeiterinnen und Bibelarbeitern aus den eigenen Reihen. Es war in der Vorbereitung immer wieder ein Kampf mit dem Kirchentag, dass dieser Wunsch auch realisiert werden konnte und seinen Platz im Programm fand. In Hannover war das erstmals 1983 der Fall. 400 bis 500 Mitarbeiterinnen und Mitarbeiter sorgten dafür, dass die Veranstaltungen des CVJM in einer eigenen Halle viele Möglichkeiten zu Nachgesprächen ergaben und reibungslos abliefen. Morgens Bibelarbeit, nachmittags Musik, Gesprächsgruppen, Podiumsdiskussionen, abends evangelistische Veranstaltungen. Mit einem Sport- und Spielangebot beteiligte sich der CVJM mit 30 Mitarbeiterinnen und Mitarbeitern am Abend der Begegnung. Dieses Angebot blieb bei den folgenden Kirchentagen so bestehen. Auf dem Markt der Möglichkeiten waren der CVJM-Weltdienst, CVJM-Reisen und oft die Mitglieder des CVJM-Gesamtverbandes mit einem eigenen Stand präsent. Ab 1989 beim Kirchentag in Berlin wurden die missionarisch-evangelistischen Veranstaltungen mit anderen befreundeten Werken dann gemeinsam gestaltet. Zusätzlich zu den Veranstaltungen auf dem Kirchentagsgelände waren die Mitarbeiterinnen und Mitarbeiter bei missionarischen Straßeneinsätzen und im City-Point, dem CVJM-Haus oder Jugendzentrum in der Stadt eingesetzt. Die CVJM-Veranstaltungen hatten ein Leitmotiv, das sich am Kirchentagsmotto orientierte und sich in den Programmen niederschlug, so z. B. in Frankfurt 1987 „Mensch, mach mit" gemäß dem Motto des Kirchentages „Seht, welch ein Mensch".

1988 beteiligte sich der CVJM in der Organisation, in der Mitarbeiterschulung und Programmgestaltung am Kongress junger Christen „Christival" in Nürnberg, einer unregelmäßig stattfindenden Großveranstaltung, deren Träger, neben dem CVJM, der EC, MBK, SMD und der Ring Missionarischer Jugendbewegungen sind. An diesem Kongress konnten nach Verhandlungen mit dem Konsistorialpräsidenten der EKU Manfred Stolpe auch 20 junge Leute aus der DDR teilnehmen.

Fortbildung hauptamtlicher Mitarbeiter

Die Fortbildung hauptamtlicher Mitarbeiterinnen und Mitarbeiter in der Jugendarbeit und Jungen-Erwachsenen-Arbeit in kirchlichen und in CVJM-Diensten war darauf ausgerichtet, die Hauptamtlichen durch Vermittlung neuer und Vertiefung alter Erkenntnisse in Sachfragen, in Didaktik und Methodik für ihren Dienst kompetenter zu machen. Das bezog sich hauptsächlich auf die Schulung und Begleitung ehrenamtlicher Mitarbeiterinnen und Mitarbeiter, auf die Jugendseelsorge, missionarische Verkündigung – missionarischer Lebensstil, Arbeitsorganisation, psychologische Erkenntnisse und geistliche Erfahrung. Diese Kurse wurden über das Jahr verteilt in 3-Wochen-Abschnitten angeboten.

Auf Vorschlag des Arbeitskreises Fortbildung beschloss der Hauptausschuss im Oktober 1980, für eine begrenzte Zeit die Zusatzausbildung für kirchliche Mitarbeiter durchzuführen. Der Hauptausschuss beauftragte den Vorstand, die Verhandlungen mit der Evangelischen Kirche Westfalen zu führen. Das Ziel war, Absolventen evangelischer Ausbildungsstätten ohne staatliche Anerkennung die Möglichkeit zu geben, die „doppelte Qualifikation" zu erlangen, also zusätzlich zur kirchlichen Anerkennung die des Staates zu bekommen. Der erste Kursus startete Anfang 1981 in Kassel. Er umfasste zehn Unterrichtswochen, verteilt auf Zwei- bis Dreiwochenkurse. Daran schloss sich eine Anerkennungszeit von sechs Monaten am Ort ihrer Anstellung an. Da eine Anerkennung der Prüfungsordnung durch den Staat Hessen nicht zu erreichen war, wurden die Prüfungen in Absprache an staatlich anerkannten evangelischen Ausbildungsstätten in Bayern und Westfalen durchgeführt. Drei solcher Lehrgänge fanden unter der Leitung des neuen, zweiten Bildungsreferenten Heiner Zolkiewicz statt, der letzte vom Januar 1985 bis März 1987. Mit der Beendigung der Kurse verließ auch Heiner Zolkiewicz den CVJM-Gesamtverband.

Programme der besonderen Art waren die Jahrestagungen für Theologiestudenten, deren Referate und Diskussionsergebnisse ab 1976 in den Kasseler Heften der S-Reihe veröffentlicht wurden. 1976 z. B. lautete das Thema der Tagung „Religiöse Sozialisation". Ab 2001 wurden die Tagungen für Studenten der Theologie und Religionspädagogik in Zusammenarbeit mit der Studentenmission Deutschland (SMD) durchgeführt.

Zum Aufgabenbereich des Referates Fortbildung gehörte auch die Geschäftsführung der Vereinigung Hauptamtlicher Mitarbeiter im CVJM (VHM), über die an anderer Stelle noch berichtet wird.

Viele Erkenntnisse der verschiedenen Fortbildungskurse fanden ihren Niederschlag in den Kasseler Heften der F-Reihe, denn auch dieses, die Herausgabe von Studienmaterial für hauptamtliche Mitarbeiter, war eine Aufgabe des Referates Fortbildung.

Öffentlichkeitsarbeit und Jugendpolitik

Die Voraussetzungen für jugendpolitisches Handeln des CVJM-Gesamtverbandes wurden im Mai 1977 durch die Thesen zum politischen Handeln im CVJM benannt. Darin heißt es u. a.:

> *Frieden, Versöhnung, Freiheit und Hoffnung, die im Glauben an Jesus Christus gegeben sind, ermutigen dazu, dem Chaos, der Ungerechtigkeit, den Zwängen und der Resignation in der gegenwärtigen Welt entgegenzuwirken. Die Kraft des Friedens, der Versöhnung, Freiheit und Hoffnung ermöglicht ein politisches Handeln in kritischer Offenheit, aber auch mit langem Atem und der Fähigkeit zum Leiden.*

Die Handlungsfelder solchen Handelns sind die jugendpolitischen Gremien, die Vertretungen der Belange junger Menschen, der weltweite Dienst des CVJM und die Zusammenarbeit mit anderen Trägern der Jugendarbeit.

Zwischen der jugendpolitischen Arbeit und der Öffentlichkeitsarbeit gibt es naturbedingt große Schnittmengen. Beide Bereiche waren Ende der siebziger Jahre dem Referenten für Programm und Mitarbeiter zugeordnet. Die offiziellen Vertretungen des CVJM-Gesamtverbandes in der Arbeitsgemeinschaft der Evangelischen Jugend (aej) und der Jugendkammer der EKD nahm der Generalsekretär wahr. Mit dem Dienstbeginn des neuen Jungscharreferenten Reinhart Weiß 1980 ging die Öffentlichkeitsarbeit und ab 1985 die Jugendpolitik in seinen Aufgabenbereich über.

Es war die Zeit, in der die kürzlich angeschafften elektrischen Speicherschreibmaschinen nach und nach durch Computer mit einfachem Schreibprogramm ersetzt wurden, erst unkoordiniert und individuell programmiert, dann aber bald zentral vernetzt. Die Entwicklung und Beobachtung „neuer Medien“ und Hilfen für die Vereine im Umgang damit waren dem Öffentlichkeitsreferat zugeordnet. Für die Zentrale selbst war aber der Geschäftsführer zuständig. Die

„Gewusst wie"-Seminare waren eine willkommene Hilfe für die Mitarbeitenden in den Vereinen.

Zu den bereits erwähnten Aufgaben des CVJM-Gesamtverbandes wird als erstes „Vertretung der CVJM gegenüber Kirche und Staat" genannt. Es musste wieder darum gerungen werden, gegenüber Staat, Kirche und der Öffentlichkeit ein christliches Profil zu wahren und mit einer gemeinsamen Stimme, trotz aller Unterschiede der Mitgliedsverbände, zu den anstehenden Problemen Stellung zu beziehen. Bereits im Jahr 1978 war dies im Blick auf die Novellierung des Jugendhilfegesetzes erforderlich, in dem der CVJM die Gefahr einer Professionalisierung der Jugendarbeit erkannte. Der Arbeitskreis (AK) Jugendpolitik forderte, die Vertreter des CVJM sollten sich dafür einsetzen, *dass das geplante Jugendhilfegesetz einer werteorientierten Jugendarbeit größere Bedeutung beimisst und sich für eine Vorrangigkeit der freien Träger der Jugendhilfe im Verhältnis zu öffentlichen Trägern der Jugendhilfe* einsetzt.

In dieser Angelegenheit, der Wahrung des Subsidiaritätsprinzips, waren der CVJM-Gesamtverband und alle christlichen Jugendverbände über einen langen Zeitraum immer wieder gefordert, Stellung zu beziehen. Weil das Jugendhilfegesetz im Laufe der Jahre mehrere Novellierungen erfuhr, blieb das ein Dauerthema. Es erwies sich als notwendig, dass der CVJM-Gesamtverband immer wieder zu jugendpolitischen Konsultationen einlud. Die erste fand im November 1980 statt. Dabei ging es hauptsächlich um die Mitarbeit in örtlichen und regionalen Jugendringen und die dort vom CVJM vertretenen Positionen.

Die jugendpolitische Arbeit beschränkte sich auf die Mitarbeit einiger Referenten in verschiedenen Gremien der Arbeitsgemeinschaft der evangelischen Jugend in der Bundesrepublik Deutschland (aej) und die gelegentliche Mitarbeit des Sportreferenten und weniger Mitglieder des Ausschusses für Sport im CVJM-Gesamtverband in entsprechenden Ausschüssen der Deutschen Sportjugend (dsj). Der Generalsekretär des CVJM-Gesamtverbandes war immer Vorstandsmitglied der aej, der Geschäftsführer Mitglied im Finanzbeirat und Referenten mit unterschiedlicher Dauer in verschiedenen Ausschüssen und Arbeitskreisen tätig. Der Referent für Sport und internationale Begegnungen arbeitete sowohl im entsprechenden Ausschuss der aej wie auch im Jugendpolitischen Arbeitskreis der dsj mit, wenn auch im letzteren Fall nur für zwei Wahlperioden von 1979 bis 1983. Aber durch die Mitgliedschaft des CVJM-Gesamtverbandes einerseits in der aej und somit im Deutschen Bundesjugendring und andererseits in der dsj, die aus dem Bundesjugendring ausgetreten war, ergaben sich Spannungsfelder, weil der Bundesjugendring gegenüber dem zuständigen Ministerium eine andere Politik als die Sportjugend vertrat. Das betraf einmal die Angaben über Mitgliederzahlen und somit die finanziellen Zuwendungen an die Verbände; zum andern verstand sich der Bundesjugendring eher als kritischer Partner des Ministeriums. Der DBJR warf der dsj eine unkritische und unpolitische Haltung vor.

In diesem Zusammenhang ging es dem CVJM-Gesamtverband um einen angemessenen Platz und eine gewichtigere Stimme gegenüber dem Gesetz- und Geldgeber. Die aej war nach Meinung Dannenmanns nicht der rechte Platz, um das zu erreichen. Es gab Bestrebungen, den CVJM aus der aej zu lösen und die direkte Mitgliedschaft im Bundesjugendring zu erlangen, in dem viele kleine Verbände und der große Block der Sportjugend den beiden großen Blöcken aej und BdK gegenüberstanden. Dannenmanns Bemühungen um eine direkte Vertretung wurden von der Arbeitsgemeinschaft der CVJM (AG) und dem Christlichen Jugenddorfwerk (cjd) unterstützt, stießen jedoch auf energischen Widerstand des Westbundes und des Evangelischen Jugendwerkes in Württemberg.

Die Jugendpolitik der aej wurde vom CVJM-Gesamtverband in mancher Hinsicht kritisch gesehen und umgekehrt.

Abgesehen von der Kritik anderer Verbände der aej an der theologisch-geistlichen Haltung des CVJM, waren es vor allen Dingen der unkritische Umgang und die intensive Begegnungsarbeit der aej mit der Freien Deutschen Jugend (FDJ) der DDR, die vom CVJM aus Solidarität zu den Jungmännerwerken in der DDR kritisch betrachtet wurden. Diese Begegnungen haben zwar nach Aussagen der Mitarbeiter der Jungmännerwerke diesen keinen Schaden zugefügt, aber sie haben eben auch keine Unterstützung in schwierigen Situationen erfahren. Dennoch stellte der Generalsekretär Matthias Dannenmann im Blick auf die aej vor der Delegiertenversammlung 1983 fest:

> *Ich habe den Eindruck, dass das Hören aufeinander zunehmend stärker geworden ist und auch die Achtung unterschiedlicher Auffassungen und Ansätze akzeptiert wird. Wenn ich zurückblicke auf die letzten zwölf Jahre meiner Vorstandstätigkeit in der AEJ, so muss ich feststellen, dass in einem zunehmenden Maße ... eine Entkrampfung eingetreten ist, die ein gemeinsames Arbeiten ohne feindliche Polarisation erlaubt. Mehr und mehr ringen wir heute gemeinsam um das Eigentliche evangelischer Jugendarbeit.*

Zu einer ernsthaften Auseinandersetzung zwischen dem CVJM und den anderen Verbänden und Vorstandsmitgliedern der aej kam es im Frühjahr 1982 wegen der Übernahme des Hauses am Hintersee von der aufgelösten Gemeinnützigen Deutschen Gesellschaft für Internationalen Jugendaustausch (GDG) durch den CVJM-Gesamtverband.[74] Infolge des NATO-Doppelbeschlusses vom Dezember 1979 wurde in der aej die Friedensthematik heiß diskutiert. Das Ergebnis der oft kontroversen Diskussion waren die „Leitlinien zur Friedensarbeit in der evangelischen Jugend“ vom März 1983. Die Delegiertenversammlung 1982 hatte beschlossen, *eine mehrtägige Tagung zum Thema Frieden durchzuführen. Einzuladen sind engagierte junge Christen aus allen Bereichen der Arbeit*

[74] Vgl. „Die Häuser des CVJM-Gesamtverbandes“ weiter unten

... Die Teilnehmer sollen ... nach Möglichkeiten gemeinsamen Handelns im CVJM suchen.[75] Bereits 1977 hatte der CVJM-Gesamtverband die „Thesen zum politischen Handeln" herausgegeben, in denen es u. a. heißt:

> *Politisches Handeln setzt eine umfassende politische Bildungsarbeit im CVJM voraus, die Kenntnisse und Einsichten vermittelt, politisches Bewusstsein fördert und zu verantwortungsbewusstem Handeln befähigt.*[76]

Eine erste Friedenstagung fand 1983 in Dassel statt, in der die Leitlinien der aej zur Diskussion standen und nach eigenen Beiträgen zur Friedensarbeit gesucht wurde. Diese wurden in Form eines Briefes der Delegiertenversammlung vorgelegt. Der AK Jugendpolitik lud zu einer zweiten Friedenstagung im Juni 1986 unter dem Thema „und richte unsere Füße auf den Weg des Friedens" (Lukas 1,79) nach Dassel ein. Die Beiträge dieser Tagung wurden in der Mitarbeiterhilfe dokumentiert. In den vielen Beiträgen wurde verdeutlicht, dass die Friedensarbeit der Christen in *erster Linie nicht eine vordergründig politische, sondern tiefgründig eine theologische Frage ist. Eine missionarisch-diakonische Gemeinde wird friedensfähig und friedenswillig sein, zunächst für den engeren Lebensraum, dann aber auch für die Völkerwelt, in die sie gesandt ist.*[77] Die Ergebnisse wurden der Delegiertenversammlung 1986 vorgelegt.

> *Sie teilt die Sorge der Teilnehmerinnen und Teilnehmer im Blick auf die Massenvernichtungsmittel, konnte sich jedoch nicht allen Aussagen der Erklärung anschließen. ... Die Delegiertenversammlung bittet die Mitarbeiterinnen und Mitarbeiter, sich intensiver mit dem Friedensauftrag der Gemeinde Jesu Christi zu befassen. Dazu gehört die Beschäfti-*

---

[75] Protokoll der Delegiertenversammlung 1982
[76] These 14
[77] Friedhard Gutsche in seinen Referat „Die Friedens(un)fähigkeit des Menschen"

gung mit den biblischen Aussagen zum Frieden ... die Zusammengehörigkeit von Friedensverantwortung und evangelistischer Praxis.[78]

Die jugendpolitische Konsultation im Oktober 1987 war praktisch die Fortsetzung solcher Tagungen. Daraus entstand, in Fortsetzung der „Thesen zum politischen Handeln" von 1977, die Orientierungshilfe zur politischen Bildungsarbeit, vom Hauptausschuss im April 1989 verabschiedet. Darin heißt es u. a.:

Sie soll helfen, den Auftrag zum politischen Handeln zu begründen, den Zusammenhang mit der Sendung der Gemeinde in die Welt herzustellen und den Blick für die politischen Herausforderungen zu weiten. ... II. 2. Politische Gestaltung ist für Christen eine sichtbare Frucht, die aus dem Glauben an Jesus Christus erwächst. ... III. 2. Das Zusammenleben der Christen in der Gemeinde soll Modell für das Zusammenleben in der Gesellschaft sein.

Als zu Beginn der achtziger Jahre die Jugendarbeitslosigkeit dramatisch zunahm, reagierte der CVJM-Gesamtverband nach intensiven Beratungen im AK Jugendpolitik mit einer Konsultation zur Jugendarbeitslosigkeit, deren Ergebnis in einem „Handlungskonzept" den Vereinen zur Verfügung gestellt wurde. Da außer dem Christlichen Jugenddorfwerk Deutschlands (cjd) kein Verband oder Verein die Möglichkeit hatte, Jugendliche für den Arbeitsmarkt zu qualifizieren, beschränkte sich die Empfehlung an die Vereine auf eine besondere Beachtung und Begleitung arbeitsloser Jugendlicher.

Ab Mitte der achtziger Jahre versuchte der CVJM-Gesamtverband, sein eigenes Profil und die CVJM-Arbeit an der Basis auch in der politischen Öffentlichkeit verstärkt deutlich zu machen. Gespräche mit Politikern wurden gesucht und ganz spezielle Projekte vorgestellt. Ein Ergebnis

---

78 Protokoll der Delegiertenversammlung 1986 (Top 11)

dieser Gespräche waren die „Fachinformationstagungen“ für leitende Mitarbeiterinnen und Mitarbeiter des CVJM bei der Regierung in Bonn. „Nicht über Bonn reden, sondern in Bonn mit Politikern reden“ war das Anliegen. Eine erste vom Bundespresseamt organisierte Tagung dieser Art fand Anfang März 1988 statt. Weitere folgten.

Im Blick auf die Arbeit des AK Jugendpolitik ist jedoch kritisch anzumerken, dass es nicht gelungen ist, die anderen Arbeitszweige für eine jugendpolitische Thematik sensibel zu machen. Das ist aber generell zu allen Thesen und Verlautbarungen der einzelnen Referate zu sagen. Jeder Arbeitszweig hatte seine eigenen aktuellen Schwerpunkte, die durchaus auch von allgemeinem Interesse hätten sein können, oder aber so speziell waren, dass sie auf andere Arbeitszweige nicht übertragen werden konnten. Ein Beispiel von allgemeiner Bedeutung war z. B. die bildungspolitische Initiative des CVJM-Weltdienstes Ende der siebziger Jahre oder die Gesundheitsdebatte des Sports Ende der achtziger Jahre. Erst in den neunziger Jahren wurde diese Problematik in einer gemeinsamen Konsultation aufgegriffen.

Musik und TEN SING

Seit nahezu 20 Jahren hatte es keinen hauptamtlichen Musikreferenten im CVJM-Gesamtverband gegeben. Diese Aufgabe wurde kommissarisch vom Musikreferenten des Westbundes Paul Beinhauer bis 1979 und danach bis 1982 vom Posaunenwart des Evangelischen Jungmännerwerkes in Württemberg, Wilhelm Mergenthaler, wahrgenommen und vom Heimleiter des Eichenkreuzheimes in Willingen, Eduard Adorjan, als Geschäftsführer verwaltet. Die eigentliche Posaunen- und Chorarbeit aber geschah bei den Mitgliedern. Die Jungbläserlehrgänge, Posaunenchorleiter-Lehrgänge und Singfreizeiten in Willingen wurden in Zusammenarbeit mit dem CVJM-Westbund oder dem Evangelischen Jugendwerk Württemberg durchgeführt. Eine gewisse Eigenständigkeit hatten die Gitarrenkurse in Willingen, die bis Mitte der achtziger Jahre angeboten wurden. Aufgabe des Musikausschusses war es auch, Musikliteratur für die Dienste der CVJM herauszugeben. Dazu gehörten die Notenhefte für Posaunenchöre „Zu Gottes Lob und Ehre", das Jungscharliederbuch und kurzzeitig ein Heft, „Lieder für die Gruppe", das die neuen Lieder zum Inhalt hatte. Die Forderung nach einem hauptamtlichen Musikreferenten für den CVJM-Gesamtverband stand immer wieder auf der Tagesordnung des Musikausschusses. Das wurde umso notwendiger, als TEN SING immer populärer wurde und ein völlig neues Element in die Jugendarbeit einbrachte.

Es wurde bereits berichtet, dass im Februar 1978 eine norwegische TEN SING-Gruppe durch die deutschen CVJM tourte. Der Auftritt einer großen TEN SING-Gruppe aus Norwegen war die Initialzündung für den Plan, TEN SING als eine neue Form der Jugendarbeit im Lande bekannt zu machen und gezielt zu fördern. Erst als 1985 der Musikpädagoge Johannes Nitsch als Musikreferent angestellt wurde, konnte dieses Projekt verwirklicht werden. Eine Gruppe TEN SINGer aus Norwegen führte unter der Regie des neuen Musikreferenten von Oktober 1986 bis Juni 1987 an 21 verschiedenen Orten TEN SING-Seminare durch und gab 58 Vorstellungen. Das Ergebnis waren 35 neue TEN SING-Gruppen im deutschen CVJM. Die Mischung aus moderner Rock- und Popmusik mit Chor und Band und Tanz sowie anderen darstellenden Elementen entpuppte sich als eine gute Chance, fremde, CVJM-ferne Jugendliche zu erreichen.

Warum kam die norwegische Gruppe so gut an? fragt Johannes Nitsch in seinem Abschlussbericht im Oktober 1987. Die Gruppe hatte auf der Bühne und in den Seminaren ein äußerst lockeres und natürliches Auftreten. Die Mitglieder waren keine Stars und wollten auch keine sein. Das spürte man und darum war eine Distanz zwischen Norwegern und Deutschen stets bald verschwunden. Sie waren natürliche Jugendliche, die Rock und Popmusik lieben. Auch

TEN SING Dassel-Seminar 2008

das spürte man: Christus war das Zentrum der Gruppe. Nichts anderes als eine Bekanntmachung dieses Namens durch TEN SING unter möglichst vielen kirchenfremden Jugendlichen war der Wunsch eines jeden Einzelnen.

Diese ungewohnte neue Art der Jugendarbeit stieß erwartungsgemäß auch auf Kritik. Viele Leiter auf allen Ebenen erwarteten von TEN SING eine nach außen wirkende missionarische Arbeit. Die Außenwirkung ist jedoch nicht das Ziel. In den Seminaren selbst wurde mit Jugendlichen missionarisch gearbeitet. Die evangelistische Arbeit soll nach innen, an die Teilnehmer, die außenstehenden Jugendlichen gerichtet sein, die man mit TEN SING gewinnen will. Für die Wahrung der geistlichen Inhalte wurden die „geistlichen Leiter" eingesetzt und von Zeit zu Zeit für ihren verantwortungsvollen Dienst geschult. Mit Auslaufen des „TEN SING-Projekts Deutschland" verließ auch Johannes Nitsch den CVJM-Gesamtverband. Die erfolgreiche TEN SING-Arbeit konnte nahtlos von seinem Nachfolger Pit Prawitt weitergeführt werden. Im Herbst 1988 gab es bereits über 60 Gruppen und es wurden immer mehr. Die Mitgliedsverbände des CVJM-Gesamtverbandes sahen sich genötigt, TEN SING-Beauftragte zu berufen. Und weil immer mehr CVJM-ferne Gruppen die TEN SING-Idee aufnahmen, kam der Gesamtverband nicht umhin, über die Mitglieder mit solchen Gruppen Gestattungsverträge abzuschließen, die diese in den CVJM einbinden sollten. Wichtig wurden in den kommenden Jahren die Seminare für die geistlichen Leiter und die Herausgabe von Literatur, die „Notenbank". TEN SING-Trend, ein Informationsblatt und eine TEN SING-Arbeitshilfe sollten helfen, die TEN SING-Arbeit so weiterzuführen, wie sie angefangen hatte.

> *TEN SING steht für „Teenager singen" und stellt ein umfassendes christliches Jugendarbeitskonzept im CVJM dar. In den Gruppen sollen junge Menschen ihre Kreativität neu und verborgene Talente entdecken. TEN SING bietet Jugendlichen die Möglichkeit, ihre Alltagserfahrungen und ihre eigenen kulturellen Ausdrucksformen wie Musik, Tanz und Theater zu verarbeiten und einzubringen. Über die Verkündigung des Evangeliums von Jesus Christus will TEN SING zum Glauben an Jesus Christus einladen. Im Gruppenprozess bei der Erarbeitung eines Programms stellt sich die Frage nach den Werten und dem Ziel des Lebens. Dabei wird auf Selbst- und Mitgestaltung der Jugendlichen großer Wert gelegt. TEN SING ist keine Jugendarbeit für Jugendliche, sondern von Jugendlichen. TEN SING will das Lebensgefühl junger Menschen treffen. Diese Arbeit will eine echte Alternative zur bestehenden Konsumkultur bieten. Und wenn man die ersten zehn Jahre betrachtet, dann scheint dieses Konzept voll aufgegangen zu sein.*[79]

Ein außergewöhnliches Ereignis war, dass im Juni 1989 eine TEN SING-Gruppe aus Norwegen die Erlaubnis bekam, eine Tour durch die DDR zu unternehmen. Zwei Jahre Organisation durch Landeswart Albrecht Kaul unter Einschaltung des Landeskirchenamtes, des Ökumenischen Jugenddienstes und

---

[79] TEN SING-Arbeitshilfe 1997 „Die Idee, die Geschichte, die Möglichkeiten"

des Staatssekretärs für Kirchenfragen waren nötig, um die Gruppe für zehn Tage mit acht Auftritten und einem Seminar in die DDR zu bringen. Dabei mussten die Jugendlichen pro Person und Tag 25,00 DM „Eintrittsgeld“ bezahlen. Der Erfolg der Gruppe war so begeisternd, dass sich spontan drei TEN SING-Gruppen bildeten. Das war der Grundstein für die erfolgreiche Ausbreitung der TEN SING-Gruppen nach der Wende in den östlichen CVJM-Landesverbänden.[80] TEN SING-Arbeit ist der einzige Bereich, in dem die Mitglieder des CVJM-Gesamtverbandes diesen in den ersten Jahren mit einer direkten Betreuung von Ortsgruppen beauftragt hatten.

Inzwischen ist TEN SING in allen europäischen CVJM etabliert, Mitgestalter bei und Veranstalter von vielen europäischen Festen und aus der Jugendarbeit der CVJM nicht mehr wegzudenken, auch wenn die anfängliche Begeisterung etwas nachgelassen hat. Die TEN SINGer wurden älter. Eine neue Generation ließ sich nicht mehr so einfach begeistern. Gemeinden zogen ihre anfängliche Unterstützung zurück, weil sie andere Vorstellungen vom Mitwirken der TEN SING-Gruppe in Gemeindeveranstaltungen hatte, die nicht dem Arbeitskonzept von TEN SING entsprachen. In den Ländern Osteuropas hatten es anfänglich die entstehenden TEN SING-Gruppen schwer. In den traditionellen kirchlichen Strukturen und Vorstellungen war kein Platz für TEN SING. Aber ab Mitte der neunziger Jahre erlebte TEN SING dort einen erfreulichen Zulauf. TEN SING Europa wurde gegründet und europäische Programme aufgelegt. Keine europäische Großveranstaltung ohne Mitwirkung von TEN SING. Die europäische Dimension belebte auch die Arbeit in Deutschland wieder, zumal jetzt auch die neuen CVJM-Landesverbände im Osten Deutschlands die Idee mit Begeisterung aufgriffen.

Die öffentliche Dominanz von TEN SING lässt die übrigen Bereiche der Musikarbeit optisch in den Hintergrund

---

[80] Allein in Sachsen waren es zeitweise 30.

treten, obwohl wieder Gitarrenlehrgänge, ein Jugendchorkongress und ein neues Liederbuch „Lebenslieder“ 1989 herausgebracht wurden. Obwohl TEN SING vom Musikreferenten betreut wurde, lässt sich diese Arbeit auch nicht einfach dem Musikreferat zuordnen. Das ist dann auch ab 2001 geändert worden.

Informationsgespräche der Posaunenwarte mit dem Posaunenwerk der EKD zur Sondierung einer möglichen Mitgliedschaft der CVJM-Posaunenchöre im Posaunenwerk hatte es seit Mitte der achtziger Jahre gegeben. Die Posaunenarbeit in Württemberg war gemäß der Struktur des Evangelischen Jugendwerkes in Württemberg Teil der kirchlichen Posaunenarbeit. Diese hatten dadurch gegenüber den Chören in den nichtkirchlichen Werken einen erheblichen finanziellen und strukturellen Vorteil. Gegen Ende der achtziger Jahre erhielten die Gespräche immer mehr den Charakter von Beitrittsverhandlungen. 1993 traten die Posaunendienste der Mitglieder des CVJM-Gesamtverbandes und mit ihnen somit alle CVJM-Posaunenchöre dem Posaunenwerk bei.

CVJM-Weltdienst

Günter Haas, seit 1974 Weltdienstreferent des CVJM-Gesamtverbandes, schrieb in seinen Bericht für die Delegiertenversammlung 1978:

> *Über 20 Jahre wurde durch unsere Bruderschaftssekretäre in Südamerika, Nigeria, Ghana, Kenia, Pakistan und Sri Lanka wertvolle Aufbauarbeit geleistet. Nicht zu vergessen die Mitarbeiter in CVJM-Projekten, die durch „Dienste in Übersee“ ausgesandt wurden und zum Aufbau der Berufsausbildung viel beigetragen haben. … Nach 20 Jahren ist es angebracht, darüber nachzudenken, warum dieser Dienst heute noch getan wird und was die Motive sind.*

Im Folgenden begründet Günter Haas die Notwendigkeit des Bruderschaftsdienstes u. a. mit folgenden Argumenten:

– *Die Weltsituation fordert uns heraus.*
– *Nationalverbände brauchen unsere Hilfe.*
– *Wir brauchen die anderen.*

Die Einsicht, dass, wer als Geber offen ist für den Bruder, von ihm auch reichlich beschenkt wird, sollte in Zukunft den Bruderschaftsdienst maßgebend bestimmen.

Waren in der ersten Zeit die „Macher" gefragt, so setzte sich allmählich die Erkenntnis durch, dass vor Ort mehr die Beratung und die Unterstützung der einheimischen Sekretäre angesagt war. Die klassische Rollenverteilung von Gebern und Nehmern war überholt. Die Erkenntnis war da, die Umsetzung war dagegen schwierig. Denn immer noch waren das Geld und auch das technische Know-how aus Deutschland für die Entwicklung von Programmen erforderlich. Deutsche Vereine profitierten vom verstärkten Engagement der Mitarbeitenden für den Weltdienst. Von den Ländern Asiens, Afrikas und Südamerikas hätten deutsche CVJM mehr profitieren können, hätte man deren geistliche Begeisterung für das Evangelium und deren Erfahrung im Umgang mit anderen Kulturen und Religionen stärker in die Überlegungen einbezogen.

Unterstützer und Partner der Nationalverbände in den anderen Ländern waren die Mitglieder des CVJM-Gesamtverbandes, die nicht in allen Fällen mit Bruderschaftssekretären beteiligt waren, wie z. B. der CVJM-Nordbund für Indien, der CVJM Pfalz in Costa Rica und die CVJM-Landesverbände Baden und Bayern in Kenia. In der Regel waren die Partner in den anderen Ländern örtliche Vereine mit einem unterstützungswürdigen Projekt. Das Christliche Jugenddorfwerk sandte keine Bruderschaftssekretäre aus. Dieses Werk unterstützte z. B. den CVJM Ost-Jerusalem mit Fachpersonal in Projekten in Jerusalem und Jericho. Die Träger der Bruderschaftsarbeit waren der CVJM-Westbund, das Evangelische Jugendwerk Württemberg, die Arbeitsgemeinschaft der CVJM. Die spätere Einladung des Westbundes an einen CVJM-Sekretär aus Ghana, im Westbund als Bundessekretär mitzuarbeiten, ist zumindest als gelungener Versuch anzusehen, die personale Einbahnstraße aufzuheben. Gemeinsame Workshops beider Partner sowohl in Deutschland als auch in den anderen Ländern brachten viel Begegnungen, gegenseitiges Verständnis füreinander und neue Impulse für die Weltdienstarbeit vor Ort, konnten aber nur selten die Grenzen der Exotik überschreiten, auch wenn es von den Partnern anders gewollt war. Ende der siebziger Jahre waren Bruderschaftssekretäre in Mombasa, Thika (bis 1979) und Nordnigeria. Drei weitere Anfragen nach personeller Hilfe lagen aus Sierra Leone, Österreich und Peru vor. Im letzteren Fall wurde die Anfrage konkret nach einem CVJM-Sekretär gestellt, der helfen sollte, die christliche Ausrichtung der CVJM in Peru zu stärken. Zehn Jahre später waren noch in Lima/ Peru, Graz/Österreich, Sierra Leone, Kenia, Sudan und Nordnigeria Bruderschaftssekretäre tätig. Der CVJM-Weltdienst hatte auf dem Gebiet der Bruderschaftsarbeit und der Aktionen der Mitglieder des CVJM-Gesamtverbandes in Weltdienstprojekten nur eine koordinierende Rolle. Als solcher vertrat er auch die Projekte beim CVJM-Weltbund und gegenüber den staatlichen und kirchlichen Geldgebern.

Neben der personellen Hilfe durch Bruderschaftssekretäre leistete der CVJM-Weltdienst Aufbauhilfen durch finanzielle Unterstützung junger YMCA/ACJ-Nationalverbände in Asien, Afrika, Mittel- und Südamerika, mit immerhin 180.000 DM im Jahre 1978. Dabei ging es in erster Linie um die Mitfinanzierung einheimischer Sekretäre. Aber auch hier waren es in erster Linie die Mitglieder des CVJM-Gesamtverbandes, die die Spenderkreise erschlossen und betreuten. *Einheimische Sekretäre brauchen im CVJM-Weltdienst eine noch größere Beachtung und vielleicht müssen wir neue Wege finden, ihnen zu helfen. Das fängt an bei der Ausbildung, … dazu gehören Fragen der Finanzierung ihres Gehaltes, ihre Zukunftssicherung, der Finanzierung ihrer Trans-*

portmittel und ihres Dienstes, stellte Günter Haas in seinem Bericht 1979 fest. Ein intensiver Kontakt zu den kirchlichen Geberorganisationen und eine verlässliche Information dieser Stellen waren dabei unerlässlich.

Initiiert durch den Weltdienstausschuss beschloss der Vorstand des CVJM-Gesamtverbandes im Juni 1978 ein Grundsatzpapier zur Bewusstseinsbildung im CVJM-Weltdienst. *Bewusstseinsbildung im Weltdienst des CVJM soll dazu dienen, unter jungen Christen die Verantwortung für die Welt zu vertiefen, sie zu befähigen, aus christlichem Glauben heraus auf die Nöte der Welt zu antworten.* Um das zu erreichen, sollten in kurzen Abständen zu den verschiedenen Themen und Brennpunkten des CVJM-Weltdienstes Informationsblätter herausgegeben, regionale Seminare, Aufbau-Camps im Ausland und Begegnungen mit den Partnern im In- und Ausland durchgeführt und Arbeitshilfen erarbeitet werden. Im Laufe der nächsten zehn Jahre wurden fast jährlich acht bis zwölf Seminare in Zusammenarbeit mit den Mitgliedern des CVJM-Gesamtverbandes durchgeführt. Im Durchschnitt nahmen daran 22 Personen teil. In den Seminaren ... wird erkennbar: Information und Austausch werden abgelöst durch ein stärkeres Fragen danach, wie mit den verschiedenen Altersgruppen in der Jugendarbeit das Thema Dritte Welt erarbeitet werden kann. Und: Nicht so sehr die Sammelaktionen stehen im Vordergrund, sondern die Frage, wie thematisch gearbeitet werden kann.

Die für zehn Jahre gewährte Unterstützung dieser Arbeit durch den kirchlichen Entwicklungsdienst lief 1987 aus. Die Seminararbeit war aber zum Selbstläufer geworden und wurde von den Mitgliedern des CVJM-Gesamtverbandes weitergeführt.

Ein weiteres Hilfsprogramm des CVJM-Weltdienstes war das Patenschaftsprogramm, in dem private Spender Patenschaften in der Dritten Welt übernahmen. Durch die Kritik am Patenschaftsprogramm der Kindernothilfe geriet auch das des CVJM-Weltdienstes in die Kritik. Es war aber schon seit Beginn des Patenschaftsprogramms des CVJM klar, dass persönliche Patenschaften von Familie für ein bestimmtes Kind in der Dritten Welt problematisch sein würden. Deshalb suchte der CVJM-Weltdienst nach Paten für Projektpatenschaften und immer in Verbindung mit dem örtlichen CVJM, der auch dafür sorgte, dass Straßenkinder und andere Heimkinder eine Ausbildung erhielten. Dennoch blieb die Bezeichnung „Patenschaft“ ein Reizwort. Deshalb wurde dieses Programm 1985 in „Aktion Hoffnungszeichen“ umbenannt, weil die Erwartungen, die sich mit der alten Bezeichnung verbanden, von beiden Seiten nicht erfüllt werden konnten. Die Aktion Hoffnungszeichen umfasste Ende der achtziger Jahre 42 Einzelprojekte.[81]

Angeregt durch die Initiative des CVJM-Weltbundes anlässlich der Feierlichkeiten zum 125. Jubiläum „Wir feiern – aber nicht für uns selbst“ und die offensichtlich zunehmenden Flüchtlingsströme in Südost-Asien und Ostafrika, nahm der CVJM-Weltdienst die Flüchtlingsarbeit 1980 auf. Dabei wurde der Blick sowohl auf die vielen Flüchtlingslager als auch auf die Situation im eigenen Land gerichtet. Zu den Aufgaben, die sich der CVJM-Weltdienst stellte, werden u. a. genannt:

- *Unterstützung der Flüchtlingsarbeit des CVJM-Weltdienstes*
- *die Probleme der Flüchtlinge im eigenen Land bewusst machen*
- *Kontaktaufnahme mit Flüchtlingslagern, um herauszufinden, wie der CVJM dazu beitragen kann, Defizite in den Lagern zu beseitigen*[82]

Die Mitglieder des CVJM-Gesamtverbandes übernahmen Patenschaften für bestimmte Flüchtlingslager, so z. B. die Pfalz für Costa Rica, der CVJM-Nordbund für Traiskirchen

---

[81] Vgl. auch: „CVJM-Weltdienst in den neunziger Jahren“
[82] Materialbericht 1982/83

bei Wien, das Evangelische Jugendwerk Württemberg (ejw) für den Sudan, das Christliche Jugenddorfwerk (cjd) für Jericho. Im Sudan, wo die Lage besonders dramatisch war, unterstützte das ejw den CVJM-Weltbund bei der Nahrungsmittelverteilung durch dessen Bruderschaftssekretär Wagner und andere Helfer. Der CVJM-Nordbund war mit Volontären in Traiskirchen engagiert. Dort begann der ehemalige Nordbundsekretär Eduard Vatter 1989 als Heimleiter. So sehr sich der Weltdienstausschuss auch bemühte, die Aufmerksamkeit auf die Problematik der Asylbewerber im eigenen Land zu richten, wirkliche Projekte der Vereine, die sich dieser Problematik annahmen, gab es nicht. Lediglich das cjd hatte aufgrund seiner Struktur die Möglichkeit, Ausbildungsprogramme für diese Zielgruppe anzubieten. Eine Arbeitshilfe „gastfrei sein“ wurde erstellt. Ein Seminar im November 1987 sollte Mitarbeiter motivieren, sich der Problematik anzunehmen. Der CVJM Hagen war deshalb Gastgeber, weil er verstärkt mit ausländischen Jugendlichen arbeitete, die aber doch keine Flüchtlinge oder Asylbewerber waren. Im Materialbericht 1984/85 stellt Günter Haas fest:

> *Die Aktion „Ausländer annehmen – Flüchtlingen helfen“ wurde von einigen CVJM aufgegriffen, aber es kam zu keiner wesentlichen Intensivierung der Arbeit.*

Eine zweite Weltdienstkonferenz im Oktober 1986 führte 170 im Weltdienst engagierte verantwortliche Mitarbeiterinnen und Mitarbeiter und einige ihrer Partner zu intensiven Gesprächen zusammen.

> *Je schwieriger die Aufgaben im CVJM-Weltdienst werden, umso mehr brauchen wir die Rückendeckung aller Mitarbeiter durch den lebendigen Jesus. Wir müssen aber auch nicht resignieren, als gäbe es keine Chance gegen die Zerstörungsmächte.*[83]

---

[83] Ulrich Parzany in seinem Eröffnungsreferat

Internationaler Jugendaustausch

Der internationale Jugendaustausch, so wie er vom Gesetzgeber als solcher anerkannt wurde, war in mehreren Abteilungen angesiedelt. CVJM-Reisen GmbH führte einen intensiven Austausch mit dem sowjetischen Reisebüro Sputnik durch. Jährlich fanden drei bis vier Maßnahmen statt. Erst 1988 wurde die Verantwortung dafür dem Referat Internationale Begegnungen und Austauschprogramme (IBA) pro forma übertragen, sie konnte aber wegen der Umwälzungen in der UdSSR praktisch nicht mehr wahrgenommen werden.

Im Sportreferat war der Austausch mit dem israelischen religiösen Sportverband Elizur angesiedelt, weil die Bezuschussung dieser Maßnahmen über die Deutsche Sportjugend lief.

Maßnahmen mit den Partnern aus Afrika, Südamerika und Asien wurden vom CVJM-Weltdienst betreut.

Und weil TEN SING an sich international ist, war der TEN SING-Arbeitskreis ein weiteres Gremium, das auf dem Gebiet internationaler Jugendarbeit tätig war.

Die europäischen Jugendprogramme und der deutsch-französische Jugendaustausch wurden vorerst vom Jugendreferat betreut. Dazu gehörte die Entsendung einer Gruppe zum europäischen Jugendcamp „Philia“ und die Vertretung der Europäischen Campinggruppe, die u. a. diese Camps plante.

Als der internationale Jugendaustausch immer mehr an Bedeutung zunahm und auch von der Regierung neue internationale Jugendprogramme auflegt wurden, wurde dafür 1983 ein eigenes Gremium gebildet, der bereits oben erwähnte Arbeitskreis IBA. Zuerst waren es wenige hauptamtliche, am internationalen Jugendaustausch interessierte Mitarbeiter. Später gelang es jedoch, auch junge ehrenamtliche Mitarbeiterinnen und Mitarbeiter zu interessieren. So entstand das Doppelreferat Sport und Internationale Begegnungen und Austauschprogramme. Die Jugendarbeit wurde fortan wieder vom Referat Programm und Mitarbeiter betreut. Für europäische Angelegenheiten war jetzt das Referat Internationale Begegnungen und Austauschprogramme zuständig. 1982 legten die zuständigen Ministerien der USA und der Bundesrepublik ein neues Jugendaustauschprogramm auf, um den in der Bundesrepublik vorhandenen Antiamerikanismus zu überwinden. Mit dem YMCA der USA wurden daraufhin verschiedene Maßnahmen vereinbart. 1983 nahm eine Gruppe aus New York am Camp Michelstadt teil und war danach eine Woche Gast bei einem CVJM im Saarland. Im Dezember 1983 fand die erste Multiplikatorenbegegnung mit zwölf leitenden deutschen CVJM-Sekretären in den USA statt. Daraus entwickelten sich weitere Multiplikatorenbegegnungen und Partnerschaften zwischen CVJM-Verbänden und Vereinen, die bis in die Gegenwart bestehen.

Bereits 1980 hatte der Vorstand vom IBA ausgearbeitete Leitlinien zur Internationalen CVJM-Arbeit beschlossen. Darin heißt es u. a.:

> *Unterschiedliche Geschichte und Traditionen sind Barrieren, die Vorurteile produzieren und die Zusammenarbeit erschweren.*

Als Ziele werden u. a. genannt:

> *... das Bewusstsein für den missionarischen Dienst zu schaffen und über Grenzen von Nationen und Rassen hinweg Begegnungen zu suchen, internationale Verantwortung zu übernehmen und in dieser Welt zur Konfliktlösung beizutragen.*
> *Förderung einzelner CVJM-Bewegungen durch Entwicklung örtlicher Arbeit und Hilfen beim Aufbau eigenständiger Nationalverbände.*

Letzteres sollte besonders durch Patenschaften der Mitglieder des CVJM-Gesamtverbandes mit den betroffenen Nationalverbänden geschehen.

Zu den Formen, die solche Bemühungen unterstützen, wurde auch der Austausch von Mitarbeiterinnen und Mitarbeitern genannt. Die Bemühungen, Praktika im Ausland für deutsche Mitarbeiterinnen und Mitarbeiter zu vermitteln und Praktikumsstellen in Deutschland für ausländische Mitarbeiter zu finden, hatten nur mäßigen Erfolg, trotz finanziell gut ausgestatteter europäischer Programme aus Brüssel. Der Bereich des internationalen Austausches gewann nach der Wende in Osteuropa aber erneut enorm an Bedeutung.

Eichenkreuzsport

Die Bezeichnung geht auf das Eichenkreuz als Verbandsabzeichen des Reichsverbandes der Evangelischen Jungmännerbünde und seiner Gliederungen und deren Vereine von 1921 zurück. Nach dem Krieg hat sich aber die Bezeichnung „Eichenkreuz“ nur für die Sportarbeit im CVJM gehalten und in den achtziger Jahren als Namens- und Zeichenpatent erneuert. So fanden jährlich „Deutsche Eichenkreuzmeisterschaften“ in den von den Vereinen betriebenen Hauptsportarten im Jugend- und Erwachsenenbereich statt[84]. Auch das alle zwei Monate erschienene Mitteilungsblatt des Sportreferates, die „Eichenkreuz-Mitteilungen“, trug diese Bezeichnung. Der offizielle Name der Sportarbeit im CVJM-Gesamtverband als Mitglied im Deutschen Sportbund (DSB) war „Eichenkreuzsport im CVJM-Gesamtverband“. Im Jahre 2001 wurde dann von Seiten des CVJM-Gesamtverbandes auf den Namen Eichenkreuz verzichtet.

Eichenkreuzmeisterschaften wurden für jede Sportart, manchmal auch für die verschiedenen Altersklassen, einzeln

84 Mit Ausnahme der CVJM Jugend-Indiaca-Meisterschaften, die der Jugendausschuss verantwortete

an verschiedenen Orten durchgeführt. In der Regel waren das zwölf Veranstaltungen im Jahr. 1978 nahmen erstmals Frauenmannschaften an den Deutschen Eichenkreuz-Meisterschaften im Basketball, Volleyball und Tischtennis teil. Die Leitung dieser Veranstaltungen hatten die Fachwarte des Ausschusses für Sport (AfS), dem Leitungsgremium des Eichenkreuzsports im CVJM-Gesamtverband, deren Vorsitzender bis 1983 Prof. Dr. med. Horst DeMareé war und ab 1984 Prof. Dipl. Ing. Karlheinz Wesp. Durch Horst DeMareé wurde ein wissenschaftliches Beratergremium für den Eichenkreuzsport ins Leben gerufen. Noch während seiner Zeit als Vorsitzender wurden zwei Konsultationen durchgeführt. Einige der Wissenschaftler dieses Gremiums waren dann bereit, in einem neu geschaffenen wissenschaftlichen Beratergremium für den gesamten Arbeitsbereich und speziell für die CVJM-Sekretärschule mitzuarbeiten. Durch die Eichenkreuz-Meisterschaften kam es zur direkten Zusammenarbeit und zu unmittelbaren Kontakten mit den ausrichtenden und den teilnehmenden Vereinen. Dadurch konnten wertvolle Erkenntnisse für die zukünftige Gestaltung der Sportarbeit gewonnen werden. Alle Mannschaften, die an den Eichenkreuzmeisterschaften teilnahmen, waren Mitglieder der Sportfachverbände, mit Ausnahme der Mannschaften aus dem ejw und Berlin. Für Indiaca gab es noch keinen Fachverband. CVJM, die Mitglieder der Fachverbände waren, mussten sich in ihrer Wettkampfplanung nach den Vorgaben der Verbände richten. Sie waren aber eben auch CVJM und seinen Zielen verpflichtet. Diese Doppelmitgliedschaft führte immer wieder zu Konflikten im Verhältnis zwischen den Sportabteilungen im CVJM und der übrigen Arbeit, aber auch bei den Deutschen Eichenkreuzmeisterschaften zwischen den „reinen" Eichenkreuzvereinen aus Württemberg ohne Fachverbandszugehörigkeit und den übrigen CVJM-Mannschaften. Außer in Württemberg war die Spieldichte der CVJM-Mannschaften so dünn, dass ein CVJM-interner Spielbetrieb nicht möglich war und weithin auch nicht gewollt wurde. Die ehemals in Baden und im Westen vom CVJM dominierte Sportart Basketball war nur noch in wenigen Vereinen anzutreffen. Im Handball sah es, abgesehen von Württemberg, nicht viel anders aus. Die Leichtathletik war bis auf das Siegerland und den Dillkreis ganz zum Erliegen gekommen. Volleyball und Indiaca waren auf dem Vormarsch. Im Volleyball erreichten die Mannschaften der CVJM/des CJD auch höheres und höchstes Spielniveau, wie z. B. die Volleyball-Damenmannschaft des CJD Stuttgart-Feuerbach. Dadurch wurde aber auch die Diskrepanz im Spielniveau zwischen den Vereinen deutlicher. Aus Personal- und Kostengründen war es für den normalen CVJM kaum möglich, seine Mannschaft in einer höheren Klasse als die Bezirksliga zu platzieren. Immer mehr Vereine verabschiedeten sich vom Wettkampfsport, der notgedrungen in den Sportverbänden stattfinden musste. Breitensport war auf dem Vormarsch, auch in der klassischen Sportart Volleyball. Indiaca als Wettkampfsport war eine willkommene Alternative zum Sport in den Fachverbänden.

Diesen Trend galt es aufzugreifen. Ein großes Sporttreffen des CVJM-Gesamtverbandes sollte dem Rechnung tragen und exemplarisch alternative Möglichkeiten des sportlichen Wettkampfes aufzeigen. Das war die Grundidee der „CVJM-Spiele '84“ an den Pfingsttagen in Kassel. 161 Gruppen mit insgesamt 2400 Teilnehmern waren der Einladung gefolgt. Auf einem Zeltplatz an der Fulda stellten sich die Verbände, die im Sportausschuss vertreten waren, beim Abend der Begegnung vor. Der Samstag war gefüllt mit Wettkämpfen in den gängigen Sportarten. Ein Sieger wurde nicht ermittelt. Geehrt wurden die Gruppen, die in drei unterschiedlichen Sporten drei Wettkämpfe bestritten hatten. Diese Art des Sportfestes wurde dankbar angenommen.

Ab 1978 bekamen die CVJM-Europameisterschaften durch die vorbildliche Zusammenarbeit der Verbände aus

Schweden, Dänemark und Deutschland neue Impulse. Alle zwei Jahre fanden für die Auswahlmannschaften in vier Sportarten Turniere satt.

Die Begegnungen mit dem religiösen israelischen Sportverband Elizur wurden weitergeführt. Jedes Jahr fand abwechselnd in Israel und Deutschland eine Begegnung statt. 1988 nahmen eine Volleyball-Damenmannschaft und eine Jugendhandballmannschaft an der Elizuriade, dem Weltsportfest des Elizurverbandes, als einzige nichtjüdische und einzige deutsche Mannschaften teil.

Aber der Leistungs- und Wettkampfsport in den Fachverbänden bestimmte das Leben in den meisten Sportgruppen. Die Gefahr der Entfremdung und inhaltlichen Loslösung vom CVJM war immer gegeben. Deshalb entschloss sich der Ausschuss für Sport, den Vereinen und Sportgruppen Orientierungshilfen dazu in die Hand zu geben. Den Leitlinien zum Leistungssport im CVJM/Eichenkreuz wurde vom Vorstand des CVJM-Gesamtverbandes im September 1985 zugestimmt.

Grundsätzlich wird der Leistungssport als Möglichkeit missionarischer Arbeit gesehen und unter bestimmten Voraussetzungen bejaht. Als solche werden u. a. genannt:

> *Die Chancen, die der Leistungssport bietet, sind u. a.:*
> *Die Möglichkeit, Menschen anzusprechen,*
> *Sport in christlicher Gemeinschaft auszuüben,*
> *einen Beitrag zur Persönlichkeitsentwicklung junger Menschen zu leisten,*
> *die Umsetzung der christlichen Botschaft in die Sportpraxis durch Reden und Handeln.*
> …
> *Leistungssport ist für Christen vertretbar, wenn die eigene Gesundheit und die der anderen nicht gefährdet wird.*
> …
> *Leistungssport im CVJM ist nur dann vertretbar, wenn für Sportler und Mitarbeiter die Teilnahme am Leben im CVJM*

möglich ist. Und weiter: Leistungssport im CVJM ist nur dann vertretbar, wenn er die wirtschaftlichen Grundlagen des Vereins und der übrigen Arbeit nicht gefährdet und Personen nicht in Abhängigkeiten führt.

Auch gegenüber den anderen Verbänden im DSB musste der CVJM immer wieder seine Position erklären und das Besondere des Eichenkreuzsports im CVJM verdeutlichen. Das führte 1992 zur Broschüre „Grundlagen, Ziele und Aufgaben für den Sport im CVJM“. Darin heißt es u. a.

Die Sportarbeit im CVJM/Eichenkreuz will:
Programme bieten, die der ganzheitlichen Entfaltung menschlichen Lebens und der Entdeckung und Förderung der körperlichen Begabung dienen,
zu einer gesunden Lebensweise verhelfen,
sich der Benachteiligten annehmen,
das Evangelium in Sprache und Form verkündigen, die Menschen im Sport verstehen,
christliche Gemeinschaft bieten, die über die sportliche Gemeinschaft hinausreicht.

1980 erwarb der CVJM-Gesamtverband die Lizenz für die Übungsleiterausbildung im Breitensport. 1991 wurde der erste 130 Übungseinheiten umfassende Lehrgang in der Jungenddorf-Christopherusschule in Altensteig durchgeführt. Gleichzeitig wurde der Sportunterricht an der CVJM-Sekretärschule so gestaltet, dass am Ende des 5. Semesters die Übungsleiterprüfung abgelegt werden konnte.

Gegen Ende der achtziger Jahre machte sich der zu Anfang beobachtete Trend immer deutlicher bemerkbar. Beim Basketball, Tischtennis und Volleyball trafen sich immer dieselben Mannschaften. Weithin fanden bei den Mitgliedern keine Qualifikationen mehr statt. Der Ausschuss für Sport war sich einig, dass dem Breitensport in den Vereinen mehr Aufmerksamkeit gewidmet werden musste, ohne das Bewährte zu vernachlässigen.

Der CVJM-Gesamtverband beteiligte sich, gemäß der Erkenntnis, dass die Wirkung missionarischer Aktionen am ehesten gemeinsam mit anderen Aktionen zu erzielen sind, an den „Sportmissionarischen Kongressen". Initiator dieser Kongresse war der Verein „Sportler ruft Sportler"(SRS), der dem Missionswerk Neues Leben angegliedert ist. Aber bereits beim ersten Kongress 1981 beteiligten sich Sportmitarbeiter des CVJM als Referenten, Seminarleiter und Teilnehmer. Bei den nächsten vier Kongressen wechselte die Geschäftsführung zwischen SRS und dem CVJM-Gesamtverband von Mal zu Mal. 1993 fand der vorerst letzte gemeinsame Kongress in Dassel statt.

Verantwortung im Weltbund

Durch den nicht unwesentlichen Beitrag des CVJM-Gesamtverbandes und seiner Mitglieder für die Unterstützung der CVJM-Bewegungen in den sich entwickelnden Ländern und die Hilfen für die Flüchtlingsarbeit, hat der deutsche CVJM seit Mitte der fünfziger Jahre seine Verantwortung gegenüber der weltweiten CVJM-Gemeinschaft bewusst wahrgenommen und immer weiter ausgebaut. *Der CVJM-Gesamtverband ist ein wichtiges Mitglied im Weltbund und dort wie auch in den Gremien ... ist seine Mitarbeit gefragt.*[85]

Es wird in den Berichten von der Mitarbeit im Weltbund aber auch deutlich, dass zwar in der praktischen Arbeit weitgehend Einvernehmen herrschte, in theologischen Fragen und im Blick auf den geistlichen Auftrag sich aber tiefe Gräben zwischen dem deutschen CVJM und dem YMCA der USA und Kanadas auftaten und zu heftigen Diskussionen führten. Dabei wurde zumindest von den afrikanischen YMCAs der Wunsch nach Unterstützung für eine biblisch orientierte soziale Arbeit deutlich geäußert. Die theologisch-geistliche Aus-

[85] Matthias Dannenmann in seinem Bericht vor der Delegiertenversammlung 1980

einandersetzung erhielt eine neue Qualität, als der frühere Generalsekretär des CVJM-Gesamtverbandes OKR Pfr. Walter Arnold 1977 Präsident des CVJM-Weltbundes wurde.[86]

Die letzte von ihm geleitete Weltratstagung 1981 stand unter dem Thema „Christus – Erneuerung und Hoffnung". Mission wurde zwar nach wie vor unterschiedlich interpretiert und praktiziert, aber man hatte gelernt, den Standpunkt der anderen zu respektieren und sie nicht als Sektierer anzusehen. Es ist das besondere Verdienst Walter Arnolds, dass die Diskussionen um den Weg und die Verantwortung des Weltbundes von gegenseitigem Respekt geprägt waren. Im Weltbund waren bis dahin hauptsächlich die nordamerikanischen und protestantisch geprägten europäischen Verbände tonangebend. Das führte dazu, dass die CVJM in den katholisch geprägten Ländern Lateinamerikas und Südeuropas nicht auf das Wohlwollen der Kirche hoffen konnten. Es wurde gar vonseiten der Kirche vor der Mitgliedschaft im CVJM gewarnt. Walter Arnold war sehr darum bemüht, diesen unhaltbaren Zustand zu beenden, und bemühte sich darum mit seinem katholischen Generalsekretär Hector Caselli um eine Audienz beim Papst Paul VI. Dieser empfing die beiden Männer vom CVJM im Mai 1978 im Vatikan. Das Ergebnis war eine Verlautbarung des Heiligen Stuhls, die den CVJM als eine Organisation betrachte, die für die Gerechtigkeit und den Frieden Christi einsteht.

Walter Arnolds Nachfolger, der Schotte Jim Love, führte diese Linie konsequent weiter. 1983 stelle Matthias Dannenmann im Materialbericht dennoch fest:

> *Es ist bedauerlich, dass der Weltbund die Empfehlungen zur „Christian Emphasis" bisher nur teilweise erfüllen konnte. Es war das Ziel des Weltrates von Esters Park, auch personell diese missionarische Verantwortung des weltweiten CVJM im Genfer Stab zum Ausdruck zu bringen. Leider*

86 Eine Kurzbiografie über Walter Arnold finden Sie im zweiten Teil.

konnte das bis heute nicht verwirklicht werden. ... Seinen Sinn sieht der Weltbund jedoch nur durch eine christliche Orientierung in allen Bereichen.[87]

Für die 1975 in Palacios geplante Friedenskonferenz wurde Helmut Beutler vom CVJM Berlin als Chairman des Vorbereitungskomitees berufen, der dann auch diese Versammlung leitete. Auch da wurde die Frage der christlichen Ausrichtung der Arbeit und hier speziell im Blick auf den Friedensdienst heiß diskutiert.

Matthias Dannenmann arbeitete ab 1981 in der Strukturkommission des Weltbundes mit. Es ging da um die Einordnung der entstehenden Erdteilbündnisse (Areas), das bestehende System und um die Neugliederung der legislativen Versammlungen und exekutiven Gremien. Mit seinem Ausscheiden aus dem CVJM-Gesamtverband endete auch seine Tätigkeit im Weltbund. Die neue Struktur wurde 1985 beschlossen und umgesetzt. Ursula Meißner und Günter Wolf arbeiteten im Exekutivkomitee des Weltbundes und Schatzmeister Erhard Krause im Finanzausschuss mit.

Als die Frage anstand, ob im Vorfeld der Olympischen Spiele in Seoul eine CVJM-Weltbundkonsultation über Gesundheit und Sport stattfinden sollte, setzte sich das europäische CVJM-Sportkomitee mit Nachdruck für deren Durchführung ein. Der Sportreferent des CVJM-Gesamtverbandes wurde als dessen Vertreter im Vorbereitungsausschuss für die Konsultation benannt, vom Weltbund als Chairman dieses Gremiums berufen und zusammen mit dem Generalsekretär des koreanischen CVJM mit der Durchführung der Konsultation beauftragt. Die Resolution der Konsultation, dass der Sport- und der Gesundheitserziehung auch in der Politik und im Stab des Weltbundes mehr Gewicht gegeben werden sollte, wurde allerdings auf der Weltratstagung 1991 in Seoul abgelehnt.

---

87 Matthias Dannenmann im Materialbericht 1980

Ulrich Parzany, seit 1984 Generalsekretär, arbeitete seit 1988 in der Arbeitsgruppe Apartheid mit. Die Arbeit dieses Gremiums wurde durch die Wahl Caesar Molebatsis aus Soweto als Präsident des Südafrikanischen CVJM belohnt. Es gelang, die weißen CVJMer in Südafrika vom notwendigen Integrationsprozess zu überzeugen.[88]

Nach dem Ausscheiden von Günter Wolf und Ursula Meißner aus dem Exekutivkomitee wurde 1991 Stefan Nicklas als Jugendvertreter in das Leitungsgremium des Weltbundes gewählt.

Neben der Frage der Apartheid beschäftigte den CVJM-Weltbund Ende der achtziger Jahre auch die Frage nach der Möglichkeit bei den sich abzeichnenden Veränderungen im Osten Europas, den CVJM dort wiederzubeleben. In Zusammenarbeit mit dem Europäischen Bund der CVJM und dem Evangelischen Jungmännerwerk Thüringens wurde in Friedrichroda ein Seminar „Evangelisation und christlicher Lebensstil im sozialistischen Umfeld“ für 1991 geplant. Das sozialistische Umfeld war 1991 nicht mehr vorhanden und wurde aus dem Titel gestrichen. Aus 18 Ländern kamen 70 Teilnehmer, viele von ihnen aus osteuropäischen Ländern, alte, die den CVJM noch aus der Zeit von vor 1939 kannten, und andere, die über keinerlei CVJM-Kenntnisse verfügten. Aber auch hier schon wurden die unterschiedlichen Konzepte bestehender und geplanter CVJM-Arbeit deutlich. Die Leitung der Konferenz lag in Händen der thüringischen Gastgeber und eines Stabes des CVJM-Gesamtverbandes.

Die Häuser des CVJM-Gesamtverbandes

Ende der siebziger Jahre besaß der CVJM-Gesamtverband jugendgemäße Erholungsheime, auf Spiekeroog das „Haus Sturmeck“ und auf Borkum die „Waterdelle“, Familienerholungsheime in Dassel, das „Haus Solling“, und auf Borkum

88 Siehe auch bei „Ulrich Parzany“ in Kurzbiografien

das „Haus Viktoria“, eine Tagungsstätte am Sitz des CVJM-Gesamtverbandes und in Willingen das „Eichenkreuzhaus Stryck“. Die Leitung des CVJM-Gesamtverbandes sah in der Bereitstellung der Häuser für Gruppen, Schulklassen und Familien einen missionarischen Auftrag, gelebt und wahrgenommen von den Heimleitungen durch Andachten, Gespräche, Bebilderung und guten Service. Zum anderen sollten die Heime ihren Beitrag zur Finanzierung der Aufgaben des CVJM-Gesamtverbandes beitragen. In den siebziger Jahren waren die Heime noch auf dem Komfortstand der fünfziger Jahre und entsprachen bei weiten nicht mehr den Ansprüchen der Gäste. Die Belegungszahlen gingen zurück. Gründliche Sanierungen waren in allen Häusern das Gebot der achtziger Jahre.

Als Erstes konnten nach einjähriger Umbauzeit im Sommer 1978 die neuen Gebäude der „Waterdelle“ eingeweiht werden. Weitere innere Umstrukturierungen fanden im Laufe der nächsten Jahre statt.

Der erste Abschnitt des Umbaus der Familienerholungsstätte „Haus Solling“ begann 1980 und wurde im Oktober 1981 abgeschlossen. Im Herbst 1985 waren auch die anderen Abschnitte der Umbaumaßnahmen abgeschlossen. 1986 kamen noch ein Mehrzwecksportplatz und ein Bolzplatz hinzu.

Durch die Auflösung der „Gemeinnützigen deutschen Gesellschaft für internationalen Jugendaustausch“[89] kam der CVJM-Gesamtverband durch einen glücklichen Zufall 1981 in den Besitz eines Jugendferienhauses am Hintersee in

---

[89] Die GdG war ein Verein, der eine eigenständige internationale Jugendarbeit, basierend auf gemeinsamer Freizeitgestaltung außerhalb des BDJR betrieb, seine Zuwendungen direkt vom Ministerium bezog und das in einer Höhe, die etwa dem Gesamtvolumen an den BDJR für alle anderen Jugendorganisationen entsprach. Das hatte heftige Proteste der Verbände zur Folge und nach Kürzung der Zuwendungen an die GdG deren Pleite zu Folge. Deren Häuser wurden den anderen Jugendverbänden zur Übernahme angeboten.

Ramsau. Die Übernahme stieß bei anderen Jugendverbänden nicht unbedingt auf Verständnis, vermuteten sie doch, dass die zweifelhafte Praxis des internationalen Jugendaustausches der GdG durch den CVJM weitergeführt würde. In der aej gab es deshalb heftige Diskussionen. Der Generalsekretär war deswegen sogar bereit, auf die Übernahme des Hauses zu verzichten. So weit kam es jedoch nicht. Es wurde schnell klar, dass sehr viel investiert werden musste, um das Haus so umzugestalten, dass es den Anforderungen der zu erwartenden Gäste zu allen Jahreszeiten gerecht wurde. Mit dem Haus wurden Ausrüstungen für Winter- und Sommersport übernommen. Auch diese mussten auf den neuesten Stand gebracht werden. Etwas mehr als zwei Millionen DM kostete der vorläufige Umbau, größtenteils finanziert aus den öffentlichen Mitteln, die vorher schon für die Sanierung des Hauses eingeplant waren. 1983 waren die ersten Renovierungsarbeiten abgeschlossen. 2009/2010 wurde in einer zweiten Umbauphase eine gründliche Innenrenovierung vorgenommen und der Anbau durch einen Neubau ersetzt.

Als der CVJM-Gesamtverband daran gehen wollte, das Haus „Stryck" in Willingen umzubauen, wurden vom Brandschutz Auflagen gemacht, die die Kosten in Höhen trieben, die einen weiteren Betrieb des Hauses unrentabel erscheinen ließen. So entschloss sich der Vorstand, das Haus zu verkaufen. Als der Heimleiter Eduard Adorjan 1984 in den Ruhestand ging, wurde das Haus verkauft.

1982 beschloss der Vorstand, das „Haus Viktoria" innen komplett umzubauen. Die Zimmer sollten familiengerecht werden. Das hatte allerdings zur Folge, dass die Anzahl der Betten reduziert[90] werden musste. Der Umbau für nahezu zehn Millionen DM war 1987 abgeschlossen. Die Zimmerreduzierung führte zu Engpässen in der Belegung, weil

90 Kasseler Heft S 3

auch ein gepachtetes Haus in der Nachbarschaft den Pachtvertrag nicht verlängerte.

Im „Haus Sturmeck“ auf Spiekeroog unterlagen die nötigen Umbaumaßnahmen strengen Umweltschutzauflagen. So konnte erst einmal nur die Etage unter dem Dach großzügiger gestaltet werden. Die Bemühungen, die Genehmigung für einen grundlegenden Umbau des „Haus Sturmeck“ zu erhalten, sollten den CVJM-Gesamtverband noch bis nach der Jahrtausendwende beschäftigen. Als diese zu keinem Ergebnis führten, wurde „Haus Sturmeck“ im Herbst 2007 verkauft.

Von allen Umbaumaßnahmen verschont blieb die Tagungsstätte in Kassel-Wilhelmshöhe. Sie diente hauptsächlich der Belegung für Fortbildungsmaßnahmen und Sitzungen, was dann an Wochenenden oft zu Engpässen führte. Um dem zu begegnen, wurde auf dem Gelände des CVJM-Kollegs 2000 eine neue Tagungsstätte errichtet. Der Umbau der alten Tagungsstätte mit der Turnhalle war aus Gründen des Denkmalschutzes nur begrenzt und somit nicht ausreichend möglich.

Trotz aller Umbaumaßnahmen gingen die Belegungszahlen der Heime stetig zurück. Erst allmählich, gegen Ende der achtziger Jahre, gelang es in den großen Familienbildungsstätten „Vikoria“, „Solling“ und „Hintersee“, die Belegung auf über 50% zu erhöhen und so dem Haushalt des CVJM-Gesamtverbandes Mittel zuzuführen.

Die CVJM-Sekretärschule[91]

1978 konnte die CVJM-Sekretärschule ihr fünfzigjähriges Bestehen in den neuen Gebäuden auf dem Gelände in der Hugo-Preuss-Straße 42 feiern.

[91] Die Gründung der Sekretärschule ist in der Hero Lüst-Biografie „Nichts anderes als dienen“ beschrieben. (R. Müller, 2006)

Campus des CVJM-Bildungswerkes 2009

Die CVJM-Sekretärschule will als Lern- und Lebensgemeinschaft die Studierenden darin fördern, in Glauben und Leben Jünger Jesu zu sein und als hauptberufliche Mitarbeiter am Bau der Gemeinde Jesu mitwirken und jungen Menschen Wegweisung im Glauben und Leben geben können. Die Ausbildungsvoraussetzungen sind die vier B: bekehrt, bewährt, begabt und berufen. Bewerberinnen und Bewerber absolvieren vor ihrer Zulassung zur Ausbildung ein einjähriges Praktikum bei einem erfahrenen CVJM-Sekretär. Ab Mitte der achtziger Jahre endet dieses mit einem Bibelseminar an der CVJM-Sekretärschule. Die theoretische Ausbildung dauert drei Jahre. Sie schließt den zweijährigen Ausbildungsgang einer staatlich anerkannten Fachschule für Sozialpädagogik ein, ist aber nicht mit ihm identisch. Eine dreijährige theoretische Ausbildung ist erforderlich, weil weder die ausschließlich sozialpädagogische noch die ausschließlich theologische Ausbildung den Erfordernissen der CVJM-Arbeit gerecht wird. Parallel zur theoretischen Ausbildung läuft die praktische Ausbildung in Form von Blockpraktika und unterrichtsbegleitenden Praktika in sozialen Einrichtungen, wie etwa in der JVA und in Jugendgruppen der CVJM und Gemeinden im Einzugsbereich der Stadt. An die theoretische Ausbildung schließt sich ein einjähriges Berufspraktikum als Anerkennungsjahr an. Die Besonderheit der Ausbildung an der CVJM-Sekretärschule ist der integrierte Studiengang mit sozialpädagogischer, theologischer und praxisbezogener Ausbildung.

Seit 1980 gehörten internationale Workshops in anderen europäischen CVJM-Verbänden und freizeitpädagogische Maßnahmen, z. B. Winterfreizeiten, zum praktischen Ausbildungskonzept. Innerhalb des Sportunterrichts kann die Übungsleiterlizenz des Deutschen Sportbundes (DSB, jetzt DOSB) für Breitensport erworben werden.

Das Wohnheim war für eine Kapazität von 60 Studierenden angelegt, die aber bis Ende der achtziger Jahre selten ausgenutzt wurde.

Die Fülle des Lehrstoffes und die Komplexität des Ausbildungskonzeptes erforderte eine feste Zahl an hauptamtlichen Dozenten und nebenamtlichen Lehrkräften. Zunächst

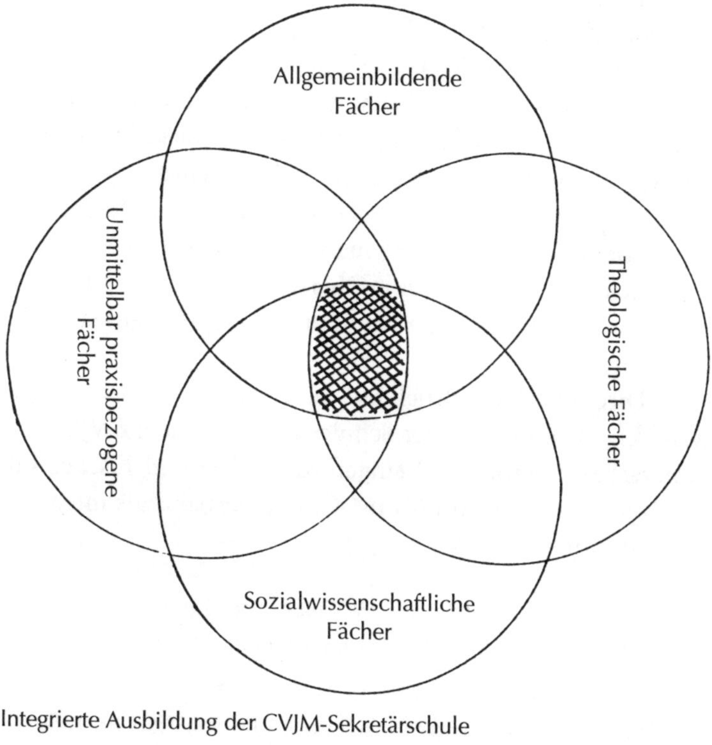

Integrierte Ausbildung der CVJM-Sekretärschule

waren es fünf Hauptamtliche: Direktor Dr. Klaus Brockhaus, Gerhard Fuhr, für ihn ab 1980 Studienrat Helmut Beutler, Dr. theol. Reinhard Schinzer, Dipl.-Psychologe Reinhard Heinz und CVJM-Sekretär Siegfried Fischer. Die verschiedenen theologischen Fächer wurden vom Referenten für Fortbildung Pfr. Friedhardt Gutsche und nebenamtlichen externen Dozenten abgedeckt. Auch Musik, Kunst und Englisch wurden von externen Dozenten übernommen. Den Sportunterricht versah der Sportreferent des CVJM-Gesamtverbandes.

Im November 1982 folgte Siegfried Fischer einem Ruf des CVJM-Weltbundes in Kenia, eine Ausbildung für einheimische CVJM-Sekretäre zu organisieren.[92] Drei Jahre bleibt die Stelle in der CVJM-Sekretärschule vakant, bevor zum Sommersemester der Diplompädagoge Arnold Kröger berufen wurde, der jedoch nach nur zwei Semestern die CVJM-Sekretärschule wieder verließ. Im April 1983 schied auch Pfr. Dr. Reinhard Schinzer aus, arbeitete aber, da er nun Pfarrer in Wilhelmshöhe war, nebenamtlich weiter mit, bis ein Jahr später Pfr. Dr. Reinhard Hempelmann auf diese Stelle berufen wurde. Direktor Dr. Klaus Brockhaus wurde im Sommer 1986 in den Ruhestand verabschiedet. Sein Nachfolger wurde der inzwischen aus Kenia zurückgekehrte Siegfried Fischer. Mit der Berufung von Oberstudienrat Heinrich Fieres 1986 war das fünfköpfige hauptamtliche Dozententeam wieder komplett.

Direktor Klaus Brockhaus hatte immer wieder eine gewisse Eigenständigkeit der Schule gegenüber dem CVJM-Gesamtverband betont und eingefordert. Siegfried Fischer sah die Rolle der Schule im CVJM-Gesamtverband als integrierten Bestandteil.

> *Die Schule ist nicht nur ein Referat der Zentrale des CVJM-Gesamtverbandes, sondern auch eine Art „Thermometer",*

92 Als Bruderschaftssekretär der AG der CVJM von 1982 bis 1986

an dem sich Tendenzen des deutschen CVJM (das heißt hier, der lokalen Arbeit) ablesen lassen. ... Weder Vertreter der CVJM noch der Schule können auf einen andauernden Gedankenaustausch miteinander verzichten, da sie sonst der gemeinsamen Aufgabe nicht gerecht werden.[93]

Für die Gewährung von Darlehen und Stipendien für bedürftige Studierende der CVJM-Sekretärschule wurde im April 1988 aus Anlass des 90. Geburtstages von Frau Grete Lüst der Grete-Lüst-Fonds eingerichtet. Grete Lüst war die Ehefrau des Gründers der CVJM-Sekretärschule Hero Lüst (gest. 1945) und bis 1963 kümmerte sie sich als Hausmutter um die Belange der Schule und der Studierenden. Für das Jahr 1998 konnten nahezu 54 Tsd. DM an Krediten gewährt und zu günstigen Bedingungen über einen längeren Zeitraum nach der Ausbildung zurückgezahlt werden.

Europa wächst zusammen

Auf Anregung des CVJM-Weltbundes wurden in den verschiedenen Erdteilen CVJM-Gebietskomitees gebildet, ohne eine feste Struktur oder Organisationsform vorzugeben. Solch ein Gebietskomitee bildete sich in Europa sehr bald nach der Schließung des Internationalen Institutes Schloss Mainau Mitte der sechziger Jahre. Die Arbeit des Europa-Komitees wurde neben- und ehrenamtlich von CVJM-Sekretären und leitenden Mitarbeitern der CVJM-Nationalverbände übernommen, unter ihnen Roger Matter vom CVJM-Nordbund. Als der deutsche CVJM-Sekretär Egon Slopianka 1973 als erster hauptamtlicher Europasekretär berufen und sein Büro im Sitz des CVJM-Gesamtverbandes in Kassel-Wilhelmshöhe eingerichtet wurde, wuchs aus diesem Umstand zwangsläufig ein verstärktes Engagement des deut-

93 Siegfried Fischer im Materialbericht 1987/88

schen CVJM für den europäischen CVJM. 1978 stellte der deutsche CVJM mit Klaus Cohrs vom CVJM-Nordbund den stellvertretenden Vorsitzenden dieses Gremiums, der 1985 zum Vorsitzenden des Programmausschusses gewählt wurde, als die Anzahl der Programme der einzelnen Sparten stetig wuchs und eine Koordination unbedingt erforderlich war. Durch die Anwesenheit des Europasekretärs im Hause kam es zu einem regen Gedankenaustausch zwischen ihm und den Referenten. Vieles aus diesem Gedankenaustausch floss in die Entscheidungsfindung und die Aktionen des Europakomitees mit ein und forderte den deutschen CVJM heraus, über seinen Beitrag im CVJM-Europa und die Möglichkeiten, Mitglieder und Ortsvereine einzubeziehen, nachzudenken. Denn obwohl der CVJM für sich in Anspruch nimmt, eine internationale Gemeinschaft zu sein, beschränkte sich das internationale Engagement der Mitglieder und Vereine bis dahin auf den CVJM-Weltdienst mit seinen vielfältigen Möglichkeiten.

Ein Gebiet der Unterstützung der Arbeit des Europakomitees und seines Sekretärs war die Beschaffung öffentlicher Mittel durch die Geschäftsführung des CVJM-Gesamtverbandes. Denn obwohl alle CVJM-Nationalverbände die Arbeit des Europakomitees bejahten und bereit waren, in den Gremien, die nach und nach entstanden, mitzuarbeiten, war es den Nationalverbänden in Europa immer noch nicht möglich, die Arbeit des Europasekretärs zu finanzieren

Das Programmangebot war vielfältig. Ein jährlich stattfindendes Angebot für Jugendliche war das Camp Philia, das jedes Jahr in einem anderen Land durchgeführt wurde. Erstmals nahm 1979 eine deutsche Gruppe daran teil. 1980 war der deutsche CVJM selbst Ausrichter dieses Camps in Michelstadt.

Sportkonsultationen fanden alle zwei Jahre statt, die erste außerhalb des Mainau-Institutes 1970 in Wuppertal. Bis in die ersten Jahre nach 2000 arbeiteten immer ein oder

EUROMEET, europ. Jugendtreffen in Oberschützen / A 1985

zwei deutsche Mitarbeiter im Leitungsausschuss (Steering Group) für den europäischen CVJM-Sport mit.

Anlässlich des Jahres der Jugend 1985 fand in Oberschützen/Österreich das erste „Euromeet" unter Beteiligung von 100 deutschen Teilnehmern statt. Das Vorbereitungs- und Organisationsteam stelle ebenfalls der deutsche CVJM. Auch bei den folgenden Euromeets waren immer deutsche Mitarbeiterinnen und Mitarbeiter in der Planungsgruppe und der Leitung tätig.

Vom CVJM Norwegen kam die Idee, für jugendliche Interrail-Reisende günstige Übernachtungsmöglichkeiten in CVJM-Häusern unter Leitung eines internationalen Teams zur Verfügung zu stellen. Diese wurden YMCA-Interpoints genannt. In Deutschland gelang es nicht, Vereine dafür zu gewinnen oder die erforderliche Anzahl von Mitarbeiterinnen und Mitarbeitern zu rekrutieren. Nur der CVJM Lübeck war bereit und in der Lage, einen Interpoint über lange Jahre zu unterhalten.

Als Jim Love 1981 Präsident des Gebietskomitees wurde, verlangte er ein verstärktes jugendpolitisches Engagement in den europäischen Gremien in Brüssel. Die Vertretung musste in Ermanglung bereiter Mitarbeiter der Europasekretär allein wahrnehmen. Egon Slopianka hatte maßgeblichen Anteil am Aufbau der Jugendstrukturen in Europa, dennoch gelang es dem europäischen CVJM nicht, weitere Mitarbeitende in die jugendrelevanten Gremien des Europarates zu entsenden. Erst nach der Wende, als mehr hauptamtliche Sekretäre eingestellt wurden, war dies möglich. Egon Slopianka wurde 1990 in Wuppertal in den Ruhestand verabschiedet.[94]

Im Mai 1982 bekam das Gebietskomitee eine feste, satzungsmäßige Form. Aus der General Assembly wurde die „European Alliance of YMCAs" (EAY) gegründet. Die Vorsitzende des Arbeitskreises für Internationale Begegnungen des CVJM-Gesamtverbandes, Elke Haagmeier, aus Pfullingen wurde 1990 zur Vizepräsidentin gewählt. Auf derselben Generalversammlung in Wuppertal wurde Egon Slopianka in einem feierlichen Akt in den Ruhesand verabschiedet. Pfr. Dölf Weder aus der Schweiz wurde sein Nachfolger. Es war das Jahr, in dem zum ersten Mal Vertreter der neu entstandenen CVJM-Nationalverbände Osteuropas teilnahmen. Das brachte ganz neue Herausforderungen für den Vorstand des EAY und für die westlichen Nationalverbände und in der ersten Zeit neben viel Enthusiasmus auch viel Frustration mit sich. Nach dem Zerfall der Jugendstrukturen im Osten suchten die Initiativen und Vereinigungen, die bisher in den zentral gelenkten Jugendorganisationen zusammengeschlossen waren, Anschluss an die freien Jugendorganisationen im Westen. Nicht alles, was sich YMCA nannte und zu den Veranstaltungen auf Kosten des EAY bzw. der westlichen Verbände anreiste und daran teilnahm, war YMCA. Es dauerte einige Jahre, bis sich die Spreu vom Weizen trennte, eine gedeihliche Zusammenarbeit entstand und sich stabile Nationalverbände etablierten.

---

94 Vgl. Kurzbiografien

Der deutsche CVJM hatte schon sehr früh Kontakt zu den neu entstehenden Nationalverbänden im Osten aufgenommen und Multiplikatorenreisen in die Tschechoslowakei, Polen, Bulgarien und Rumänien mit dem Ziel organisiert, die Mitglieder des CVJM-Gesamtverbandes als Partner der besuchten Nationalverbände zu gewinnen.

Es war klar, dass die neuen Verbände im Osten Europas jede erdenkliche Hilfe beim Aufbau ihrer Strukturen brauchten und das nicht nur in finanzieller Hinsicht. Mitarbeiter mussten geschult werden und die Gremien brauchten den Rat erfahrener Leiter. So wurde ein gigantisches und bisher noch nicht dagewesenes Konzept zur Unterstützung der jungen Nationalverbände in Osteuropa aufgelegt. Kern des neuen Programms waren die sogenannten „Field Groups“. Für jeden der jungen CVJM-Verbände wurde eine solche Gruppe gebildet. Sie bestand aus Vertretern des betroffenen Verbandes und zwei bis vier Vertretern etablierter CVJM-Verbände. Deutsche haupt- und ehrenamtliche Mitarbeiterinnen und Mitarbeiter arbeiteten in den Field Groups Tschechoslowakei, Ungarn, Polen, Russland und Rumänien mit. Durch finanzielle Zuwendungen aus Brüssel und westlicher Nationalverbände, vor allen Dingen der skandinavischen Verbände, Englands, der Schweiz und Deutschlands konnten einheimische Sekretäre eingestellt werden und der Stab des Europäischen CVJM-Bundes mit einheimischen Sekretären aufgestockt werden.

Die Jungmännerwerke formieren sich neu

Als sich die Verhältnisse in Osteuropa 1989 dramatisch änderten und in der DDR die erste frei gewählte Regierung ihre Arbeit aufnahm, eröffneten sich auch für Jugend- und Junge Erwachsenenarbeit der Kirchen und der Jungmännerwerke neue Möglichkeiten. Freie Gruppen- und Vereinsarbeit für alle Altersgruppen vor Ort war nach 65 Jahren wieder möglich. Es waren nur ganz wenige Männer, die eine freie CVJM-Arbeit noch vor 1934 erlebt hatten. Aber die intensiven Kontakte der Jugendwarte und Landeswarte zu ihren Partnern in den westlichen CVJM-Verbänden brachten es mit sich, dass an einigen Orten, über die DDR verteilt, ab 1990 CVJM entstanden.

Im Januar 1990 traf sich der Bruderrat zu einer Sondersitzung im Berlin zum Zweck der gegenseitigen Information über die Überlegungen zu neuen Strukturen der Landesverbände. Neben der allgemeinen Unsicherheit, in welcher Form und Organisationsstruktur es weitergehen sollte, *stimmten die Landeswartekonferenz, der Bruderrat und der Verwaltungsrat*[95] *überein: Wir wollen Werk der Kirche bleiben.*[96] In dieser ersten Sitzung wurden aber auch schon die unterschiedlichen Vorstellungen deutlich, wie sich ein kirchliches Werk in Zukunft aufstellen könnte. *Eine Vereinsbildung wäre ein Rückschritt und würde die gewachsene Jugendarbeit behindern,* erklärte der Vertreter Thüringens und war sich mit dieser Feststellung einig mit den Vertretern Berlin-Brandenburgs. Die andere Position wurde von den Sachsen vertreten, die für die gesamte sächsische evangelische Jugendarbeit einen Verband gründen wollten.

Zum Abschluss einer jugendpolitischen Konsultation des CVJM-Gesamtverbandes am 4. März 1990 sagte der Generalsekretär Ulrich Parzany in seinem Schluss-Statement u. a.:

> *Wir haben eine riesengroße Verantwortung für die junge Generation in beiden Teilen Deutschlands. … Ich hoffe sehr, dass wir uns nicht mit uns selbst, unseren Strukturen, unseren Verschiedenheiten beschäftigen und dadurch blockieren. Ein Zusammenwachsen zwischen Jungmännerwer-*

---

95 Entscheidungsgremium für das Jungmännerwerk der EKU
96 Protokoll der Hauptkonferenz vom 17. März 1990

ken in der DDR und CVJM-Gesamtverband kann nur das Ziel haben, das Zeugnis für die junge Generation zu verstärken. ... Wir werden in Zukunft alle Hände voll zu tun haben, um an der Zusammenführung von Menschen aus beiden Teilen Deutschlands zu arbeiten. Ich fürchte, dass es zu erheblichen Konflikten zwischen den Menschen, die in Jahrzehnten unterschiedlich geprägt worden sind, kommen kann. Die Zeit der Euphorie der Einheit ist kurz, der Verteilungskampf um die Anteile am Wohlstand ist voraussehbar. Können wir in dieser Situation Salz der Erde sein?

Am 17. März 1990 traf sich die Hauptkonferenz des Jungmännerwerkes der EKU im Beisein des Generalsekretärs des CVJM-Gesamtverbandes in Berlin, um über die Zukunft des Werkes zu beraten, mit dem Ergebnis, den einzelnen Landesstellen eine große Freiheit in ihren strukturellen Entscheidungen zu belassen. Seit den vergangenen zwei Monaten, seit der letzten Sitzung des Bruderrates, hatten sich die Überlegungen zur zukünftigen Struktur der Landesverbände weiterentwickelt. Allgemein herrschte die Befürchtung vor, dass die Gründung von CVJM-Landesverbänden Ängste bei den kirchlichen Stellen hervorrufen würden, dass die evangelische Jugend zersplittert würde und Jugendliche aus der Kirche auswandern könnten. Allen war aber klar, dass Vereins- und Verbandsbildungen nicht verhindert werden können und sollen. *Die Gründung eines Dachverbandes, ähnlich dem CVJM-Gesamtverband, wurde abgelehnt und Überlegungen zu einem Anschluss an den CVJM-Gesamtverband stehen noch nicht an.*[97]

An der ersten Hauptausschusssitzung des CVJM-Gesamtverbandes nach der politischen Wende am 17./28. April 1990 nahmen auch die leitenden Vertreter der Evangelischen Jungmännerwerke teil. Der Generalsekretär des Bruderrates, Arne Witting, berichtete über die Pläne der Neuordnung im Einzelnen und erläuterte die getroffenen Entscheidungen vor

[97] Protokoll v. d. Sondersitzung des Bruderrates am 28. Januar 1990

den Delegierten. Der Bruderrat hatte am 3. März, reagierend auf die oben geschilderte Entwicklung, die Empfehlung ausgesprochen, die Mitgliedschaft im CVJM-Gesamtverband zu beantragen. Landeswart Klaus Rudolf berichtete, dass auch im Jungmännerwerk Sachsen-Anhalt die Umwandlung in einen CVJM-Landesverband geplant sei. Hier ergab sich eine besondere Situation.

> *Eine besondere Situation besteht darin, dass das Jungmännerwerk Anstellungsträger für 14 Jugendwarte in den Kirchenkreisen ist und auch zur Hälfte die Finanzierung trägt. … Dadurch entsteht durch die Erhöhung der Gehälter der kirchlichen Mitarbeiter in diesem Bereich eine besonders schwierige Situation. Die Materialstelle in Magdeburg hat die Arbeit des Jungmännerwerkes bisher mitfinanziert. Welche Auswirkungen die wirtschaftliche Umstrukturierung in der DDR auf diesen Zusammenhang hat, ist im Einzelnen noch nicht abzusehen.*[98]

Ob die Kirchenkreise die Arbeit eines CVJM-Landesverbandes unterstützen würden, war noch nicht geklärt. In Sachsen war die Gründung eines „CVJM-Sachsen e.V." in der Planung. Thüringen wollte Werk der Kirche bleiben und würde sich in „Evangelisches Jungmännerwerk Thüringen – CVJM" umbenennen[99], um den in einigen Städten gegründeten CVJM die Möglichkeit einer Verbandsmitgliedschaft zu geben. Eine Loslösung der kleineren Verbände, der Greifswalder und Görlitzer Kirchengebiete aus dem Werk der EKU, zeichnete sich schon im Frühjahr 1990 ab.[100] Am 28. Dezember 1990 wurde der CVJM-Landesverband „Schlesische Oberlausitz e. V." gegründet.

---

98 Protokoll des Hauptausschusses am 27./28. April 1990

99 So war der Plan.

100 Der Kreisjugendwart Frieder Böttger hatte aber bereits im Januar 1990 Gespräche mit der Kirchenleitung geführt, um zu sondieren, welche Folgen eine Loslösung des Görlitzer Kirchengebietes aus dem „Ostwerk" haben würde.

Die politische Freiheit galt es zu nutzen, so z. B. durch den Ausbau der Sportarbeit, der Bildungsarbeit, der Öffentlichkeitsarbeit, der Musik- und TEN SING-Arbeit und der Wahrnehmung gesellschaftspolitischer Verantwortung. Mädchen und Frauen als Mitglieder und Mitarbeiterinnen wurden als neue Zielgruppe entdeckt. Inzwischen hatte sich in den Besprechungen aber die Einsicht durchgesetzt, dass die Gründung eines CVJM-Dachverbandes, sowohl im Blick auf den Zusammenhalt der Landesverbände als auch im Blick auf die Vereinigung mit dem CVJM-Gesamtverband, sinnvoll sei. Am 21. August 1990 wurde der CVJM-Dachverband beim Amtsgericht Berlin als Verein eingetragen.

Wie im politischen Bereich, so wurde auch die weitere Entwicklung der Jungmännerwerke von der Situation an der Basis bestimmt. In den Orten bildeten sich CVJM als Vereine. Darauf mussten die Jungmännerwerke reagieren. Deren Vorstellungen waren, was die Verbandsform und ihre Anbindung betraf, recht unterschiedlich. In Sachsen wurde aus dem Jungmännerwerk am 30. Juni 1990 der „CVJM-Landesverband Sachsen e. V.“. In Erfurt wurde am 14. September 1991 laut Vorstandsbeschluss aus dem Verein „Mitteldeutsches Jungmännerwerk e.V.“ das „Evangelische Jungmännerwerk – CVJM Thüringen“.[101]

Die Entwicklung im Bereich der EKU vollzog sich wegen der bisherigen Aufteilung in Landesstellen nicht ganz ohne Komplikationen. Der Leiter des CVJM-Ostwerkes – Werk der EKU[102], Arne Witting, wandte sich in einem Brief

---

101 Eine Neugründung war nicht erforderlich, da das Evangelische Jungmännerwerk Thüringen im Vereinsregister schon während der ganzen DDR-Zeit als Mitteldeutsches Evangelisches Jungmännerwerk eingetragen war. Später wurde der Name dann geändert in: CVJM Thüringen e.V. Evangelisches Jungmännerwerk.

102 Am 10. November 1990 hatte das Evang. Jungmännerwerk – Sitz Berlin – Werk der EKU seine Satzung geändert und nannte sich seitdem CVJM-Ostwerk – Werk der EKU.

an die Mitglieder des Hauptausschusses des CVJM-Ostwerkes. Das war nötig, um auf die veränderte Situation zu reagieren.

Berlin 20.12.1990

Liebe Brüder und Schwestern!
Mit der Inkraftsetzung unserer neuen Satzung hat es doch noch etwas Probleme gegeben.
Da die Bereiche Görlitz und Greifswald eigene CVJM-Landesverbände bilden werden, sind von Seiten der entsprechenden Landeskirchen radikalere Änderungen bei der Satzung gefordert worden.
Der Verwaltungsrat hat am 4.12.1990 diese Forderungen zur Kenntnis nehmen müssen und hat den Rat der EKU dringend gebeten, entsprechend den von Görlitz und Greifswald gewünschten Änderungen (betr. §§ 1. 3 und 15. 1) zuzustimmen.
Mit diesen Änderungen hat der Rat der EKU der Satzung des CVJM-Ostwerkes vom 10.11.1990 am 5.12.1990 zugestimmt.
Wir brauchen nunmehr den Beschluss des Hauptausschusses zu dieser veränderten Fassung der Satzung.
Nach Absprache mit unserem Vorsitzenden erbitten wir Ihr Votum schriftlich, um nicht Anfang Januar 91 einen Extra-Termin in Berlin ansetzen zu müssen.
Bitte senden Sie uns umgehend Ihr schriftliches Votum bis zum 10.1.1991 zurück.
Die Landesstelle in Görlitz wird zum 31.12.1990 aufgelöst. Ein CVJM-Landesverband besteht seit dem 28.11.1990. In Greifswald wird sich ab 5.1.1991 ein CVJM-Landesverband bilden.
Hier aus der Sophienstraße wünschen wir Ihnen ein friedliches Christfest und ein gesegnetes Jahr 1991.
Ihr Arne Witting

Um den Beitritt der Jungmännerwerke in den CVJM-Gesamtverband vorzubereiten, setzte der Hauptausschuss eine gemeinsame Kommission aus je sieben Vertretern der Jungmännerwerke und des CVJM-Gesamtverbandes ein. Als Vorsitzender der Kommission wurde der Vorsitzende des Bruderrates Günter Steffenhagen aus Thüringen gewählt.

Die gemeinsame Kommission erhielt eine dreifache Aufgabe:

- Beratung in Fragen, die sich aus der Zusammenarbeit zwischen CVJM-Gesamtverband und seinen Mitgliedern einerseits und den Jungmännerwerken in der DDR ergeben.
- Die gemeinsame Kommission soll Vorschläge für die Modalitäten der Mitgliedschaft der Jungmännerwerke machen
- Die Gemeinsame Kommission erarbeitet Empfehlungen für die Beschlussfassung in den Leitungsgremien.

Einige Soforthilfen wurden noch in der Hauptausschusssitzung im April 1990 beschlossen, so ein Fonds für innerdeutsche Partnerschaft von 300.000 DM, eine Referentenstelle für innerdeutsche Partnerschaft[103], die Entsendung eines Sportsekretärs nach dem Bruderschaftsmodell und die Unterstützung für die Herausgabe der Jugendzeitschrift „momente". Bei all diesen Maßnahmen war man auf die Hilfe der öffentlichen Hand angewiesen. Das erforderte ein verstärktes jugendpolitisches Engagement des CVJM-Gesamtverbandes, was sich in der späteren Anstellung der jugendpolitischen Referentin Sigrid Müller niederschlug.

Der Generalsekretär Ulrich Parzany bemerkte in diesem Zusammenhang: *Der Euphorie nach der Öffnung der Grenzen könnten sehr leicht soziale Spannungen folgen, wenn es an die Realisierung der Vereinigung geht. CVJM und Jungmännerwerke haben hierfür eine besondere seelsorgerliche Aufgabe der Zusammenführung und Verständigung.*[104]

---

103 Die AG entsandte Wolfgang Menz nach Leipzig.

104 Protokoll von der Delegiertenversammlung Oktober 1990

Der verbliebene Rest des CVJM-Ostwerkes, der Landesverband Berlin-Brandenburg, konnte in der Form vom April 1993 nicht mehr als Rechtsnachfolger des früheren CVJM-Ostwerkes gelten. Das CVJM-Ostwerk war, als es noch aus den Landesverbänden Berlin-Brandenburg und Sachsen-Anhalt bestand, Mitglied im CVJM-Gesamtverband geworden. Die Landesverbände Vorpommern und das Görlitzer Kirchengebiet hatten sich aus dem Werk der EKU gelöst. Vorpommern wurde mit dem CVJM-Landesverband Mecklenburg als CVJM-Landesverband Vorpommern, gegründet am 5. Januar 1991, Mitglied im CVJM-Nordbund.[105] Im April 1993 wurde der CVJM-Landesverband Sachsen-Anhalt gegründet und als Mitglied im CVJM-Gesamtverband aufgenommen. Nachdem das Amtsgericht dem 1990 in CVJM-Ostwerk umbenannten Jungmännerwerk der EKU die Anerkennung als Rechtsnachfolger des Ostdeutschen Jünglingsbundes als eingetragener Verein verweigerte, musste sich nach intensiven und langwierigen juristischen Beratungen das CVJM-Ostwerk auflösen. Das Ostwerk bestand nunmehr nur noch aus dem Landesverband Berlin-Brandenburg. Im Mai 1993 wurde das CVJM-Ostwerk Berlin-Brandenburg neu gegründet und wurde als solches Mitglied im CVJM-Gesamtverband.

In diesem Zusammenhang musste auch der Vertrag zwischen dem CVJM-Gesamtverband und der Evangelischen Sportarbeit Berlin auf eine neue Basis gestellt werden.[106]

Lassen wir die zu Wort kommen, die in den Jungmännerwerken die Verantwortung für die künftige Entwicklung mittrugen, um zu verstehen, warum die Landesverbände den Weg gegangen sind, der zu ihrer gegenwärtigen Struktur und Verzahnung geführt hat.

---

105 Der Landesverband Vorpommern löste sich 2004 wieder auf, auch deshalb, weil der Zusammenhalt im CVJM-Nordbund nach dessen Auflösung nicht mehr gegeben war.

106 Siehe „Sportarbeit“ weiter unten

Arne Witting, Generalsekretär des Bruderrates:[107]

> *Ende November 1989 gab es sofort Überlegungen, Aktivitäten, die Werksbereiche der Jungmännerwerke, die einzelnen Landestellen strukturell neu zu regeln. Einzelne Brüder plädierten für einen möglichst schnellen Schritt zu unabhängigen, selbstständigen Landesverbänden e.V. Mehrheitlich waren sich die Landeswarte und der Bruderrat einig: Wir wollen Werk in der Kirche bleiben. Es musste der teils recht unterschiedliche Stand bzw. die Einbindung in die kirchliche Jugendarbeit der Landeskirchen bedacht werden. Zum anderen waren es finanzielle Probleme, die noch nicht abzusehen waren. Wie würden sich die Kirchen verhalten, ... wenn sich das Jungmännerwerk als freier Jugendverband verselbstständigte?*[108]

Dr. Christian Höver, Vorsitzender des Ostwerkes (EKU):

> *Die Aufbrüche und Unsicherheiten der gesellschaftlichen Strukturen schlagen sich auch in unserem Werk nieder. Es gibt Überlegungen, das Ostwerk durch e. V. – Landesverbände und kirchliche Arbeit zusammenzubinden, ähnlich vielleicht den Strukturen im CVJM-Westbund und CVJM-Nordbund. ... Wir wollen als CVJM-Ostwerk zumindest in Berlin-Brandenburg und Sachsen-Anhalt bleiben.*[109]

Rainer Saurbier, Landeswart in Sachsen-Anhalt:

> *In der Landesstelle Sachsen-Anhalt gingen die Überlegungen zunächst dahin, als Landesstelle im Ostwerk zu bleiben. Allerdings merkten wir sehr bald, dass es bei den fortschreitenden Veränderungen im kirchlichen und politischen Umfeld zunehmend schwieriger wurde, vor Ort mit beiden Landeskirchen (Kirchenprovinz Sachsen und Anhalt) Ver-*

---

107 Alle Amtsbezeichnungen beziehen sich auf das Amt, das sie zur Zeit der Wende bekleideten.

108 Brief vom 9. September 2009

109 Beicht vor dem Hauptausschuss Oktober 1990

handlungen zu führen. … Bei den vielen anstehenden Veränderungen in der Jugendarbeit, den Rüstzeithäusern und der Versandstelle wurde uns bald klar, dass Entscheidungen in einem selbstständigen Vorstand vor Ort einfacher und schneller zu treffen waren, als es über zwei Gremien möglich war. Es waren hauptsächlich praktische und organisatorische Gründe, die uns veranlassten, einen eigenen Landesverband zu gründen.[110]

Frieder Böttger, Landeswart im Görlitzer Kirchengebiet:

Vor 1990 haben wir schon immer von einer CVJM-Arbeit geträumt – meist motiviert durch die sehr gute, intensive Begegnungsarbeit und den Austausch mit dem Badischen CVJM. Ich war nie dafür, etwas zu kopieren, vielmehr für eine CVJM-Arbeit … in der schlesischen Kirche (in den) gewachsenen Strukturen und in der Rückbesinnung auf eine sehr fruchtbare und gesegnete Arbeit des schlesischen CVJM und der Stadtvereine in Breslau und Görlitz.[111]

Thomas Brendel, Kreisjugendwart in Hoyerswerda:[112]

In enger Bindung an die Evangelische Kirche sollte eine Arbeitsform gefunden werden, die am flexibelsten auf die Herausforderungen der missionarischen Jugendarbeit eingestellt war. Dies konnten sich viele … nur als Landesverband vorstellen, der Mitglied im CVJM-Gesamtverband werden würde. Die Verantwortlichen entschieden sich gegen das Modell eines CVJM-Ostbundes mit Landesverbänden aufgrund der negativen Erfahrungen des CVJM-Nordbundes. Ein Anschluss an den CVJM Sachsen kam nicht infrage, weil die Kirchengrenzen nach wie vor die Oberlausitz in eine sächsische und eine schlesische Kirche teilen

110 Brief vom 10. August 2009
111 Brief vom 23. Juni 2009
112 Leitender Landessekretär des CVJM-Landesverbandes Schlesische Oberlausitz

und wir uns eine Entfernung von der Evangelischen Kirche im Görlitzer Kirchengebiet nicht vorstellen konnten und wollten. Wir wollten für unsere Kinder und Jugendlichen … verlässliche, innovative und wagnisbereite Begleiter sein. In einer unmittelbaren Anbindung an den CVJM-Gesamtverband sahen die Verantwortlichen dieses Ziel in der besten Weise verwirklicht.[113]

Frank Schindler,
Landesjugendwart der Greifswalder Landeskirche:

Engagierte, ehrenamtliche Mitarbeiter pflegten einen engen Kontakt zum CVJM-Nordbund. Mindest einmal im Jahr gab es ein Ost-West-Treffen. Auch die Jugendwarte hatten alle einen hauptamtlichen CVJM-Partner! Neben der vielfältigen Unterstützung bei Mangelprodukten in der DDR gab es einen regen Gedankenaustausch über die kirchliche Jugendarbeit. Schmerzlich mussten wir immer wieder feststellen, wie eingeschränkt unsere Möglichkeiten im Osten waren – gerade auch im Blick auf die vielen Jugendlichen außerhalb der Kirche. Als dann 1989 tatsächlich die Einbahnstraße der Begegnungen aufgehoben wurde und wir plötzlich inmitten der CVJMer im Segelzentrum in Ratzeburg saßen, empfanden wir das als eine Sternstunde in der Jugendarbeit und begannen sofort, gemeinsame Zukunftsvisionen zu entwickeln. Sie führten schließlich zur Gründung des CVJM-Landesverbandes Vorpommern am 5. Januar 1991. Besonderes Anliegen dabei war, die Verbindung zur Landeskirche festzuschreiben und damit unserer Geschichte in der DDR Rechnung zu tragen.[114]

In den Landesverbänden Thüringen und Sachsen vollzogen sich die Veränderungen innerhalb der vorhandenen regionalen Grenzen.

113 Brief vom 12. November 2009
114 Brief vom 15. November 2009

Dieter Oberländer, Landeswart in Thüringen:

> *Es gab da schon Bedenken und Rückfragen der Landeskirche, als wir die Mitgliedschaft im CVJM-Gesamtverband beantragen wollten. Als Bischof Leicht mir einmal sagte: „Jetzt werden Sie doch alle schnell CVJM werden", habe ich geantwortet, natürlich haben wir gute Kontakte zum CVJM, aber eine CVJM-Gründung wird sich so schnell nicht realisieren lassen. … Es gab aber an verschiedenen Orten Jugendwarte, die sofort einen CVJM gründen wollten. Da habe ich Bischof Leicht zu bedenken gegeben, dass, wenn wir jetzt nicht reagieren und einen CVJM-Landesverband gründen, die CVJM sich woanders ansiedeln werden. … Wir haben dann mit Hilfe aus Kassel eine Satzung für den CVJM-Landesverband ausgearbeitet. … Was ich ein bisschen bedauere, ist, dass wir jetzt nur noch CVJM machen und unsere guten Beziehungen zur Jungen Gemeinde und den Gemeinden ein ganzes Stück aufgegeben haben.*[115]

Günter Steffenhagen,
Vorsitzender des Jungmännerwerkes Thüringen:

> *Es war nach der Wende nicht schwer, diese [die demokratischen] Strukturen auch nahtlos eingehen zu lassen in die neugegründete CVJM-Bewegung. … In Thüringen … ist das ein nahtloser Übergang gewesen. Die Kirchen, sprich die Pastoren, taten sich zum Teil ein bisschen schwer. In Thüringen hatten wir einen Bischof, der durchaus erkannte, dass der CVJM eine große Chance für die kirchliche Jugendarbeit ist.*[116]

Otto-Ernst Groh,
Vorsitzender des Jungmännerwerkes Sachsen:

> *Die Sehnsucht nach geistlicher und politischer Einheit zu den Geschwistern in der BRD war im Jungmännerwerk immer da – aber sie schien unrealisierbar. … Der Beirat des*

115 Im Gespräch am 2. April 2009
116 CVJM-Nachrichten 1/2004

JMW Sachsen tagte am 11./12. November 89. Seit zwei Tagen war die Mauer offen. Die Emotionen gingen hoch. … Gott hatte ein großes Wunder getan. Die Tagesordnung berücksichtige nur halbwegs die sich überschlagenden Ereignisse, dennoch war uns klar, dass sie umwälzend waren. So kamen Gedanken auf, einen Dachverband der Jugendverbände, einen „Bundesjugendring" zu gründen. … Das aber setzte auch die Gründung eines Vereins, eines CVJM voraus. Der am Beirat teilnehmende Landesjugendpfarrer beschwor uns zusammenzubleiben, „um der Zersplitterung willen, um Gottes willen und um der jungen Leute willen."
Neben dem Vorstand arbeitete ab 5. Januar 1990 eine vom Beirat eingesetzte „Arbeitsgruppe CVJM" mit dem Auftrag, eine Vorlage für den Beirat des Jungmännerwerkes zu erarbeiten. Bereits zur zweiten[117] *Beratung der „AG-CVJM" am 20. März 1990 wurde für einen Beschluss vorgeschlagen: Bildung eines CVJM Sachsen, Bildung einer AG zur Erarbeitung einer Ordnung, Bildung einer AG für die Vorbereitung einer Gründungsversammlung. Der Beirat des Jungmännerwerkes tagte am 24./25. März 1990. Er bestätigte die Vorlage und beauftrage das Leitungsteam, mit der Landeskirche ein Gespräch bezüglich der bevorstehenden Gründung eines CVJM zu führen. …*
Am 2. April fand das offizielle Gespräch statt zwischen dem Präsidenten des Landeskirchenamtes und dem Vorstand des Jungmännerwerkes. Bei kühler Atmosphäre haben wir den Beschluss zur Gründung eines CVJM-Landesverbands begründet. Zugleich haben wir deutlich gemacht, dass dieser CVJM zwar rechtlich selbstständig ist, aber im Interesse der Kirche arbeitet. … Am 30. Juni 1990 war es soweit. Wir haben zur Gründung des CVJM Sachsen nach Gauernitz bei Dresden eingeladen. ... Nach Andacht und Gebet unterzeichneten die Anwesenden (im Beisein vom Generalsekretär des CVJM-Westbundes Diehl) die Gründungsurkunde und beschlossen einstimmig die Satzung.[118]

---

117 Brief an den Autor vom 31. Juli 2009
118 Brief an den Autor vom 31. Juli 2009

Mit ausschlaggebend für die Entscheidung, CVJM-Landesverbände zu gründen, war sicher auch die Kontaktgruppe des europäischen CVJM unter der Führung von Egon Slopianka, die sich bereits im Juni 1990 mit dem Bruderrat getroffen hatte und über die Möglichkeiten der europaweiten und weltweiten Gemeinschaft und über die TEN SING-Arbeit informierten. In allen Fällen der Neugründungen blieben auch nach der Gründung noch viele Fragen offen. Die Eigentumsverhältnisse der Immobilien und Materialien, die ja eigentlich Eigentum der Kirchen waren, weil die Jungmännerwerke ja als kirchliche Werke gearbeitet hatten, waren nicht hinreichend geklärt. Immobilien und vorhandene Geräte waren aber für die Fortsetzung der Arbeit nötig. Immobilien hatten noch der CVJM-Landesverband Sachsen-Anhalt dem Huberhaus in Wernigerode[119] und das Ostwerk mit dem Freizeitheim Waldsieversdorf und dem Komplex in der Sophienstraße 19. Für das „Haus am See“ blieb das Nutzungsrecht bestehen, wie bei allen anderen Heimen und Häusern.

Die Besoldung der Landeswarte und Jugendwarte konnte erst einige Zeit später geklärt werden und das recht unterschiedlich in den einzelnen Landesverbänden. Im Laufe der kommenden Jahre führte die Besoldung der Landeswarte unweigerlich zu Engpässen, durch die die Landesverbände genötigt waren, andere Lösungen für einige Mitarbeiter zu suchen. Einige gingen in den in Vorruhestand, andere wechselten in einen westlichen CVJM-Verband oder übernahmen zusätzlich eine Aufgabe im Rahmen der Dienste des CVJM-Gesamtverbandes. Neue Finanzierungsmöglichkeiten mussten erschlossen werden, nachdem sich die Kirche mehr und mehr aus der Mitfinanzierung der Gehälter zurückzog. Die

---

119 Im Blick auf das Schloss Mansfeld herrschten unklare Besitzverhältnisse. Erst der von Rainer Saurbier gegründete Förderverein Schloss Mansfeld konnte den Komplex käuflich erwerben.

Landesverbände Berlin-Brandenburg, Sachsen-Anhalt und Thüringen hatten mit privaten Darlehen und öffentlichen Zuschüssen eine Windkraftanlage bauen lassen, in der Hoffnung, später aus dem Verkauf von Strom zusätzliche Mittel zur Verfügung zu haben.

Der CVJM-Nordbund frischte, wie bereits berichtet, die noch bestehenden Kontakte zu den Männern in Rostock und Schwerin auf, half bei der Neugründung eines Landesverbandes Mecklenburg mit, obwohl kaum personelle Substanz und gewachsenen Strukturen vorhanden waren. Es gelang jedoch nur in Rostock, dauerhaft einen CVJM zu etablieren. 1993 führte der CVJM-Nordbund in Rostock eine deutsch-amerikanische Begegnung durch, um eine Partnerschaft zwischen dem CVJM Rostock und dem amerikanischen YMCA zu ermöglichen.

Die Pläne für den Aufbau einer CVJM-Sportarbeit in den östlichen Landesverbänden konnten bereits ab April 1991 verwirklicht werden. Der Sportlehrer Harald Rakutt wurde als Bruderschaftssekretär für die missionarische Sportarbeit in den östlichen Landesverbänden vom CVJM-Gesamtverband angestellt. Ein erster Modelllehrgang für Gruppenspiele fand im August 1990 in Mötzow statt.[120]

Junge Menschen aus den neuen Bundesländern begannen bereits 1991 nach einem Praktikum ihre Ausbildung an der CVJM-Sekretärschule. Jugendwarte nutzten die Möglichkeiten der Fortbildung durch den CVJM-Gesamtverband ab 1992.

Die neuen CVJM-Landesverbände entdeckten ihre Verantwortung gegenüber der internationalen Gemeinschaft im Rahmen der Weltdienstarbeit und europäischen Zusammenarbeit. 1991 nahmen in Seoul erstmals nach dem Krieg wieder Mitarbeiter der östlichen Landesverbände an einer

[120] Mehr darüber unter „Der CVJM-Gesamtverband ist größer geworden“ unter Sportarbeit

Mobile der Mitglieder des CVJM-Gesamtverbandes beim Festakt im April 1991

Weltratstagung als Delegierte des CVJM-Gesamtverbandes teil.[121]

Im April 1991 kam wieder zusammen, was 1945 getrennt wurde. Im Zusammenhang mit der Hauptausschusssitzung wurde in einem feierlichen Akt am 20. April 1991 im Kasseler Rathaus die Aufnahme der neuen Mitglieder vollzogen. Welche Verpflichtungen auf die einen und Schwierigkeiten auf die anderen zukommen würden, konnte da noch niemand abschätzen. Die Umstrukturierung ging nicht ganz

---

121 Männer der Jungmännerwerke haben auch vorher schon an Weltratstagungen teilgenommen. Sie konnten dort aber nicht als Delegierte des CVJM-Gesamtverbandes auftreten. Sie waren nicht stimmberechtigte Vertreter des Jungmännerwerkes.

Nach dem Gottesdienst im Gemeindehaus der Karlskirche

ohne persönliche Enttäuschungen und Härten vonstatten. Aber zum Zeitpunkt der Wiedervereinigung war Dankbarkeit das vorherrschende Gefühl. Der Präses Walter Sommer brachte dies auf der Delegiertenversammlung im Oktober 1991 mit folgenden Worten zum Ausdruck:

> *Vor zwei Jahren hat noch niemand geahnt, dass wir eine solch rasante Entwicklung erleben würden. Wir freuen uns und sind Gott dankbar, dass wir unseren Dienst als CVJM für Jugendliche und Erwachsene jetzt in einer größeren Gemeinschaft wahrnehmen können. ... Wir beginnen nicht etwas völlig Neues. Wir setzen eine langjährige Dienstgemeinschaft fort. Offiziell und ausdrücklich ist die Gemeinschaft mit den jetzt wieder aufgenommenen östlichen Mitgliedern nie aufgelöst worden. Wir verstehen deshalb den jetzt vollzogenen Schritt als Wiederbelebung einer ruhenden Mitgliedschaft. ... Wir wollen heute nicht versäumen, Gott für wunderbare Durchhilfe und reichen Segen in der Arbeit der Evangelischen Jungmännerwerke in den vergangenen 40 Jahren zu danken.*

Der Präses des CVJM-Gesamtverbandes, Karl-Heinz Stengel, würdigte in seinem Bericht vor der Delegiertenversammlung 2009 anlässlich der Maueröffnung vor 20 Jahren die Arbeit der Jungmännerwerke und stellte fest:

> *Sie wurden mit ihren Erfahrungen, ihrer Liebe und Leidenschaft für Jesus Christus für uns im CVJM zu einer großartigen Bereicherung und Ergänzung. Ohne sie wären wir an vielen Stellen arm dran. Seit April 1991 können wir uns berechtigt CVJM-Gesamtverband in Deutschland nennen.*

Der CVJM-Gesamtverband ist größer geworden

Neue Herausforderungen – neue Möglichkeiten

Der CVJM-Gesamtverband hat seit dem Herbst 1993 sechzehn Mitgliedverbände. Diese sind: CVJM-Westbund, Evangelisches Jugendwerk in Württemberg, CVJM-Landesverband Bayern, CVJM-Nordbund (später CVJM in Norddeutschland), CVJM-Landesverband Baden, CVJM-Pfalz – Evangelischer Jugendverband, CVJM-Ostbund – Landesverband Berlin-Brandenburg, CVJM-Landesverband Sachsen-Anhalt, CVJM-Landesverband Sachsen, CVJM Thüringen – Evangelisches Jugendwerk, CVJM-Landesverband Schlesische Oberlausitz, Arbeitsgemeinschaft der CVJM Deutschlands, Christliches Jugenddorfwerk Deutschlands.[122]

Zwei kooptierte Mitglieder verlor der CVJM-Gesamtverband. Nach Gründung der CVJM-Nationalverbände im Osten Europas lösten sich der übernationale YWCA/YMCA-Bund und der Lettische Exil-CVJM auf.

Mit der Vergrößerung um die neuen Landesverbände im Osten Deutschlands kamen auf den CVJM-Gesamtver-

122 Vgl. Karte im Teil 3

band neue Herausforderungen zu, die aber auch gleichzeitig neue Möglichkeiten eröffneten. Aufbauhilfe in Form von Beratung, finanzieller und personeller Unterstützung war gefragt. An der Akzeptanz der neuen Landesverbände durch die Kirchen und die öffentliche Verwaltung musste gemeinsam gearbeitet werden. In der Aus- und Fortbildung der hauptamtlichen Mitarbeiter mussten neue Möglichkeiten geschaffen und Maßnahmen zur vollständigen Integration der neuen Mitglieder und Identifikation mit dem Gesamtwerk überlegt werden. Bald wurde aber auch erkannt, dass die Vereine in den neuen Landesverbänden sehr viel mehr Möglichkeiten hatten, junge Menschen zu erreichen und neue Programme zu entwickeln als die etablierten Vereine im Westen. In einer Gesellschaft, in der alle sozialen Aufgaben verteilt und reglementiert sind, gibt es kaum noch Nischen, in denen der CVJM innovativ sein kann. In den neuen Ländern dagegen musste alles im Bereich der Jugend- und Jugendsozialarbeit neu konzipiert und aufgebaut werden. Damit eröffneten sich für die Vereine Betätigungsfelder, die den Vereinen im Westen verschlossen waren, wie z. B. die Betreibung von Kindergärten, Mitarbeit in Schulen und öffentlichen Einrichtungen. In der Aufbruchstimmung wurden in der missionarischen Jugendarbeit bekannte und neue, unkonventionelle Wege beschritten. Oft blieb den Landesverbänden und dem CVJM-Gesamtverband nichts anderes übrig, als die Entwicklung staunend zu registrieren und erst verspätet Maßnahmen zur Festigung dieser Arbeit zu ergreifen. In der ersten Euphorie wurden viele CVJM in größeren und kleineren Städten gegründet. Einige von ihnen existierten jedoch nur wenige Jahre. Gegen Ende des 20. Jahrhunderts existierten nahezu 100 Vereine in den östlichen Landesverbänden. Um den Zusammenhalt in und zwischen den Landesverbänden im Osten und denen im Westen zu stärken, vereinbarten die kleineren Verbände die Herausgabe eines gemeinsamen Magazins „Life“. Es war so konzipiert, dass die Nachrichten der Landesverbände im Innenteil zugefügt werden konnten. „Life“ wurde ab Herbst 1992 von allen Landesverbänden im Osten und vom Landesverband Bayern und kurzzeitig vom Landesverband Baden in Anspruch genommen.

Im März 1992 wurde die Hermann-Kupsch-Stiftung aus dem Privatvermögen des langjährigen Präses des CVJM-Gesamtverbandes gegründet mit einem Stiftungskapital von 500 Tsd. DM. Ihr Zweck ist die Förderung der christlichen, missionarischen Jugendarbeit, die Förderung der Heime des CVJM-Gesamtverbandes und seiner Mitglieder und die Förderung des Aufbaus von CVJM-Arbeit in den neuen Bundesländern.

Nicht alle Referate im CVJM-Gesamtverband waren in gleicher Weise von den Entwicklungen betroffen. In besonderer Weise waren in der neuen Situation die Referate Jugendpolitik und Öffentlichkeitsarbeit, die Referate, die mit internationalen Programmen zu tun hatten, das Sportreferat, die Aus- und Fortbildung und die Geschäftsführung betroffen. Und der Jungscharausschuss erkannte 1994 die Notwendigkeit, die Konzeption der Jungschararbeit von 1986 zu überarbeiten. 1998 wurde dann das Jungscharlexikon herausgebracht. Gegen Ende des Jahrzehnts kam auf alle Verbände des CVJM noch eine neue große Herausforderung zu: die Mitarbeit bei der Vorbereitung und Durchführung der EXPO 2000, der Weltausstellung in Hannover. Auch die Soldatenseelsorge (ags) musste sich neu formieren.

Impulsgebende Veranstaltungen

Das erste gemeinsame Großereignis war die Mitarbeitertagung 1991 in Graben-Neudorf/Baden. Sie fand unter dem Motto „Das Leben mitteilen“ vom 8. bis 12. Mai zusammen mit der Jahrestagung der AG der CVJM statt. 1020 Teilnehmer erlebten die Gemeinschaft in Bibelarbeiten, Familiengruppen , Workshops und Plauderpinten.[123]

Eine zweite gemeinsame Sitzung der Ausschüsse und Arbeitskreise des CVJM-Gesamtverbandes fand im Oktober 1993 in Dassel statt. Das Thema „Jugend – Gewalt und Extremismus“ war offenkundig ein Thema, das die Arbeit der verschiedenen Ausschüsse stark berührte. Der Plan, einmal in jeder Wahlperiode eine solche Tagung durchzuführen, konnte nicht konsequent umgesetzt werden, weil für 1998 ein erster CVJM-Kongress geplant wurde, der beim Ziel der Förderung der Gemeinsamkeit auch die Arbeitskreise der Mitglieder mit einbezog (s. unten).

Die nächste große Mitarbeitertagung 1995 fand im Oktober unter dem Motto „so werdet ihr leben“ auf Borkum statt. Wegen der Unterbringungsmöglichkeiten musste die Tagung auf 700 Teilnehmerinnen und Teilnehmer beschränkt werden. Die Struktur, die sich in Graben-Neudorf bewährt hatte, wurde auch in Borkum übernommen. Zusätzlich wurde Raum für die Ausstellung von Projekten der Mitglieder geschaffen. Von besonderer Brisanz war das von Michael Herbst von der Universität Greifswald vorgetragene Thema „CVJM und Gemeinde“. Das Kasseler Heft S 27 enthält die Hauptreferate und eine kurze Zusammenfassung der Seminare.

Angeregt durch Michael Herbsts Referat führte der CVJM-Gesamtverband zum Thema CVJM und Gemeinde am 14./15. Februar 1997 eine Konsultation durch. Die Teilnehmer stellten fest, dass wegen der Unzufriedenheit junger Menschen mit der Situation in ihren Gemeinden im Umfeld von CVJM Gemeinden gegründet werden. Für eine Empfeh-

123 Familiengruppen von sieben Personen wurden von der Tagungsleitung zusammengestellt. Es wurde darauf geachtet, dass diese in jeder Hinsicht gemischt waren. Sie nahmen gemeinsam an Workshops teil und nutzten gemeinsam die Angebote der Freizeitgestaltung.

lung oder gar eine Antwort in dieser Frage fühlte sich der Ausschuss für die Arbeit mit jungen Erwachsenen nicht kompetent, stellte aber fest, dass *eine Klärung und die theologische Aufarbeitung dringend nötig* seien. Die Ergebnisse wurden dem Hauptausschuss im April 1997 vorgelegt. Es wurden Herausforderungen formuliert, denen sich der CVJM gegenübersieht:

> *Vergewisserung der Berufung des CVJM – die Begriffe „Gemeinde" und „Kirche" müssen neu geklärt werden – der CVJM soll die Gestaltungsmöglichkeiten der Landeskirche nutzen – der CVJM soll auf die Gottesdienstnot reagieren – Widerstand des CVJM gegen Irrlehre und unbiblische Praxis in den Kirchen ist geboten – wo finden junge Leute ihr gemeindliches Zuhause? – im Mitarbeiterkreis des CVJM vollzieht sich Gemeinde Jesu Christi.*

Eine weitere Großveranstaltung kam 1997 auf den CVJM-Gesamtverband zu: die zweiten CVJM-Spiele 97 an den Pfingsttagen in Kassel. Das Motto der Veranstaltung beschreibt das Konzept: „Bewährtes fördern – Neues wagen –

CVJM-Spiele 1997 in Kassel

CVJM-Kongress 1998 in Kassel

Gäste einladen“. Das Grundkonzept war dasselbe wie bei den CVJM-Spielen 1984: Sportliche Wettkämpfe ohne Rangfolge, Vielseitigkeit, Vorstellung neuer Sportarten. Neu waren die Aktivitäten an verschiedenen Stellen der Stadt, an denen die Kasseler Bevölkerung Gelegenheit hatte, bei sportlichen Herausforderungen mitzumachen, Künstlern zuzusehen oder zuzuhören. Die Teilnehmerzahl von 1200 blieb weit unter dem erwarteten Niveau. Es war nicht allen Mitarbeitern in den Verbänden gelungen, ihre Sportgruppen für diese Art des Sportfestes zu gewinnen.

Zum ersten Mal hatte der CVJM-Gesamtverband im Oktober 1998 zu einem CVJM-Kongress unter dem Motto „Die Welt mit Gottes Augen sehen“ Vorstände, Hauptausschüsse und Mitarbeiter und Mitarbeiterinnen in den Beiräten, den Ausschüssen und Arbeitskreisen der Mitglieder nach Kassel eingeladen. Man hatte es gewagt, die Veranstaltung in einem 4-Sterne-Hotel durchzuführen, was erheblich preisgünstiger war als eine Durchführung in eigenen Häusern und sich von der Organisation her mit dem Hotelpersonal einfacher gestaltete. Besondere Beachtung fand das Referat von

Prof. Dr. Ulrich Eibach über: „Wertewandel in der Gesellschaft – eine Herausforderung an die christliche Jugendarbeit". Es war das erste Mal nach dem Krieg, dass sich die Verantwortlichen der Gremien aller Verbände und Arbeitszweige zur Zurüstung und zum Austausch bei Bibelarbeiten und in Seminaren trafen. Die Erkenntnis, dass der gegenseitige Informationsfluss, die Kooperation auf einigen Gebieten dringend notwendig war und Synergieeffekte genutzt werden konnten, konnte auf einigen Gebieten umgesetzt werden und führte in den kommenden Jahren, besonders beim Expo-Projekt 2000, zu guten Ergebnissen in der Kooperation. Die 15 Impulsreferate und die Ergebnisse der Seminare wurden in einer Arbeitsmappe mit sechs themenbezogenen Heften veröffentlicht. Der Generalsekretär Ulrich Parzany:

> *Wir können nicht dankbar genug sein, dass wir in unserer weit gespannten und sehr vielgestaltigen Arbeit eine große Gemeinsamkeit in der geistlichen Grundlage und den wesentlichen Zielsetzungen des Dienstes erkennen konnten. Unter dieser Voraussetzung konnten wir die zukünftigen Aufgaben wahrnehmen und Lösungsansätze formulieren.*[124]

Im selben Jahr kam auf den CVJM-Gesamtverband noch eine große Herausforderung zu: Die Ausrichtung der CVJM-Weltratstagung vom 13. bis 19. Juli 1998. Es galt, für 700 Teilnehmerinnen und Teilnehmer Versorgungs- und Unterbringungsmöglichkeiten und für das Plenum und die Arbeitsgruppen Tagungsmöglichkeiten zu schaffen. Im Jugenddorf Frechen waren diese Möglichkeiten gegeben. Mit Hilfe der Mitarbeiter des Jugenddorfes und des CVJM-Kreisverbandes Köln und mit 80 Stewards (Mitarbeiterinnen und Mitarbeiter) aus allen Bereichen des deutschen CVJM war es möglich, optimale Bedingungen für die Tagung und Ausstellun-

124 Materialbericht 1998/99

CVJM-Weltratstagung im Jugenddorf Frechen 1998

gen, attraktive Freizeitangebote und eine angenehme Atmosphäre für die geselligen Veranstaltungen zu schaffen. Dazu zählten eine Rheinschifffahrt, ein Empfang im „alten Wasserwerk“ durch die Bundestagspräsidentin Rita Süßmuth, ein kultureller, geselliger Abend mit der Familienministerin Claudia Nolte und Angebote für Ausgleichssport. Für die Leitung der Organisation wurde Günter Haas gewonnen, bisher Referent für den CVJM-Weltdienst. Auf dieser Weltratstagung, auf der 125 Ländern vertreten waren, wurden die Leitlinien zu „Challenge 21“ verabschiedet[125] und Martin Meißner in das Präsidium des Weltbundes gewählt. Im Blick auf die Expo 2000 war erfreulich, dass der Weltbund die CVJM-Nationalverbände zur Mitwirkung aufforderte. Damit ist ein Ereignis genannt, das den CVJM-Gesamtverband auf allen Ebenen und in allen Arbeitsbereichen einige Jahre lang beschäftigte.

---

125 Als Dokument beigefügt

CVJM-Zentrum für Evangelisation/ CVJM-Missio-Center

Der Wunsch des Vorstandes des CVJM-Gesamtverbandes, ein Schulungszentrum für Evangelisation für ehrenamtliche Mitarbeiterinnen und Mitarbeiter ins Leben zu rufen, nahm Mitte Mai 1991 konkrete Formen an. *Es besteht kein Zweifel daran, dass wir im deutschen CVJM einen großen Bedarf haben, ehrenamtliche Mitarbeiterinnen und Mitarbeiter für eine kreative evangelistische Arbeit zuzurüsten.*[126]

Ein Trägerkreis unter der Leitung des Generalsekretärs hatte ein Konzept entwickelt und der Bitte des Vorstandes des CVJM-Ostwerks entsprochen, das Zentrum in der Sophienstraße in Berlin dafür zu nutzen. Die Leitung des Ostwerkes und die des Schulungszentrums sollten gekoppelt werden. Im Dezember desselben Jahres wurde der Trägerverein des CVJM-Zentrums für Evangelisation e.V. gegründet. Das Zentrum sollte unter der Bezeichnung CVJM-Missio-Center geführt werden. Der Generalsekretär des CVJM Baden, Hermann Traub, konnte für diese Doppelaufgabe gewonnen werden. Zwei weitere Hauptamtliche ergänzten bis 1993 das Dozententeam. Der erste Kursus begann im Oktober 1993. 15 Teilnehmerinnen und Teilnehmer nahmen an der acht Monate dauernden Schulung teil, einer davon aus Rumänien.

Da genügend Räumlichkeiten in der Sophienstraße anfangs noch nicht zur Verfügung standen, wich man nach Waldsieversdorf und auf das Gästehaus des CVJM Berlin aus. Am 2. Mai 1997 konnte endlich der Neubau der Jugendbildungs- und Begegnungsstätte „Sophienhof" in Dienst gestellt werden. Dadurch eröffneten sich auch dem Missio-Center neue Möglichkeiten.

Das Schulungsprogramm umfasste theoretischen Unterricht, Mitarbeit in örtlichen Gruppen, praktische Straßen-

126 Ulrich Parzany vor der Delegiertenversammlung 1995

einsätze in Berlin und Einsätze bei Evangelisationen an verschiedenen Orten als Lehrevangelisationen. Als Teilnehmerinnen und Teilnehmer an Tagungen der Gremien lernten sie die Strukturen des CVJM kennen. Einsätze in Camps und Jugendfreizeiten komplettierten die praktischen Erfahrungen.

Im Laufe der Jahre wurden neue Programme für Einsätze entwickelt, zu denen auch Gäste eingeladen wurden. „Summer in the City" war solch ein Projekt, bei dem Missio-Schüler mit Teilnehmerinnen und Teilnehmern aus dem deutschen CVJM bei Straßeneinsätzen zusammenarbeiteten und gemeinsam die Freizeit gestalteten.

Das Missio-Center ist auf Spenden eines Freundeskreises angewiesen, die den Bedarf aber bei weitem nicht decken. Das finanzielle Risiko tragen die im Trägerverein zusammengeschlossenen Mitglieder, das sind der CVJM-Gesamtverband, seine Mitglieder und der CVJM-Berlin.

Ab 2009 konnte die Arbeit mit einer neuen Konzeption begonnen werden. Mit einem noch klareren Profil und einem erweiterten Praxisbezug sollten junge Menschen für eine jugendmissionarische Arbeit ausgebildet werden. Dies und die Möglichkeit, dass Teilnehmer und Teilnehmerinnen die Ausbildung und den Einsatz im Missio-Center als einen Teil des Freiwilligen Sozialen Jahres (FSJ) machen konnten, stieß auf großes Interesse, wie die zahlreichen Bewerbungen für 2010 zeigten.

Ziele und Aufgaben des CVJM überdenken

Der Weltbund der CVJM hatte auf seiner Weltratstagung 1991 in Seoul das Projekt „mission review process" angeregt, was in Deutschland „die Ziele und Aufgaben des CVJM überdenken" genannt wurde. Dieser Prozess sollte von den CVJM-Nationalverbänden aufgegriffen und bearbeitet werden. Die Delegiertenversammlung des CVJM-Gesamtverbandes hatte 1993 beschlossen, diesen Prozess aufzunehmen. Eine Arbeitsgruppe erstellte eine Mappe mit

Hilfsmaterialien und ein Impulsvideo für die Weiterarbeit in den Mitgliedsverbänden. Auch in einigen Referaten wurde der Prozess aufgenommen und bestimmte in den nächsten beiden Jahren die Diskussionen als ZACÜ-Prozess.[127]

Das Jahr mit der Bibel

1992 wurde von den Kirchen und kirchlichen Werken zum „Jahr mit der Bibel" erklärt. Ulrich Parzany berichtete darüber in der Delegiertenversammlung 1992.

> *Wir können außerordentlich dankbar sein, dass die Anregungen auch an der Basis des CVJM gut aufgenommen wurden. Bei allen Mitgliedern wurden Jugendtage, Mitarbeiterkonferenzen, Freizeiten zum Thema Bibel durchgeführt. In der Sportarbeit wurden die Impulse aufgenommen. Die Jungscharen führen in Kooperation mit anderen Verbänden eine ... Bibelquizmeisterschaft durch. Im CVJM-Westbund wurde eine intensive „Lies-dich-fit-Aktion" gestartet. Der Bibelzug, der durchs Land fuhr, wurde gut aufgenommen. Auf den Bibelschiffen, die eine Woche auf dem Bodensee und einen Monat auf der Elbe fuhren, war der CVJM maßgeblich beteiligt.*

Obwohl das Jahr im Januar 1993 offiziell beendet wurde, gingen die Impulse weiter. So wurde in Sachsen die Aktion „Expo Exodus 93" durchgeführt. Die interaktive Ausstellung unter Leitung des CVJM-Sachsen hatte als zentrales Objekt die originalgetreue Nachbildung der biblischen Stiftshütte aus der Wüste Sinai. Das Thema der Ausstellung „vom Sinai nach Sachsen" zog nicht nur Christen aus ganz Deutschland an, sondern auch viele Schulklassen aus Sachsen und kirchenferne Menschen, die sich neu mit den Fragen des Glaubens auseinanderzusetzen begannen. Nach drei Monaten wurde die Ausstellung im Industriepark Chemnitz verlängert. Sie zählte über 30.000 Besucher.

---

127 Abkürzung für „Ziele und Aufgaben des CVJM überdenken"

Veränderungen in der Zentrale und der Leitung

1995 wählte die Delegiertenversammlung Hermann Sörgel, den Vorsitzenden des CVJM-Landesverbandes Bayern, als Nachfolger von Walter Sommer ins Amt des Präses des CVJM-Gesamtverbandes.

1992 begann Sigrid Müller als jugendpolitische Referentin, zunächst für die neuen Bundesländer und ab 1995 für den CVJM-Gesamtverband, ihren Dienst in Kassel. Im Jahr 1995 gab es einige Änderungen in den Referaten des Gesamtverbandes. Nach 20 Jahren im Dienst des Gesamtverbandes ging Dieter Roll, der Referent für Programm und Mitarbeiter, Anfang 1995 in den Ruhestand. Ein halbes Jahr später folgte ihm der Jungschar- und Öffentlichkeitsreferent Reinhart Weiß. Im September desselben Jahres begann Jutta Knabe ihren Dienst als Öffentlichkeitsreferentin und Albrecht Kaul übernahm im März das Referat Programm und Mitarbeiter. In dieser Eigenschaft war er auch der Stellvertreter des Generalsekretärs. Kauls Berufung durch den Vorstand wurde auch vor dem Hintergrund ausgesprochen, dass man in der Zentrale einen leitenden Mitarbeiter mit den Erfahrungen aus der DDR-Zeit und denen des Aufbaus der CVJM-Arbeit im Osten haben wollte. Das Zusammenwachsen von Ost- und Westverbänden zu fördern, war eine seiner Aufgaben. Das Jungscharreferat wurde wieder dem Referat für Programm und Mitarbeiter zugeordnet. In den folgenden Jahren gingen noch weitere Referenten in den Ruhestand. Im Januar 1998 war es nach 24 Jahren Dienst im CVJM-Gesamtverband der Weltdienstreferent Günter Haas. Er war aber noch verantwortlich für die Organisation der Weltratstagung, um deren Ausrichtung der CVJM-Gesamtverband recht kurzfristig gebeten worden war. Andreas Getfert, als Referent im Weltdienst tätig, übernahm die Leitung des CVJM-Weltdienstes, bis er 1994 als Dozent an das CVJM-Kolleg wechselte. Ende Dezember 1996 schied der Musikreferent Pit Prawitt aus dem Dienst des CVJM-Gesamtverbandes aus. Die Stelle blieb unbesetzt. Die Arbeit wurde von einem musisch-kulturellen Ausschuss weiter betreut. Im Mai 1999 wurde der Referent für Sport und internationale Begegnungen und Austauschprogramme Rolf Müller in den Ruhestand verabschiedet. Sein Nachfolger Volker Kamin im Sportreferat begann seinen Dienst im Dezember 1999.

Von der CVJM-Sekretärschule zum CVJM-Kolleg

Gleich zu Beginn des neuen Jahrzehnts gab es eine Neuerung im Ausbildungsangebot. Der Erwerb der Fachhochschulreife wurde durch die Teilnahme am Zusatzunterricht in den Hauptprüfungsfächern für das Abitur an der CVJM-Sekretärschule ermöglicht. Damit reagierte die Schule auf die zunehmende Zahl von Studienanfängern ohne Abitur, die hauptsächlich aus den neuen Bundesländern an die Schule kamen.

Bedauerlicherweise konnte der Direktor der CVJM-Sekretärschule, Siegfried Fischer, wegen fortschreitender Krankheit seinen Dienst bereits ab 1991 nicht mehr wahrnehmen. Anlässlich seiner Verabschiedung im März hat der CVJM-Gesamtverband das Buch „Dem Glauben Gestalt geben – Lebenskultur aus dem Evangelium“, das eine Würdigung seines langjährigen und aufopferungsvollen Dienstes im CVJM darstellt, herausgegeben. Als Fischers Nachfolger wurde zum 1. September 1991 Pfr. Wolfgang Neuser berufen. Der Fortbildungsreferent, Pfr. Friedhardt Gutsche, folgte einem Ruf der Leitung der Frauenmission Malche und beendete nach 15 Jahren seinen Dienst beim CVJM-Gesamtverband. Pfarrer Ulrich Seng hat als Gutsches Nachfolger am 1. Februar 1991 seinen Dienst beim CVJM-Gesamtverband angetreten. Er führte das bewährte Konzept der Fortbildungslehrgänge fort. Nach seinem Ausscheiden 1997 wurde das Fortbildungsreferat der CVJM-Sekretärschule angegliedert, die nun die Bezeichnung „CVJM-Kolleg – Aus- und Fortbildungsinstitut für christliche Jugendarbeit und private Fachschule für Sozialpädagogik“ trug. Das Kolleg hatte nun folgende Aufgaben: Ausbildung auf zwei Studienwegen, Fortbildung der Hauptamtlichen, Weiterbildung, Studienarbeit und Erstellung von Studienmaterial.

Zunehmend aber kam das Berufsbild der Hauptamtlichen ins Blickfeld. Vor Ort war nicht überall die Kompetenz der CVJM-Sekretäre anerkannt. *Die Probleme werden so tiefgreifend erfahren, dass man inzwischen von einer Krise des Berufsstandes und Berufsfeldes sprechen muss.*[128] Das Aufgreifen der Problematik in Konferenzen und Seminaren führte zu keiner Empfehlung. *Ein Patentrezept zur Bewältigung der*

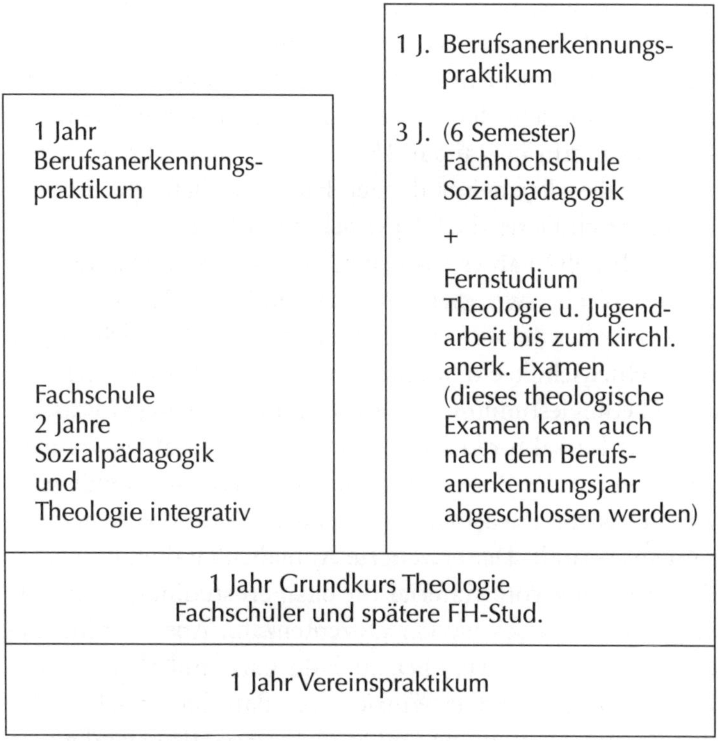

Das neue Ausbildungskonzept am CVJM-Kolleg

[128] Ulrich Seng im Materialbericht 1991/92

Krise des hauptamtlichen Dienstes gibt es nicht. Viele Schritte zur Vertrauensbildung sind nötig, stellt Ulrich Seng im selben Bericht fest. Eng damit verbunden war die Problematik des Älterwerdens in der Jugendarbeit, das die Fortbildung in Zusammenarbeit mit der VHM, der Vereinigung hauptamtlicher Mitarbeiter im CVJM, Mitte der neunziger Jahre aufgriff. CVJM-Sekretär Burkhard Hesse vom CVJM-Landesverband Ostfriesland war derzeit der Vorsitzende der VHM. Eine Antwort auf die anstehenden Fragen war die Änderung der Ausbildungskonzeption des CVJM-Kollegs.

1994 schied Pfr. Getfert, geb. Schöne, Dozentin für Theologie, aus. Barbara Schöne war als Theologiedozentin im März 1992 an die Schule gekommen. Dr. Wilhelm Eppler kam dafür an das Kolleg. 1994 war Oberstudienrat Helmut Beutler ausgeschieden. Ursel Luh begann ihren Dienst als Praxisdozentin im Januar 1995. Nach zehn Jahren als Dozent für die allgemeinbildenden Fächer verließ Oberstudienrat Heinrich Fieres die CVJM-Sekretärschule.

Ab 1997 gab es ein neues, erweitertes Ausbildungsangebot. Nach zwei Semestern Grundkurs Theologie am CVJM-Kolleg hatten die Studierenden die Möglichkeit, an einer Hochschule ein Studium ihrer Wahl aufzunehmen und das Theologiestudium als Fernstudium mit einigen Präsenztagen in Kassel fortzusetzen. Im Juli 2001 wurden erstmals Absolventen des Präsenzstudiums und Fernstudierende nach Abschluss ihrer Ausbildung in einem Gottesdienst gemeinsam ausgesandt. Der erweiterte Aufgabenkatalog, besonders die Erstellung von Material für das Fernstudium, erforderte auch eine Aufstockung der Dozentenzahl. Aber erst im September 1999 kam das Ehepaar Hildegard und Wilfried vom Baur ans Kolleg, wobei Wilfried vom Baur hauptsächlich für den Bereich Fortbildung und Studienmaterial zuständig war. Er war in dieser Eigenschaft auch der Geschäftsführer der VHM. Die VHM musste einen Weg finden, sich mit der Gemeinschaft evangelischer Jugendwarte (GEJ) auf eine von allen akzeptierte Vertretung der Berufsgruppe zu einigen, denn in der GEJ waren Jugendwarte, die nicht in CVJM arbeiteten. Als aber immer mehr Hauptamtliche der CVJM-Landesverbände und einiger örtlicher CVJM der VHM beitraten, bestand in dieser Hinsicht kein Klärungsbedarf mehr.

Im März 1996 konnte ein Anbau an den alten Schultrakt im Rahmen einer gottesdienstlichen Feier seiner Bestimmung übergeben werden. Dadurch erhielt das Kolleg drei neue Lehrsäle, ein Sitzungszimmer, eine Pausenhalle und einen Andachtsraum im Untergeschoss.

Eine unverhoffte Problematik beschäftigte CVJM-Kolleg und die Jugendpolitik, als die ersten Absolventen aus den neuen Bundesländern Anstellungen in Sachsen bekamen. Sie wurden in Sachsen nicht als Fachkraft anerkannt, im Gegensatz zu den Absolventen der neuen Fachhochschule Moritzburg. Die Anstellungsträger kamen daher nicht in den Genuss des Fachkraftförderungsprogramms des Landes Sachsen. Dieser Umstand belebte nachhaltig die Diskussion um eine CVJM-Fachhochschule.

Jugendpolitik und Öffentlichkeitsarbeit

Nach Jahren der eingeschränkten Arbeitsmöglichkeiten galt es nun, die CVJM Landesverbände und Vereine im Osten Deutschlands auf die neue Situation einzustellen, die sich in anderen Strukturen darbot und sich in anderen Regeln vollzog. Es entstanden Runde Tische und Jugendringe. Hier war es wichtig, dass Vertreter des CVJM mitmachten, um beachtet zu werden und nicht leer auszugehen beim Verteilen von Zuschüssen.[129] Auch das Verhältnis zu den Kirchen musste neu definiert werden. Das und die Vertretung der CVJM auf Landesebene war ab 1992 die Aufgabe der neuen Referentin

129 Erfreulicherweise haben sich einige Mitarbeiter aus den CVJM am Aufbau der neuen Gesellschaft beteiligt. So z. B. der Landeswart Frieder Böttger, der Abteilungsleiter für Jugend und Sport im Kultusministerium von Berlin-Brandenburg wurde.

für Jugendpolitik, Sigrid Müller. Sie schreibt im Materialbericht 1992/93:

> *Noch ist alles im Fluss in den neuen Bundesländern, der Aufbau der Vereine ebenso wie der der Verwaltungen. Alle an der Jugendarbeit mittelbar und unmittelbar Beteiligten müssen mit der neuen Rolle, die freie Träger in einer pluralistischen Gesellschaft spielen, erst einmal zurechtkommen. ... Die Situation im Osten ist sehr unterschiedlich. Es gibt nichts, das es nicht gibt, und das in unterschiedlichen Kombinationen.*

Sie meint damit sowohl Ablehnung und Misstrauen als auch Wohlwollen und Unterstützung durch Kirchen und Behörden.

Ab 1995 erstreckte sich ihre jugendpolitische Aufgabe auf das gesamte Bundesgebiet. Schon in den ersten Jahren wurden die CVJM mit einem neuen Problem konfrontiert, der Jugendarbeitslosigkeit. 1992 brachte das Referat eine Handlungshilfe zum Thema Jugendarbeitslosigkeit heraus, die sich bewusst nicht nur auf die Situation im Osten bezog.

In der ersten Zeit stießen die angebotenen Seminare zu jugendpolitischen Themen nur auf geringes Interesse. Offenbar war dieses Problem der ungleichen Möglichkeiten von freien und öffentlichen Trägern durch die Gesetzgebung bei den Mitarbeitenden vor Ort noch nicht erkannt worden. Zu den Themenfeldern Jugendringarbeit, Jugendförderung wurde im Januar 1995 ein zweiter „Jugendpolitischer Konsultationstag" durchgeführt. Konsultationstage fanden nun jährlich statt.

Der CVJM startete 1997 die Aktion „Miteinander reden – voneinander lernen", bei der Politiker zu Sommerfreizeiten der CVJM eingeladen wurden. Das Ziel dieser nun jährlich stattfindenden Aktion war, *dass Politiker die Kinder und Familienarbeit des CVJM kennenlernen, Politik und Jugendarbeit miteinander ins Gespräch kommen und junge Christen ermutigt werden, sich jugendpolitisch zu betäti-*

gen.[130] Diesem Zweck dienten auch weiterhin die bereits seit 1988 existierenden Informationstagungen des Bundespresseamtes für Mitarbeiter der Jugendverbände. Auf den Kirchentagen wurde dieses Ziel weiter verfolgt, indem Politiker zu Podiumsdiskussionen bei CVJM-Veranstaltungen eingeladen wurden. Die Bedeutung jugendpolitischer Bildung wurde allgemein erkannt und fand auch Aufnahme in den Lehrplan der CVJM-Sekretärschule.

Jugendpolitik hat sehr viel mit Öffentlichkeitsarbeit zu tun, wurde aber im Hause des CVJM-Gesamtverbandes ab 1996 von zwei Referaten betreut. Die Frage nach der Selbst- und Außendarstellung des CVJM, der Corporate Identity, wurde im Arbeitskreis Öffentlichkeitsarbeit immer dringlicher gestellt. *Wer nicht erkannt wird mit dem, was er will und tut, fällt aus dem Wettbewerb. ... An allen Orten ist eine Kommunikationsstrategie erforderlich.*[131] Es dauerte nahezu noch zehn Jahre, bis ein von allen befürworteter Text entstand, aber es wurden in Folgejahren eine Reihe Maßnahmen entwickelt und Programme aufgelegt, die nach innen der Identifikation und nach außen der Darstellung in der Öffentlichkeit dienen sollten. Das waren vor allen Dingen: die „Gewusst wie"-Seminare (Einsatz der neuen Medien im CVJM), Erstellung von Werbematerial für den CVJM in einem einheitlichen Erscheinungsbild, die Erstellung eines Grafikpools und die Neugestaltung des CVJM-Dreiecks, Erstellung einer Homepage für den Internetauftritt (1997) und die Erstellung einer interaktiven CD-ROM. Der Hauptausschuss befürwortete die von einer Arbeitsgruppe vorgelegten Ziele in seiner Sitzung am 31. März/1. April 2000. Sie wurden für die nächsten vier Jahre formuliert:

Leitbild: Verbesserung des CVJM-Wir-Bildes nach innen und außen; CVJM-Konzept für 20- bis 45-Jährige ent-

---

130 Materialbericht 1996/97

131 Materialbericht 1991/92

wickeln; die Dienstleistungen des CVJM-Gesamtverbandes überprüfen; Überprüfung und ggf. Neuordnung der Ausschüsse und Arbeitskreise

- *Inhaltliche Arbeit des CVJM stärken*
- *Eine zentrale Mitarbeitertagung durchführen*
- *Realisierung der musisch-kulturellen Bildung für 2001*
- *Das Ehrenamt stärken*
- *Vertretung in Berlin*

Zur Wahrnehmung jugendpolitischer Interessen des CVJM-Gesamtverbandes gehörte auch die Mitarbeit in verschiedenen Gremien der aej. Über die vergeblichen Bemühungen des CVJM-Gesamtverbandes, außerhalb der aej eine eigene Vertretung im Bundesjugendring anzustreben, wurde bereits berichtet. Ab Mitte der achtziger Jahre war davon nicht mehr die Rede. Durch verstärkte Mitarbeit in der aej versuchten die Vertreter des CVJM-Gesamtverbandes, die aej zu einer Jugendpolitik und einer inhaltlichen Arbeit zu bewegen, die der CVJM mittragen konnte.

Die Situation stellte sich unmittelbar nach der Wende wie folgt dar: Durch die Erweiterung durch die kirchliche Jugendarbeit in den neuen Bundesländern ergab sich ein Übergewicht der kirchlichen Jugendarbeit gegenüber den freien Verbänden. Die kirchliche Jugendarbeit hatte nicht die demokratischen Strukturen der freien Jugendverbände mit den eigenen Entscheidungsfindungen und verbindlichen Beschlüssen. Es war in der Regel eine von Hauptamtlichen getragene Jugendarbeit, während die Entscheidungen der Verbände in den Händen ehrenamtlich geführter Gremien lagen. Viele Initiativen der kirchlichen Arbeit berührten die Autonomie der freien Verbände, so die Quotenregelungen für Frauen und Jugendliche, die Homosexualitätsproblematik oder die Dauer der Mitgliederversammlungen, die es Ehrenamtlichen unmöglich machte, daran teilzunehmen.

1991 wurde eine Struktur-Arbeitsgruppe aufgestellt, in der der Generalsekretär Ulrich Parzany mitarbeitete.[132] Immerhin wurde 1995 auf Betreiben der freien Verbände die Initiative „Ehrenamt braucht mehr Anerkennung – Ehrenamt braucht Freistellung" gestartet. Das Ziel, die Forderungen gesetzmäßig zu verankern, wurde nicht erreicht, aber immerhin war es Anlass für die kirchlichen Verbände, an diesem Thema ihre Jugendarbeit zu überprüfen.

Zur Positionierung des CVJM gegenüber anderen Jugendverbänden formulierte der Arbeitskreis Jugendpolitik 1998 ein Grundsatzpapier zum „Jugendverbandlichen Selbstverständnis des CVJM", das im Herbst desselben Jahres vom Vorstand beschlossen wurde. Darin heißt es u. a.:

> *Der CVJM ist ein bundesweit arbeitender unabhängiger christlich-ökumenischer Jugendverband mit selbstständigen und demokratischen Strukturen auf allen Ebenen. Die allgemein anerkannten Merkmale von Jugendverbandesarbeit, nämlich Freiwilligkeit, Selbstorganisation und Ehrenamtlichkeit kennzeichnen die CVJM-Arbeit. ... Kinder- und Jugendarbeit vor Ort wird von den finanziell und juristisch selbstständigen CVJM-Ortsvereinen eigenverantwortlich geleitet.*

Dieses „jugendverbandliche Verständnis des CVJM" führt zwangsläufig zu der Frage, ob der CVJM ein Jugendverein oder ein Verein für junge Menschen und ob der CVJM-Gesamtverband ein Jugendverband oder ein Verband junger Menschen ist. Diese Frage stellt sich je Adressat immer wieder neu. Im Namen CVJM ist die Zielgruppe klar benannt: junge Menschen. Gegenüber dem Gesetzgeber rangiert der CVJM als Jugendverband und ist über die aej Mitglied im

---

[132] Er war auch Vorstandsmitglied bis 1992. Seinen Platz im aej-Vorstand übernahm dann der Bundespfarrer des EC. In der Arbeitsgruppe Internationale Arbeit, im Finanzbeirat und im Beirat Jugendpolitik arbeiteten weiterhin Vertreter des CVJM mit.

DBJR. Der Gesetzgeber definiert Jugend bis zur Vollendung des 26. Lebensjahres, soweit es die Förderwürdigkeit bei Freizeitmaßnahmen betrifft, und bis zum 14. Lebensjahr, soweit es die Strafmündigkeit betrifft. In der Öffentlichkeit wird Jugend aber auf wenige Jahre zwischen 12 und 18 Jahre eingegrenzt. In der Praxis wendet sich der CVJM an alle jungen Menschen vom Schulalter bis zum Erwachsenenalter. Die ganze Altersspanne im Blick zu behalten, ist Aufgabe des Referates Programm und Mitarbeiter im CVJM-Gesamtverband und somit eine Grundlage der CVJM-Arbeit. Bereits 1992 stellte der Ausschuss für die Arbeit mit jungen Erwachsenen fest: *Junge Familien sind eine Aufgabe des CVJM – CVJM ist eine Aufgabe für junge Familien. ... Wir müssen die gesellschaftlichen Veränderungen wahrnehmen, Ehen ohne Trauschein, Alleinerziehende*[133] ... Als gelungenes Experiment auf diesem Gebiet kann die Mitarbeiter-Tour im Mai 1992 angesehen werden. In verschiedenen Kleingruppen besuchten insgesamt 24 Mitarbeiterinnen und Mitarbeiter die Praxis der Arbeit mit jungen Erwachsenen vor Ort in Württemberg.

Sportarbeit

Im Sport galten die Bemühungen hauptsächlich dem Aufbau einer missionarischen Sportarbeit in den neuen Landesverbänden. Der Sportlehrer Harald Rakutt aus Karlsruhe hatte, wie bereits berichtet, seinen Dienst als Bruderschaftssekretär für die missionarische Sportarbeit Ost im April 1991 begonnen. Er zog mit seiner Familie nach Chemnitz. Die Landesverbände Sachsen, Sachsen-Anhalt, Thüringen und Schlesische Oberlausitz waren bereit, sich an den Kosten für diesen Dienst zu beteiligen, wobei ein Großteil für die ersten zwei Jahre aus Mitteln des Bundes bestritten werden konnte.

---

133 Materialbericht 1991/92

Nach zwei Jahren sahen sich die Landesverbände Thüringen und Sachsen-Anhalt nicht mehr in der Lage, die Kosten zu tragen. Die Sachsen und Görlitzer konnten aber nicht für ein volles Gehalt aufkommen. Harald Rakutt fand eine halbe Stelle in einer christlichen Privatschule und konnte seinen Dienst für die missionarische Sportarbeit mit einer halben Stelle weiterführen. Es galt erst einmal, die Vereine für diese Möglichkeit missionarischer Jugendarbeit zu gewinnen und die nötigen Arbeitskreise auf Landesebene zu bilden. Vereinsbesuche mit Mustertrainingsstunden, Modellseminare für Volleyball und Breitensport, Sportveranstaltungen und Turniere und Teilnahme an Sportveranstaltungen im CVJM-Westbund waren die Mittel dazu. Unumgänglich war eine qualifizierte Mitarbeiterschulung. Der erste Lizenzübungsleiterlehrgang mit 130 Lehrstunden begann mit 16 Teilnehmern im April 1992 in Chemnitz. 1993 konnte ein Übungsleiterlehrgang an der Sportschule Werdau mit 17 Teilnehmern durchgeführt werden. Als Harald Rakutt 1993 ausschied, gab es in allen Landesverbänden Sportarbeitskreise und ausgebildete Übungsleiterinnen und Übungsleiter und alle CVJM-Landesverbande im Osten Deutschlands, außer in Mecklenburg-Vorpommern, waren Mitglieder in den Landessportbünden.

Nach dem Beitritt des CVJM-Ostwerkes Berlin-Brandenburg in den CVJM-Gesamtverband musste auch das Verhältnis zur Evangelischen Sportarbeit Berlin (ESB)[134] geklärt werden, zumal durch die Namensänderung in Evangelische Sportarbeit Berlin-Brandenburg (ESBB) deren Tätigkeitsbe-

[134] Nach einem Vertrag zwischen dem CVJM-Gesamtverband und der Evangelischen Sportarbeit Berlin (ESB) von 1967 konnten die kirchlichen Sportgruppen an den Deutschen Eichenkreuzmeisterschaften (DEM) teilnehmen und die ESB zwei stimmberechtigte Vertreter in den Ausschuss für Sport (AfS) entsenden. Nach der Wiedervereinigung änderte die ESB ihren Namen in Ev. Sportarbeit Berlin-Brandenburg.

reich sich mit dem Gebiet des Ostwerkes deckte. Nach schwierigen Verhandlungen zwischen dem Ostwerk, der ESBB und dem CVJM-Gesamtverband wurde der bestehende Vertrag mit dem CVJM-Gesamtverband 1995 umformuliert und mit dem CVJM-Ostwerk neu abgeschlossen. An der Teilnahmeberechtigung der ESBB-Mannschaften an den Deutschen Eichenkreuzmeisterschaften (DEM) änderte sich nichts. Die Vertretung im AfS wurde paritätisch wahrgenommen.

Immer wieder wurde die Frage diskutiert, wie denn bei den Sportveranstaltungen des CVJM, den Deutschen Meisterschaften und den CVJM-Europameisterschaften und den Vorbereitungslehrgängen dazu das missionarische Anliegen des CVJM eingebracht werden konnte. Eine ebenso wichtige Frage war, was als Alternative zum sportverbandsgebundenen Wettkampfsport angeboten werden sollte. Trendsportarten kamen auf, begeisterten viele und waren aber auch bald wieder aus dem öffentlichen Interesse verschwunden. Bei den CVJM-Spielen 1997 sollte modellhaft aufgezeigt werden, wie eine alternative, den Zielen des CVJM gerecht werdende Sportarbeit aussehen könnte. Bereits seit dem „Jahr mit der Bibel“ standen die Deutschen Eichenkreuzmeisterschaften unter einem Motto, das sich an der Jahreslosung orientierte. Durch Mitarbeit[135] im europäischen Sportausschuss konnten die Erfahrungen bei Deutschen Eichenkreuzmeisterschaften auch bei europäischen Sportveranstaltungen eingebracht werden.

Auch für die neu entstandenen CVJM-Verbände in Ost- und Mitteleuropa hat das Sportreferat Modelllehrgänge durchgeführt, so im Oktober 1993 für polnische Mitarbeiterinnen und Mitarbeiter in Kassel, für tschechisch-slowaki-

---

135 Der Vorsitzende des Sportausschusses (AfS) Prof. Karlheinz Wesp war von 1988 bis 1999 Vorsitzender des europäischen Sportausschusses.

sche 1992 in Österreich im Burgenland und für ungarische 1991 am Balaton.[136]

Die letzte Begegnung mit dem religiösen Sportverband Elizur Israel fand im Frühjahr 1999 statt. Wegen finanzieller Schwierigkeiten des israelischen Verbandes und Personalwechsel im Vorstand und im Generalsekretariat kamen keine weiteren Begegnungen zustande. Die letzte erwähnenswerte Aktion der alten Elizur-Leitung war die Pflanzung von 65 Bäumen in Israel anlässlich der Verabschiedung des CVJM-Sportsekretärs 1999 in den Ruhestand. Weitere Kontakte in den folgenden Jahren führten nicht zu einer Wiederbelebung des Austausches.

TEN SING und Musikarbeit

Im Herbst 1992 startete das neue Jugendchorprojekt „Begegnungen" mit 17 Veranstaltungen. Zwei Jahre später wurde die Idee mit einem ähnlichen Projekt „felsenfest" weitergeführt. Ein Team von Profi-Musikern besuchte die Vereine und führte dort Seminare für Jugendchöre durch. 15 Seminare „felsenfest" konnten durchgeführt werden. Den Abschluss bildete dann jeweils ein Konzert. Dazu wurde auch spezielle Literatur erstellt.

Der von den Posaunenchören der evangelischen Kirchen in der DDR angestoßene Prozess zu einem Zusammenschluss der gesamten Posaunenarbeit der Kirchen und Werke kam im März 1993 zum Abschluss. Auch der Hauptausschuss des CVJM-Gesamtverbandes *nimmt den Entwurf einer Satzung für den Evangelischen Posaunendienst in Deutschland e.V. zur Kenntnis und stimmt ihm zu.*[137] Auch

---

[136] Eine ausführliche Geschichte des Sports im CVJM ist in „Zwischen Eigenständigkeit und Selbstbestimmung – eine Geschichte des Sports im CVJM von den Wurzeln bis zum Ende des 20. Jahrhunderts" beschrieben. (Rolf Müller, CVJM-Gesamtverband – 1992)

[137] Protokoll von der Sitzung des Hauptausschusses im April 1993

dem Beitritt des CVJM-Gesamtverbandes zum Posaunenwerk stimmte der Hauptausschuss in dieser Sitzung zu.

Auf den Musikausschuss des CVJM-Gesamtverbandes kam 1993 eine große Aufgabe zu: die Vorbereitung und Durchführung des europäischen TEN SING-Festivals auf der Dobelmühle in Württemberg. 600 Teilnehmerinnen und Teilnehmer aus 15 Nationen nahmen teil. 115 Mitarbeiterinnen und Mitarbeiter sorgten für einen reibungslosen Ablauf.

Ein zweites TEN SING-Deutschland-Projekt startete im Sommer 1994 unter dem Motto „TEN SING – just do it". Auf Einladung der CVJM kam eine Gruppe TEN SINGer nach intensiver Vorbereitung an den Wochenenden in den Ort. Neue TEN SING-Gruppen sollten entstehen. Nach einer 3-Schritte-Strategie wurden zuerst Schulkonzerte gegeben, dann ein Abendkonzert und ein einwöchiger Workshop, um die Teilnehmer mit der TEN SING-Idee vertraut zu machen und mit ihnen zu üben. Die Tourneen fanden in den Sommer-, Herbst- und Osterferien statt, in der Zeit vom Sommer 1994 bis Mai 1996 immerhin in 22 Veranstaltungsorten. Betreut und wissenschaftlich begleitet wurde das Projekt von Andreas Sawatzki. In seinem Abschlussbericht für die Delegiertenversammlung 1997 lässt er einige Veranstalter zu Wort kommen und berichtet von der Atmosphäre bei solchen Veranstaltungen.

> *Mit populären Songs, Lightshow und Disk-Jockey konnten die jugendlichen Besucher beim Abendkonzert lachend, tanzend und schwitzend TEN SING erleben. Im „Bible Rap" und der Szene „just do it" wurde deutlich, dass es sich um christliche Jugendarbeit handelt.*[138]

Und an gleicher Stelle der CVJM-Sekretär Wolfgang Menz aus Leipzig:

---

138 Andreas Sawatzki im Materialbericht1996/97

Unser wesentliches Anliegen war es, junge Menschen von der Straße für ein Programm des CVJM zu gewinnen, um als Christen mit ihnen zu leben und auch unseren Glauben weiterzusagen. Unsere Erwartungen sind erfüllt worden.

Nach dem Ausscheiden von Pit Prawitt im August 1997 wurde das Musikreferat nicht wieder besetzt. Ein Arbeitskreis „musisch-kulturelle Arbeit" wurde gebildet, um die TEN SING-Arbeit weiterhin vom Gesamtverband betreuen zu können. Silke Leitenberger verwaltete diesen Arbeitszweig von der Geschäftsstelle aus. Erst nachdem der neue Sportreferent Volker Kamin 1999 seinen Dienst im CVJM-Gesamtverband begann, wurde ihm die TEN SING-Arbeit als zweites Referat übertragen.[139]

Internationale Begegnungen und Austauschprogramme

Die Entstehung neuer CVJM-Verbände im Osten Europas stellte auch den Arbeitskreis Internationale Beziehungen und Austauschprogramme (IBA) vor neue Aufgaben. Auf der Tagung 1989 in Friedrichroda wurden die ersten Kontakte geknüpft und auf der Europakonferenz 1990 in Wuppertal mit einigen Verbänden Besuchsprogramme abgesprochen. Eine erste Multiplikatorenreise fand im April 1991 in die damals noch existierende CSSR und Polen und ein Gegenbesuch im September desselben Jahres in Deutschland statt. 1994 besuchte eine Gruppe von leitenden Mitarbeiterinnen und Mitarbeitern der Landesverbände Bulgarien und Rumänien. Zu einem Gegenbesuch in Deutschland kam es 1995. Ziel dieser Maßnahmen war, Partnerschaften zwischen den neu entste-

[139] Sein Vorgänger Rolf Müller hatte als zweites Referat Internationale Begegnungen. Dies wurde dem Weltdienst zugeordnet. Daraus entstand das neue Referat Internationale Arbeit (s. unter „Aufbruch ins 21. Jahrhundert").

henden CVJM-Verbänden und den Mitgliedern des CVJM-Gesamtverbandes zu vermitteln. Eine kurzfristige Partnerschaft zwischen Baden und Bulgarien und einige Workcamps des ejw in Rumänien waren die unmittelbaren Ergebnisse. Einige andere Partnerschaften entwickelten sich im Laufe der Zeit, so. z. B. die AG der CVJM und Polen, der CVJM-Westbund und Ungarn, Thüringen und Rumänien, Ostwerk und Armenien, das Friedensnetz engagierte sich in Weißrussland. In Sachsen wurde das Hilfsprogramm „Domus" für aus den Kinderheimen entlassenen Jugendliche gegründet. Das ejw vertiefte die bereits bestehenden Beziehungen zur serbisch-orthodoxen Kirche in Jugoslawien. Einzelne Vereine und Initiativen engagierten sich für die Unterstützung bestimmter Projekte oder einzelner Vereine.[140]

Es war für die Partner im Westen nicht immer einfach zu unterscheiden, ob es sich bei den entstandenen Vereinen wirklich um Vereine oder Gruppen handelte, die aus der Vorkriegstradition der CVJM und aus christlicher Überzeugung Anschluss an den europäischen CVJM-Bund suchten, oder die nach der Auflösung der staatlichen Jugendstrukturen in ihren Ländern sich eine Möglichkeit verschaffen wollten, unter dem Mantel einer anerkannten Organisation an die Zuschüsse für die Förderung von Programmen europäischer Jugendverbände aus Brüssel zu kommen.

Mit der Zunahme der Zahl der CVJM-Verbände in Europa ging der Wunsch einher, Mitarbeiterinnen und Mitarbeitern die Möglichkeit einzuräumen, in einem CVJM eines anderen Landes Erfahrungen für die Mitarbeit zu sammeln. Das Programm „Volunteers for Europe" wurde in Leben gerufen. In Deutschland stieß es auf wenig Interesse. Nur vereinzelt konnten Praktikastellen im Ausland vermittelt und es konnten nur ganz wenige Vereine in Deutschland in zehn Jahren gefunden werden, die bereit waren, eine aus-

140 Siehe auch Eichenkreuzsport (oben)

ländische Mitarbeiterin bzw. Mitarbeiter für neun Monate aufzunehmen. Es lag aber auch teilweise daran, dass der europäische CVJM das Programm zwar aufgelegt, aber nicht auf seiner Prioritätenliste hatte. Die Situation in Deutschland änderte sich erst nach 2000, als der CVJM-Gesamtverband Träger des Freiwilligen Sozialen Jahres wurde und dafür eine volle Referentenstelle einrichtete.

1997 veranstalteten der CVJM-Weltdienst und der AK Internationale Begegnungen gemeinsam eine CVJM-Osteuropakonsultation. Sie fand Ende November in Dassel statt. 23 ausländische Teilnehmerinnen und Teilnehmer aus 13 Partnergebieten und 34 deutsche Teilnehmerinnen und Teilnehmer aus 17 Partnervereinen und Landesverbänden folgten der Einladung zu dieser Tagung unter dem Thema „Gleichberechtigte Partnerschaft – eine Utopie?" Als Haupthindernis für eine gleichberechtigte Partnerschaft wurde u. a. die Dominanz des Geldes gesehen, die nur mit der Frage „was kann und soll ich für dich tun?" durchbrochen werden kann.

Die Europäische Zusammenarbeit war das Schwerpunktthema des IBA in den ersten zehn Jahren nach der Wende. Und natürlich spielte das auch eine Rolle bei den Austauschprogrammen mit England, Ostjerusalem und den USA.[141]

CVJM-Weltdienst

Der CVJM-Weltdienst blieb natürlich von den Entwicklungen in Osteuropa nicht unberührt. Hier war eine gute Absprache zwischen dem IBA-Referat und dem Weltdienstreferat gefragt, die sich dann in der oben erwähnten gemeinsamen Osteuropa-Konsultation niederschlug und bereits die geplante Zusammenlegung der beiden Referate einläutete. Schwerpunkte der Agenda des Weltdienstes waren aber an-

141 Vergl. Trinationales Seminar in Rostock

dere, oft die, die an den Weltdienst von den Mitgliedern oder vom CVJM-Weltbund herangetragen wurden. Es galt auch, die neuen Mitglieder des CVJM-Gesamtverbandes für die Weltdienstarbeit zu gewinnen.

Trotz der Einsicht, dass am Ende des 20. Jahrhunderts eine neue Art der Hilfe für die sich entwickelnden CVJM in Asien, Latein- und Mittelamerika und Afrika gefragt war, waren Bruderschaftssekretäre des deutschen CVJM als Entwicklungshelfer in Nordnigeria (ejw), in Sierra Leone (CVJM-Westbund) und mit einem speziellen Auftrag in Peru (AG) im Einsatz. Eine neue Möglichkeit der Unterstützung wurde in der Entsendung von Volontären für neun Monate gesehen. Workcamps wurden von fast allen Mitgliedern in den Partnerländern durchgeführt. Mitte der neunziger Jahre stellte sich die Partnersituation wie folgt dar:

CVJM-Westbund engagiert in Ghana, Sierra Leone, Ungarn und Graz;
Evangelisches Jugendwerk in Württemberg engagiert in Nordnigeria, Sudan, Äthiopien, Slowakei und Ostjerusalem;
AG der CVJM engagiert in Peru, Ibadan/Nigeria, Ruanda, Mombasa/Kenia, Togo, Ecuador und Polen;
CVJM Bayern engagiert in Südafrika, Ruanda und Mombasa/Kenia;
CVJM Baden engagiert in Kisumu/Kenia, Zimbabwe und kurzzeitig in Bulgarien;
CVJM Pfalz engagiert in Costa Rica und Tansania;
CVJM-Nordbund engagiert in Indien und Weißrussland;
CVJM Sachsen engagiert in Gambia und Rumänien,
CVJM Sachsen-Anhalt engagiert in Ghana und Rumänien;[142]

[142] In Rumänien gab es zwei CVJM-Verbände, den rumänischsprachigen ACT (orthodox) und den ungarischsprachigen IKE (reformiert).

CVJM Thüringen engagiert in Rumänien, Litauen;
Christliches Jugenddorfwerk engagiert in Ostjerusalem, Madagaskar;
CVJM-Ostwerk engagiert in St. Petersburg, Armenien.

Unmittelbar involviert war der CVJM-Weltdienst bis 1992 in der Flüchtlingsarbeit durch die Entsendung von Volontären in das Flüchtlingslager Traiskirchen bei Wien[143] und der Spenderrekrutierung für die Flüchtlingsarbeit des CVJM-Weltbundes. Mit der Organisation der Programme und Hilfsmaßnahmen der Partner hatte er nur indirekt zu tun, aber deren Vertretung gegenüber den Geldgebern und die Mittelbeschaffung dafür lagen in der Verantwortung des CVJM-Weltdienstes.[144] Das erforderte eine umfangreiche Reisetätigkeit für den Weltdienstreferenten. Als Günter Haas 1998 in den Ruhestand ging, übernahm Andreas Getfert die Referatsleitung. Im Februar 1998 begann Berthold Messinger[145] als zweiter Weltdienstreferent seinen Dienst. Er war hauptsächlich für die Koordinierung der Partnerschaften zuständig.

Zunehmend wendete sich die Aufmerksamkeit den Flüchtlingen und deren Situation in Deutschland zu. Seit Beginn der neunziger Jahre wurde kontinuierlich an diesem Thema gearbeitet. Es wurden Seminare durchgeführt und eine fortlaufende Reihe von Arbeitsmaterialien erstellt. Ein Meilenstein dieses Dienstes war die Tagung der ERASMUS-Gruppe[146] des europäischen Bundes im November 1996 im

143 Ein neues Flüchtlingsgesetz in Österreich erlaubte nicht die Weiterführung der Arbeit durch freiwillige Organisationen.

144 Für die europäischen Partner bis 1998 beim IBA

145 Bruderschaftssekretär in Sierra Leone. Musste wegen des Bürgerkrieges seinen Dienst dort 1995 vorzeitig verlassen.

146 European Migrants Refugees and Asylumseekers. Erasmus ist ein Finanzierungsprogramm der Europäischen Union für Flüchtlingsarbeit, die ERASMUS-Gruppe eine Arbeitsgruppe des europäischen CVJM für die Flüchtlingsarbeit.

Bernhäuser Forst. Eine gute Gelegenheit, mit Vertretern aus Brüssel und den anderen europäischen CVJM-Verbänden nachzudenken, welche Möglichkeiten und Formen der Zusammenarbeit auf Europäischer Ebene innerhalb des CVJM realisierbar sind.

Auf Anregung des CVJM-Weltdienstausschusses beteiligte sich der CVJM-Gesamtverband an der Kampagne „Erlassjahr 2000". Der CVJM-Weltdienst führte Gespräche mit führenden Politikern, gab Empfehlungen für den G8-Gipfel 2000 in Köln und brachte eine Arbeitsmappe „Entwicklung braucht Entschuldung – Erlassjahr 2000" heraus.

Die Aktion Hoffnungszeichen entwickelte sich mehr und mehr zum eigentlichen direkten Hilfsprogramm für Kinder und Jugendliche des CVJM-Weltdienstes. Aktion Hoffnungszeichen unterstützt junge Menschen in Projekten, die Bruderschaftssekretäre vor Jahren angefangen hatten und die von einheimischen Mitarbeitern und teilweise von noch immer tätigen Sekretären weiterentwickelt wurden. Aber auch Maßnahmen der Armutsbekämpfung, die von den einheimischen Mitarbeiterinnen und Mitarbeitern entwickelt wurden und ohne ausländische Hilfe nicht erfolgreich arbeiten könnten, werden unterstützt. In einigen dieser Projekte können deutsche Volontärinnen und Volontäre für neun Monate mitarbeiten. Die große Palette der Projekte reicht von der Hilfe für junge Menschen in den Berufsausbildungszentren (Vocational Training Centres / VTC) über Bildungsprogramme für Schulabbrecher bis zu Rehabilitierungsmaßnahmen für behinderte Jugendliche. Ende der neunziger Jahre wurden in Afrika, Mittel- und Südamerika, Südostasien und Nahost zehn Initiativen unterstützt.

Die Naturkatastrophen im ausgehenden 20. Jahrhunderts stellten den CVJM-Weltbund und die Nationalverbände und somit den CVJM-Weltdienst vor ganz besondere Herausforderungen. *Für uns im CVJM-Weltdienst ist es (*die Spendenbereitschaft der Bevölkerung im allgemeinen bei Naturkatastrophen) *Anlass zum Dank, dass wir ein überaus großes Spendenaufkommen auf unsere verschiedenen Aufrufe hin aus unseren Ortsvereinen erhalten haben. Damit konnten wir unseren Partnern helfen, manche Not zu lindern.*[147]

1999 startete der CVJM-Gesamtverband eine neue Initiative zur Neugründung von CVJM: „Es gibt gute Gründe, einen CVJM zu gründen". Für beispielhafte Neugründungen sollte ein Gründungspreis ausgelobt werden. Unterstützt von der Hermann-Kupsch-Stiftung konnten Werbematerialien erstellt und 1999 erstmals der Preis verliehen werden. In den folgenden Jahren erhielten den Preis in der Regel mehrere Neugründungen.

Die GmbHs des CVJM-Gesamtverbandes

Der CVJM-Gesamtverband war vorerst an zwei Gesellschaften beteiligt. CVJM-Reisen und Freizeit und Fahrtenbedarf waren die kommerzielle Fortsetzung der Dienste, die der CVJM-Gesamtverband bis 1960/61 von Haus aus betrieb. Die Wirtschaftsstelle und der CVJM-Reisedienst wurden im Zuge der Umstrukturierung des Reichsverbandes Anfang der sechziger Jahre aufgelöst und in die GmbH überführt.

CVJM-Reisen GmbH

Die CVJM-Reisen GmbH war die Fortführung des CVJM-Reisedienstes, eines Arbeitszweiges des CVJM-Reichsverbandes, der im Zuge der Reorganisierung Anfang der sechziger Jahre eingestellt wurde. Das Angebot von CVJM-Reisen umfasste Pauschalreisen, Gruppenangebote, Häuservermittlung, Studienreisen und Flugbuchungen (IATA). Im letzteren Fall war CVJM-Reisen das Flugpassagenbüro des kirchlichen Außenamtes und der Deutschen Evangelischen Mission. Gesellschafter waren neben dem CVJM-Gesamtverband der CVJM-Westbund, der CVJM-Nordbund und das

---

[147] Andreas Getfert im Materialbericht 1998/99

Evangelische Jugendwerk Württemberg (ejw), wobei der CVJM-Westbund durch seinen Freizeitdienst selbst Ferienreisen organisierte und mit dem Evangelischen Ferienwerk in Nordrhein-Westfalen kooperierte und auch das ejw einen eigenen Feriendienst betrieb, der allerdings mit CVJM-Reisen in gewisser Weise kooperierte. Zwangsläufig machten werksfremde Gruppen und Einzelreisende den Großteil der Kundschaft aus. Für ein kleines Unternehmen wie CVJM-Reisen war es schwer, sich gegen die Großen, wie TUI und Neckermann, zu behaupten, dennoch konnten noch 1981 bei den verschiedenen Angeboten Zuwachsraten von 22% bis 50% verbucht werden. Die Kooperation mit Ökumenische Studienreisen, dem katholischen Ferienwerk Oberhausen und dem Kolping Ferienwerk machte sich bezahlt. Zudem war CVJM-Reisen auf allen Reisemessen und Kirchentagen mit einem Stand vertreten. Seit 1979 verkaufte CVJM-Reisen auch die YIEE-Karte, einen Ausweis, der es jungen Menschen, die keinen Schüler- oder Studentenausweis hatten, ermöglichte, dieselben Vergünstigungen zu bekommen wie Inhaber von Studentenausweisen.

Wie bereits oben erwähnt, war CVJM-Reisen auch im internationalen Jugendaustausch mit der UdSSR tätig. Die Reisen machten einen Großteil der Gruppenreisen aus und waren durch öffentliche Zuschüsse zudem noch finanziell attraktiv. Bedauerlicherweise nahmen die CVJM diese Möglichkeit so gut wie gar nicht wahr, weder als Gastgeber noch als Teilnehmer. Dieses Geschäft erlitt einen totalen Einbruch durch die atomare Katastrophe in Tschernobyl. Und nicht nur Reisen in die UdSSR waren davon betroffen, sondern auch die Ziele an der Adria und in Österreich. Manche Absagen von Buchungen führten zu Gerichtsverfahren und zu Vergleichen, die CVJM-Reisen zudem noch erheblich finanziell belasteten.

Ein neues Angebot für die Mitglieder des CVJM-Gesamtverbandes wurde mit den Donauschifffahrten 1987 mit dem Slogan „Gemeinde auf Donauschifffahrt“ aufgelegt.

Dennoch war nicht zu verkennen, dass die Buchungszahlen von Jahr zu Jahr, außer im Flugpassagegeschäft, zurückgingen und CVJM-Reisen in erheblich finanzielle Schwierigkeiten geriet. Wegen der Untreue einer Mitarbeiterin musste sich der Aufsichtsrat von einigen Mitarbeitern und dem Geschäftsführer Peter Heinemann 1987 trennen. Bis zum Antritt des neuen Geschäftsführers Rainer Lux 1989 führte der Geschäftsführer des CVJM-Gesamtverbandes Fritz Kaufmann die Geschäfte. In dieser Zeit wurde das Referat für internationale Begegnungen für den Bereich des deutsch-sowjetischen Jugendaustausches mit ins Boot genommen. 1989 fand eine Multiplikatorenbegegnung von leitenden Mitarbeitern der Mitglieder des CVJM-Gesamtverbandes statt mit dem Ziel, diese Begegnungsmöglichkeiten auch den Mitgliedern nahezubringen und den sowjetischen Partner für eine Lockerung der strengen Auflagen bei Begegnungen in Deutschland zu gewinnen. Aber 1991 war mit der Auflösung der UdSSR und damit auch der Partnerorganisation und den folgenden Kriegen im Osten Europas das endgültige Aus für alle Reisen in den ehemaligen Ostblock gekommen.

Mängel in der Geschäftsführung und Rückgang der Buchungen für Gruppenreisen erforderten bei CVJM-Reisen ein neues Geschäftsmodell. Seit 1993 führte Siegmar Lahme die Geschäfte der CVJM-Reisen GmbH, nachdem der bisherige Geschäftsführer Hort Lux einen Dienst im Gesundbrunnen in Hofgeismar übernommen hatte. Kurzzeitige Steigerungen der Buchungen führten CVJM-Reisen jedoch nicht in die gewünschte Gewinnzone. 1995 noch berichtete der geschäftsführende Prokurist Lahme der Delegiertenversammlung: *Wir, das Team von CVJM-Reisen, schauen optimistisch in die Zukunft.*[148] Zum Ende des Jahrzehnts entwickelte sich die Situation, trotz der Reduzierung des Personals, jedoch so

---

148 Materialbericht 1994/95

dramatisch, dass ein Jahr später Maßnahmen zur Sanierung ergriffen werden mussten. Nach Verhandlungen mit Biblische Reisen Stuttgart übernahmen diese einen Teil des Evangelischen Jugendferienwerkes Rheinland-Westfalen. Ein Interimsgeschäftsführer, Pfr. Peter Helbich, wurde beauftragt, die grundlegende Neuorientierung durchzuführen. Das Flugreisegeschäft wurde an den Missionsreisedienst (MRD) übergeben. Ende 1997 ging die lange wechselvolle Geschichte von CVJM-Reisen GmbH zu Ende. *Der Versuch einer Neuorientierung ist gescheitert. Der CVJM-Gesamtverband ist inzwischen als Gesellschafter ausgeschieden. Zum Ende des Jahres wurde die Stilllegung beschlossen.*[149]

2009 vereinbarten der CVJM-Westbund, das CVJM-Ostwerk, die CVJM-Landesverbände Sachsen-Anhalt, Thüringen und Schlesische Oberlausitz, ihre Freizeiten und Ferienmaßnahmen ab 2010 in einem gemeinsamen CVJM-Reisen-Portal anzubieten.

Freizeit- und Fahrtenbedarf GmbH

Gesellschafter dieses Unternehmens sind zu gleichen Teilen der CVJM-Gesamtverband und der Verband der christlichen Pfadfinder (VCP). Aufgabe ist die Versorgung der Verbände mit allen möglichen Materialien für Freizeiten, Sport und verbandsspezifischen Ausrüstungen und Zeichen. Zunehmend ist das Angebot aber auch für Dritte interessant geworden. Eine Beratergruppe der beiden Verbände prüft jährlich die vorrätigen Angebote und schlägt neue vor. 1994 wurde der Malteser-Hilfsdienst als dritter Kunde gewonnen[150] und das Maltesersortiment mit ins Angebot genommen. 1999

---

149 Protokoll des Hauptausschusses vom 24. Oktober 1997

150 Die Malteser Jugend hatte 1993 einen Wettbewerb ausgeschrieben und suchte nach einem neuen Ausrüster. Diesen Wettbewerb hatte F & F gewonnen. F & F hat den Status „offizieller Ausrüster der Malteser Jugend“. Diese ist ansonsten nicht am Unternehmen beteiligt, sondern ein ganz normaler Kunde mit Sammelbestellerstatus.

wurde die Geschäftsstelle von Ulm nach Illertissen verlegt. Der Geschäftsführer musste allerdings feststellen, dass die eigenen Vereine die Angebote kaum in Anspruch nehmen und das Hauptgeschäft mit anderen Käufern gemacht wird.

Freizeit- und Erholungsanlagen GmbH

Nach dem Ankauf von Grundstücken in der Victoriastraße auf Borkum errichtete der CVJM-Gesamtverband darauf zunächst ein Apartmenthaus. Der Verkauf der einzelnen Appartements erwies sich als nicht möglich, so wurde im Dezember 1992 die Freizeit- und Erholungsanlagen GmbH mit dem CVJM-Gesamtverband als Alleingesellschafter gegründet. Zweck des Unternehmens sind Ankauf, Verkauf, Bau, Vermietung und Verpachtung von Freizeitanlagen und Immobilien jeglicher Art. 1997 wurde noch ein Grundstück in der Victoriastraße hinzugekauft und ein weiteres Apartmenthaus gebaut, das 1998 den Betrieb aufnahm.

Pavillon der Hoffnung / Expo 2000

Im Jahr 2000 sollte Deutschland Gastgeber der Weltausstellung „Expo 2000“ sein. Den leitenden Frauen und Männern im deutschen CVJM war an einer Präsenz des CVJM auf der Expo 2000 sehr gelegen. Angeregt hatte dies der CVJM Hannover im Rückblick auf die Weltausstellung 1998 in Sevilla. Der Generalsekretär Ulrich Parzany setzte seine ganze Kraft und seine Verbindungen ein, dass dieses Ziel umgesetzt werden konnte. 1997 erhielt der CVJM-Gesamtverband das Angebot der Expo-Leitung, sich als „non-official participant“ an der Expo zu beteiligen. Im Gegensatz zu den „official participants“ mussten die nicht offiziellen alle Kosten, die damit verbunden waren, selbst tragen. Die Delegiertenversammlung 1997 entschied sich für eine Beteiligung an der Expo.

Der Generalsekretär präsentierte das Projekt des CVJM-Gesamtverbandes in Verbindung mit der Evangelischen Allianz und World Vision Deutschland unter dem Motto „welcome to the future", gebaut als „Pavillon der Hoffnung". Eine ausführliche, schriftliche Darstellung des Projekts ... liegt vor .... Der Hauptausschuss stimmt dem Projekt in der vorgelegten Form unter der Voraussetzung zu, dass der CVJM-Gesamtverband kein finanzielles Risiko trägt.[151]

Mit den erwähnten Partnern hoffte man, ein finanzielles Risiko zu vermeiden. Gespräche mit der Evangelischen Allianz und World Vision Deutschland führten im Januar 1998 zu Gründung des Vereins „Pavillon der Hoffnung". Nach der Zusage für die Hälfte der Kosten von insgesamt 12 Mill. DM ließ sich „Pavillon der Hoffnung" als erster „non-official participant" bei der Expo registrieren. Das Büro wurde im Hause des CVJM-Gesamtverbandes eingerichtet und mit Karl-Heinz Schäfer ein Geschäftsführer angestellt.

Es war geplant, einen offenen Pavillon in Form eines Wals zu bauen, in dem es möglichst viel Raum für Begegnungen, Darbietungen und Ausstellungen geben sollte. Erst nach mehreren guten, aber kaum realisierbaren Entwürfen für einen Wal-Pavillon wurde der Auftrag für einen Entwurf dem australischen Architekten Robert Adsett übergeben. Dessen Entwurf entsprach den Erfordernissen und passte gut in das als Seenlandschaft gestaltete Gelände neben einem Haupteingang am südlichen Rand der Expo. Der Wal bot im Außenbereich eine Plattform für Darbietungen von Gruppen aus dem ganzen internationalen Spektrum der beteiligten Verbände. In einem Kinosaal sollte ein selbstgemachter Film die Besucher mit auf eine „Reise der Hoffnung" nehmen. Lange Zeit war ungewiss, ob dieses Projekt verwirklicht werden konnte, bis der Filmemacher Bruce Stacey aus Kanada

---

151 Protokoll des Hauptausschusses vom 24. Oktober 1997

Der Wal, Pavillon der Hoffnung auf der EXPO 2000

dafür gewonnen werden konnte. In der Hoffnung, den Film nach der Expo vermarkten zu können, konnte „die Reise der Hoffnung“, angelehnt an das Gleichnis vom verlorenen Sohn im Lukasevangelium Kapitel 15, für den Pavillon kostenneutral produziert werden. Der Zeichentrickfilm “The Choice“ lief alle halbe Stunde im Pavillonkino. Es war wohl der am kontroversesten diskutierte Film der Expo. Ebenso umgesetzt werden konnte die Idee, eine Erlebnisausstellung mit einem Fernsehstudio einzurichten und auf einer anderen Ebene in einem Bistro Begegnungsmöglichkeiten zu schaffen.

Wir wollen auf diesem einzigartigen Marktplatz der Welt Rechenschaft über unsere Hoffnung geben, die in uns ist, wie es der Petrusbrief (3,15) als Aufgabe der Christen gegenüber jedem Menschen beschreibt. Wir wollen jungen Leuten aus allen Teilen der Welt eine Möglichkeit zur Begegnung und der authentischen Darstellung ihrer Zukunftsperspektiven geben. Wir bieten damit Tausenden von jungen Leuten innerhalb und außerhalb des CVJM einen Treffpunkt zum Thema Hoffnung. Wir provozieren mit dem Motto „welcome to the future“ in einer Zeit, in der Ängste grassieren. Zwölf Stunden täglich ununterbrochenes Life-Programm wurde von Gruppen aus allen Teilen der Welt geboten.[152]

Drei Finanzierungskampagnen sollten helfen, die Kosten für den Anteil des CVJM-Gesamtverbandes am Projekt aufzubringen. Ziel einer Einstiegskampagne war die Gewinnung von 6000 neuen Freunden als Spender. Die „Botschafter" wurden mit einem entsprechenden Werbepaket ausgerüstet. Die zweite Kampagne war der Verkauf von Pflastersteinen für das Pflaster im Außenbereich des Pavillons. Die Idee, den Namen der Spender in die Steine zu gravieren, wurde aber zugunsten einer virtuellen Spenderliste aufgegeben. Als dritte Finanzierungsmaßnahme war eine „Tour der Hoffnung" in der zweiten Hälfte der Expo geplant. Innerhalb von vier Wochen sollte so mit 500 Fahrrädern und 1 DM pro gesponsortem Kilometer 1 Million DM eingefahren werden. Mit Erreichen der Kilometeranzahl war ein Eintrag ins Guinnessbuch der Rekorde gewiss. Drei Millionen DM war das Ziel für alle drei Aktionen. Die Zielmarke wurde nur knapp verfehlt. Der Eintrag ins Guinnessbuch der Rekorde blieb aus. Den erwarteten finanziellen Erfolg brachte nur die Tour der Hoffnung, und dies auch nur durch den anschließenden Verkauf der Fahrräder.[153] Die Tour der Hoffnung half aber den Vereinen, die sich daran beteiligten, zu einer erfreulichen Aufmerksamkeit in Presse, Rundfunk und Fernsehen. Viele junge Menschen, die bisher keinen Kontakt zum CVJM hatten, haben zumindest erfahren, dass es einen CVJM gibt und wofür er steht. Der Rücklauf der anschließenden Umfrage zeigte, dass 97% der Befragten eine Wiederholung dieser oder einer ähnlichen Aktion wünschten.

---

152 Ulrich Parzany vor der Delegiertenversammlung 1998, Materialbericht 1997/98

153 Die Tour der Hoffnung erbrachte 1.111.675 DM. Zum Erreichen von einer Million Kilometer fehlten nur 75 km.

Tour der Hoffnung

Das umfangreiche Programm im Pavillon erforderte natürlich neben der personellen Aufstockung des Stabes in der Geschäftsführung einen großen ehrenamtlichen Mitarbeiterstab und enorme finanzielle Anstrengungen. 1400 Volontäre (Mitarbeiterinnen und Mitarbeiter) konnten auch dank der Werbung auf der Weltratstagung in Frechen eingesetzt werden. Eine Mannschaft von 250 Volontären war für jeweils vier Wochen im Einsatz. In der Planungsphase war lange Zeit unklar, wo diese untergebracht werden konnten. Das Angebot der Expo an den CVJM, das offizielle Jugendlager[154] zu organisieren und zu leiten, wurde nach einigen Gesprächen aufgegeben, weil die Expo nicht bereit war, den CVJM-Volontären Raum für das notwendige Eigenleben in diesem Camp zuzugestehen. Gespräche mit der aej und der

[154] Das Jugendlager war nur als Übernachtungsmöglichkeit gedacht.

städtischen Verwaltung in Hannover eröffneten die Möglichkeit, ein Mitarbeitercamp für Pavillonvolontäre und Mitarbeiter der JAM-City[155] der aej in der Nähe der JAM-City zu bauen. Vier Wohnblocks mit 500 Schlafplätzen, Büro und Mitarbeiterräumen, bestehend aus je zwei doppelstöckigen Wohncontainern, wurden aufgestellt, die Infrastruktur geschaffen und von einem gemeinsamen Team[156] geleitet. Im Laufe der Zeit stellte sich jedoch heraus, dass die Einstellungen zur Freizeitgestaltung im Camp zwischen JAM-City-Mitarbeitern und Pavillonvolontären recht unterschiedlich waren und zu ernsthaften Konflikten führten, sodass bereits nach wenigen Wochen praktisch zwei Mitarbeitercamps unabhängig voneinander nebeneinander herliefen.

Als die Expo-Leitung den beliebtesten Pavillon über eine bundesweite Ausschreibung suchte, um diesen zum Expo 2000-Wahrzeichen zu küren, legen sich die CVJMer mächtig ins Zeug. Mit überwältigender Mehrheit belegte der Pavillon der Hoffnung den ersten Platz. Der Wal wurde das Wahrzeichen der Expo 2000.

Am Programm und an den Darbietungen im Pavillon, dem „Fenster der Hoffnung“, wirkten 25 CVJM-Gruppen aus neun Ländern mit. Im Amphitheater vor dem Pavillon kamen missionarische Gruppen spontan oder im Rahmen des vorgesehenen Programms zum Einsatz. Höhepunkt war sicher der TEN SING-Megaevent Ende Juli mit 700 TEN SINGern aus elf Ländern. Was bei Besuchern und Volontären anderer Pavillons immer wieder Erstaunen hervorrief, war, dass die Volontäre des Pavillons der Hoffnung für ihren Einsatz nicht nur keine Vergütung erhielten, sondern ihren Aufenthalt im Camp bezahlen mussten.

155 Das Jugendcamp am Maschsee bot Übernachtungsmöglichkeiten in extra für diesen Zweck entworfen „Röhrenzelten“. Das Camp musste jedoch wegen der kalten Witterung in den letzten Monaten aufgegeben werden.

156 Wobei das Team der Pavillonvolontäre jede Woche wechselte.

Das Bistro im Pavillon und die Ausstellungsräumlichkeiten boten gute Gelegenheiten zu Gesprächen mit den Besuchern. Wir haben von Einzelnen sehr bewegende Erfahrungen erzählt bekommen. Nicht wenige haben neu angefangen, an Christus zu glauben. Wir haben auch Ablehnung erlebt. Wenn sie ausgeblieben wäre, hätten wir wohl nicht die Wahrheit des Evangeliums vermittelt.[157]

Der Pavillon der Hoffnung wurde von World Vision an die LIM WAL gGmbH vermietet und mittlerweile auch an diese verkauft, die das Gebäude als Eventcenter und als Kirche betreibt.

Die Mitgliedschaften des CVJM-Gesamtverbandes

Der CVJM-Gesamtverband war und ist Mitglied in verschiedenen Organisationen und Arbeitsgemeinschaften. Teilweise gehörte er selbst zu den Gründungsmitgliedern. Kooperation und Mitgliedschaft ergaben sich aus gemeinsamen Interessen, hauptsächlich im Bereich der missionarischen Arbeit, aus zwangsläufigen Notwendigkeiten, aber auch aus praktischen Erwägungen zur Verbesserung der Rahmenbedingungen. Die Gewichtigkeit der Mitgliedschaften war daher zu verschiedenen Zeiten recht unterschiedlich.[158]

Die Mitgliedschaft in der Arbeitsgemeinschaft der Evangelischen Jugend in Deutschland (aej) und in der Jugendkammer der Evangelischen Kirche Deutschlands (KED) wurde bereits erwähnt. Ebenso die Mitgliedschaft im Deutschen Sportbund und der Deutschen Sportjugend.[159] Selbst-

[157] Ulrich Parzany im Materialbericht 1999/2000

[158] Eine vollständige Liste der Mitgliedschaften des CVJM-Gesamtverbandes ist in Teil 3 beigefügt.

[159] Heute: Deutscher Olympischer Sportbund (DOSB) und Deutsche Olympische Sportjugend (DOSJ)

verständlich ist auch die Mitgliedschaft im Europäischen CVJM-Bund und im CVJM-Weltbund. Weiter ist der CVJM-Gesamtverband Mitglied in den Diakonischen Werken der EKD und der Evang. Kirche Kurhessen-Waldeck. Wegen der engagierten Arbeit im CVJM-Weltdienst versteht es sich von selbst, dass der CVJM-Gesamtverband auch Mitglied im Evangelischen Missionswerk Deutschlands ist. Die Gründung des „Pavillons der Hoffnung e. V." mit der Evangelischen Alliance und World Vision Deutschland war eine kurze Zweckgemeinschaft. Die Kooperation in der Arbeitsgemeinschaft „missionarische Sportarbeit", die missionarische Sportkongresse durchführte, entstand aus der bereits erwähnten Einsicht, dass die großen missionarischen Herausforderungen nur gemeinsam mit anderen bewältigt werden können. Dazu zählt auch die Mitgliedschaft in der Arbeitsgemeinschaft missionarischer Dienste, in der Evangelischen Arbeitsgemeinschaft zur Betreuung der Wehrdienstverweigerer, der Evangelischen Arbeitsgemeinschaft für Familienfragen und der Arbeitsgemeinschaft Soldatenseelsorge (ags). Letzterer wurde dadurch eine besondere Rolle zugestanden, dass im jährlichen Materialbericht auch über die Soldatenseelsorge berichte wurde und der Leiter an den Delegiertenversammlungen als Gast teilnahm,[160] obwohl der CVJM-Gesamtverband in der Praxis nicht involviert war.

Soldatenseelsorge

Einige Mitglieder des CVJM-Gesamtverbandes hatten im Kreis ihrer Hauptamtlichen Beauftragte für die Soldatenseelsorge und die Betreuung der Wehrdienstverweigerer ernannt. Im Februar 1978 fand ein Gespräch zwischen dem Militärdekan in Bonn und dem CVJM-Gesamtverband statt, um die Möglichkeiten einer Zusammenarbeit im Bereich der CVJM-Heime, Kasernen und Publikationen auszuloten. Einige Mit-

160 Was auch für den Vertreter der aej zutraf.

glieder hatten bereits die Möglichkeit, im Bereich der Heime mit der Militärseelsorge in der Weise zusammenzuarbeiten, dass diese den Umbau der Tagungshäuser mitfinanzierten und so als Miteigentümer die Häuser für ihre Arbeit nutzen konnten.

Im September 1986 hat der CVJM-Gesamtverband gemeinsam mit der Cornelius-Vereinigung, dem EC, dem Gnadauer Verband, der Evangelischen Allianz und dem Bund Evangelisch-Freikirchlicher Gemeinden die Arbeitsgemeinschaft Soldatenseelsorge (AGS) gegründet. Die AGS hat dann mit dem Militärbischof eine Vereinbarung über die Anstellung eines hauptamtlichen Mitarbeiters für die missionarische Arbeit unter Soldaten getroffen. Für diesen Dienst wurde Pfr. Klaus-Dieter Zunke berufen. Der Generalsekretär Ulrich Parzany stellte fest: *Diese Altersgruppe ist die klassische Zielgruppe der CVJM-Arbeit.*[161] Die Geschäftsführung der AGS wurde dem CVJM-Gesamtverband übertragen, der sich auch an den Kosten beteiligte.

Die AGS stellte sich folgende Aufgaben:
- *Beratung der Verbände*
- *Aufbau von Bibel- und Gebetskreisen unter Soldaten*
- *Erarbeitung und Verteilung von Glaubenshilfen*
- *Gewinnung, Aus- und Fortbildung von ehrenamtlichen Mitarbeitern*
- *Zusammenarbeit mit der Evangelischen Militärseelsorge*[162]

In den Kasernen entstanden Soldatenbibelkreise. Soldatenrüstzeiten wurden vom CVJM Bayern und vom CVJM-Westbund durchgeführt. Durch die spätere Verkürzung der Wehrdienstzeit und die Möglichkeit heimatlicher Stationierung

---

161 Ulrich Parzany im Materialbericht 1986/87
162 Materialbericht 1987

gab es erhebliche Veränderungen in der Arbeit der AGS. Der Bedarf an Bibelkreisen und Rüstzeiten ging zurück. Und die politischen Umbrüche in Osteuropa forderten die AGS heraus, Ziele und Arbeitsformen zu überdenken und der neuen Lage anzupassen.

Die neuen Mitgliedsverbände des CVJM-Gesamtverbandes hatten in der Betreuung von Wehrpflichtigen und Soldaten einiges an Erfahrungen einzubringen. Diese Erfahrungen basierten zwar auf anderen gesellschaftlichen Umständen, aber sie waren ein Potenzial, das es bei der Neukonzipierung der Soldatenseelsorge zu berücksichtigen galt. Als erste Maßnahme wurden Ansprechpartner des CVJM für die ags berufen. Das waren Dieter Oberländer vom CVJM Thüringen für die Soldatenseelsorge in den neuen Bundesländern und Lutz Frankenberger vom CVJM Stuttgart für die alten Bundesländer. Die Maßnahmen, die der CVJM für die Soldatenseelsorge durchführte, waren nur vereinzelte Maßnahmen. Von einer flächendeckenden Soldatenseelsorge durch den CVJM konnte keine Rede sein, und auch wenn 1992 wieder eine Rüstzeit durchgeführt werden konnte, gingen die Bibelkreise in den Kasernen zurück.[163]

Der Schwerpunkt der Soldatenseelsorge verlagerte sich hin zur indirekten Arbeit. Neue und bewährte Faltblätter mit verschiedenen Titeln wurden verteilt. Der Rundbrief für Soldatenbibelkreise[164] gelangte über die Mitglieder des CVJM-Gesamtverbandes an die Leiter der Bibelkreise und ein Bibelmobil wurde auf die Reise geschickt. Mit diesem Fahrzeug führte die ags Informationseinsätze in den Kasernen, schwerpunktmäßig in den neuen Bundsländern, durch. Das Bibelmobil enthielt eine Ausstellung zur Soldatenseelsorge, Multimediaprogramme zum Thema Bibel und ein Café für Gespräche. Der Einsatz in den Kasernen war verbunden mit

---

163 Von 50 (1992) auf 30 (1994) und 20 in 1997
164 Seit 1988

Unterrichtseinheiten für Lebenskunde, Ethik und Glaubensfragen.

Die Erfahrungen der ersten Jahre der Soldatenseelsorge durch den CVJM in den neuen Bundesländern waren durchaus positiv.[165] Dieter Oberländer berichtet von einer großen Offenheit der Standortkommandeure, aber auch von einer großen Unkenntnis über die Kirche und den christlichen Glauben, aber *bei den meisten Soldaten Hörbereitschaft, Aufgeschlossenheit und Interesse.*[166]

Durch die erneute Verkürzung der Dienstzeit und den Abbau der Gesamtstärke war nicht abzusehen, ob den Wehrdienstleistenden noch Freiräume zugestanden würden, um an den Maßnahmen der ags teilzunehmen. Die Arbeit verlagerte aber sich mehr und mehr von der Seelsorge zur Information. Die Einsätze der Bundeswehr in den Krisengebieten veränderten zudem die Arbeitsbedingungen. Tatsächlich wurden die Maßnahmen der ags immer weniger angenommen. Als Konsequenz wurde 1995 die eigenständige Arbeit der Verbände in der ags, also auch die des CVJM, beendet.[167] Dieter Oberländer schreibt dazu:

> *Der Dienstleistende als Soldat bei der Bundeswehr oder als Zivildienstleistender bedarf zweifellos auch in aktueller Zeit der Glaubensstärkung und Begleitung unter Berücksichtigung seiner persönlichen Situation und Lebensumstände. Allerdings würde ich den Schwerpunkt für heutige diakonische Dienste im Blick auf die Bundeswehr und den Zivildienst vornehmlich missionarisch setzen. Jungen Männern im Alter von 18-25 Jahren hat unser Engagement zu gelten,*

---

165 Seit September 1991 gibt es die „Weisung für die Zusammenarbeit mit den für die Soldatenseelsorge Beauftragten …" (der Kirchen und Verbände) des BMVg.

166 Dieter Oberländer/Lutz Frankenberger im Materialbericht 1992/93

167 2004 änderte die EKD ihre Grundordnung: Die evangelische Seelsorge in der Bundeswehr wird zur Gemeinschaftsaufgabe der EKD und ihrer Gliedkirchen.

sie mit der frohen biblischen Botschaft vertraut zu machen, ihnen Hilfen zum Glauben und zum Gebetsleben zu geben, sie mit Kirche und Gemeinde bekannt zu machen.[168]

Aufbruch ins 21. Jahrhundert

Veränderungen in der Zentrale

Der Beginn des ersten Jahrzehnts des neuen Jahrtausends war überschattet von der plötzlichen Erkrankung des Präses Hermann Sörgel. Im November 2001 wurde bei ihm ein Hirntumor diagnostiziert. Im April 2002 ist er im Alter von 63 Jahren gestorben.[169] Bis zur Wahl eines neuen Präses füllten die Vizepräsidenten Ursula Meißner[170] und Horst Windisch dieses Amt aus. Im Oktober 2003 wurde der Oberregierungsrat Karl-Heinz Stengel aus Wilferdingen/Baden als neuer Präses von der Delegiertenversammlung gewählt und in sein Amt eingeführt.

Der bisherige Geschäftsführer Fritz Kaufmann wurde 2000 in den Ruhestand verabschiedet. Als Nachfolger wurde Matthias Ruf berufen. Im Mai 2003 wurde der frühere CVJM-Nordbund-Sekretär Klaus Martin Janßen als Referent für die Freiwilligendienste eingestellt. Nach kurzer Zeit als selbstständiges Referat wurde es dann dem Referat Internationale Arbeit zugeordnet. Ab 2006 arbeitete Silke Leitenberger in diesem Referat mit. 2003 wurde der CVJM-Gesamtverband als Träger des Freiwilligen Sozialen Jahres (FSJ) anerkannt.

Ab 2002, nachdem die Teilfinanzierung des Sportreferenten durch den CVJM-Landesverband Bayern ausgelaufen war, übernahm Volker Kamin als zweites Referat die TEN

168 Dieter Oberländer im Brief, August 2008
169 Eine Kurzbiografie über Hermann Sörgel ist beigefügt.
170 Ursula Meißner starb im Juni 2005 infolge einer Krebserkrankung.

Der General-sekretär Ulrich Parzany gratuliert dem neuen Präses Karl-Heinz Stengel 2003

SING-Arbeit und damit den Arbeitskreis Musische Bildung. Generalsekretär Ulrich Parzany wurde im Herbst 2005 in den Ruhestand verabschiedet. Zu seinem Nachfolger wurde im Januar 2005 Dr. Wolfgang Neuser berufen. Er trat seinen Dienst im Oktober desselben Jahres an und hatte damit, weil er auch noch Direktor des CVJM-Kollegs war, für kurze Zeit eine Doppelfunktion inne, bis 2007 die Dozentin Ursel Luh-Maier als Direktorin des CVJM-Kollegs berufen wurde.[171] Nach längerer Vakanz auf der zweiten Referentenstelle im CVJM-Weltdienst konnte ab 2007 Daniel Botero eingestellt werden. Seine Aufgabe war vornehmlich die Betreuung der Aktion Hoffnungszeichen. Mit der neuen Ausbildungskam-

171 Die Veränderungen am CVJM-Kolleg werden an anderer Stelle benannt.

pagne „pack's"[172] wurde das Referententeam im Juni 2008 um den Projektleiter Volker Sauerbrey ergänzt. Mitte 2009 verließ die Öffentlichkeitsreferentin Jutta Knabe den CVJM-Gesamtverband. Anfang 2010 begann Maren Kockskämper ihren Dienst als Öffentlichkeitsreferentin. Im Frühjahr 2009 wurde Albrecht Kaul in den Ruhestand verabschiedet. Mit seinem Ausscheiden änderte sich der Referatszuschnitt in der Zentrale des CVJM-Gesamtverbandes.[173] Für das neu entstandene Programmreferat wurde Daniel Rempe eingestellt.

Eine der wesentlichen Arbeiten zu Beginn des neuen Jahrzehnts war die Arbeit der Referenten an der Formulierung der Leitlinien des CVJM-Gesamtverbandes. Darauf aufbauend entstand das Leitbild des CVJM. Die Leitlinien wurden vom Hauptausschuss im April 2002 zustimmend zur Kenntnis genommen und das Leitbild beschlossen.[174] Diese Texte spielten bei der Erarbeitung des unten genannten Corporate Design eine wichtige Rolle.

Neue Leitung und neues Konzept im Missio-Center

Im Missio-Center übernahm im September 2002 der bisherige Generalsekretär des CVJM Sachsen, Wolfgang Freitag, die Leitung als Nachfolger von Hermann Traub, der zurück in den Pfarrdienst der badischen Kirche ging. Nach wie vor stellte die große Anzahl ausländischer Teilnehmerinnen und Teilnehmer ein Problem dar, und das sowohl in finanzieller Hinsicht als auch im Blick auf die Zielsetzung der Schule für Evangelisation, die ja in erster Linie deshalb gegründet wurde, damit Mitarbeiterinnen und Mitarbeiter aus dem

---

172 Siehe unten

173 Ein Organigramm ist in Teil 3 zu finden.

174 Das Leitbild ist als Dokument beigefügt. Kritiker bemängelten allerdings, dass zwar Ganzheitlichkeit nach Leib, Seele und Geist im Text genannt wird, dies aber nicht konkretisiert wird und von Sport, Bewegung und Leibeserziehung nicht die Rede ist. Vgl. Exkurs „Die Bedeutung des CVJM-Dreiecks"

deutschen CVJM für ihren ehrenamtlichen Dienst vor Ort neue Impulse und neue Motivation erhielten. Erst als 2009 die Teilnahme an den Kursen des Missio-Centers im Rahmen des Freiwilligen Sozialen Jahres möglich war, meldeten sich mehr Mitarbeiterinnen und Mitarbeiter aus den deutschen CVJM. Die Schwierigkeit, die finanzielle Situation wesentlich zu verbessern, blieb aber unvermindert bestehen.

Bewährte Programme orientieren sich neu

In der Arbeit mit altersspezifischen Gruppen kommt dem CVJM-Gesamtverband und seinen Ausschüssen für diese Bereiche nur eine koordinierende und informative Rolle durch Gedankenaustausch in Ausschüssen zu. Viele Ideen, die vor Ort oder in den Regionen entwickelt und in den Ausschüssen vorgestellt wurden, fanden bundesweite Ausbreitung. Dazu gehörten auch die Konficamps[175], die aus der CVJM- und Konfirmandenarbeit in den Gemeinden nicht mehr wegzudenken sind.

Die Jungschar rückte wieder mehr in den Blickpunkt des Interesses. In Zusammenarbeit mit den Freikirchen wurde eine Werbekampagne entwickelt, die die Jungschar-Arbeit in der Öffentlichkeit wieder bekannter machen und gleichzeitig den Jungscharen vor Ort finanziell helfen sollte.

Anlässlich der Fußballweltmeisterschaft 2006 wurde die Initiative „kickoff 2006. Anstoß für den Glauben" propagiert und entsprechendes Material dafür zur Verfügung gestellt. Öffentliche Übertragungen der Spiele, verbunden mit dem Fußball verwandten Aktivitäten wie Streetsoccer, Torwandschießen u. Ä., und Verteilung von Broschüren waren dazu angetan, bei den Teilnehmern mehr zu bewirken, als nur das Interesse an Fußball zu befriedigen.

Nach nahezu 30 Jahren TEN SING in Deutschland brauchte diese Art der Jugendarbeit neue Impulse, um nicht

---

175 Oft auch Conficastle genannt

zahlenmäßig und in ihrem Konzept zu stagnieren und so an Attraktivität zu verlieren. Denn zum Zeitpunkt der Übernahme der musisch-kulturellen Arbeit 2003 durch Volker Kamin war die Zahl der TEN SING Gruppen zwar mit 30 seit Jahren konstant, aber die Gruppen wurden kleiner und konnten somit oft das übliche TEN SING-Repertoire nicht abdecken.

> *TEN SING ist mittlerweile zu einer frommen Gemeindearbeit geworden, die immer mehr von christlich sozialisierten Teilnehmern genutzt wird. Das heißt, der ursprüngliche Anspruch, mit revolutionären Ideen kirchenferne Jugendliche zu erreichen, scheint immer mehr in den Hintergrund zu treten.*[176]

Konsultationen und Seminare in den folgenden Jahren suchten nach neuen Wegen, die TEN SING-Arbeit neu zu beleben. Das KOMMT-Festival, verbunden mit dem TEN SING-Festival Deutschland 2005 in Kassel, und das europäische TEN-SING-Festival 2006 in Dänemark gaben dazu neue Motivation und Impulse.

Im Frühjahr 2001 wurden die schon länger diskutierten Vorstellungen über die „Corporate Identity" des CVJM durch Einbeziehung einer Werbeagentur konkretisiert. Unter anderem kamen die bisherigen Medien und das bisherige Design auf den Prüfstand. Im Juni 2002 wurde dem Vorstand ein Corporate Design-Konzept vorgelegt, das beinhaltete, dass nur noch Medien verbreitet werden sollen, die das einheitliche Design tragen. Die Eichenkreuzmitteilungen wurden in die CVJM-Informationen integriert. Die Webseiten des CVJM-Gesamtverbandes wurden neu gestaltet und mit anderen CVJM-Webseiten effektiv und interaktiv vernetzt.

Der durch den CVJM-Kongress 2003 angestoßene Prozess hatte durch die Arbeit der eingesetzten Projektgruppen

176 Berichte und Fakten 2002/2003

und die Forderung der verschiedenen Arbeitsbereiche nach Formulierung des Bildungsauftrages des CVJM zu einigen Empfehlungen geführt. Der Zusammenhang von Kinder- und Jugendarbeit, Sport, musisch-kultureller Jugendarbeit, internationaler Arbeit, Jugendpolitik und evangelistischer Jugendarbeit sollte deutlich gemacht werden. Der Arbeitskreis Jugendpolitik formulierte den jugendpolitischen Auftrag des CVJM in einem Grundsatzpapier „Gemeinsam jugendpolitische Verantwortung wahrnehmen" neu.[177] Dem vorausgegangen war eine Stellungnahme des Arbeitskreises Jugendpolitik vom September 2003 „für eine kinder- und jugendfreundliche Gesellschaft". Der Hauptausschuss beschloss am 15. Januar 2005 das von der Projektgruppe erarbeitete Grundsatzpapier.

> *„Bildungsverständnis und Bildungsauftrag des CVJM". Letzteres nennt als Umsetzungsfelder des Bildungsauftrages vier Bereiche, in denen das geschehen soll: 1. Die Beziehungen zu Gott anbieten und entfalten – 2. Die Beziehung zu sich selbst finden und entwickeln – 3. Die Beziehungen zu Menschen eingehen und gestalten – 4. Die Beziehungen zur Welt verstehen und verantworten.*

Am 9. März 2006 beschloss der Ausschuss für **Sport,** den Namen „Eichenkreuz" nicht mehr für die Sportarbeit des CVJM-Gesamtverbandes zu verwenden.[178] Stattdessen sollten die Aktivitäten in Zukunft „CVJM-Sport"[179] heißen. Unter diesem Namen wollte man sich auch gegenüber den anderen Sportverbänden darstellen. In Bayern und Württemberg lief die Sportarbeit weiter unter Eichenkreuz Bayern bzw. Eichenkreuz Württemberg. Die Eichenkreuzmitteilun-

---

[177] Siehe Literaturhinweise

[178] Vgl. „Abschied von einem ungeliebten Zeichen"

[179] Protokollbeschluss: *Der neue Name CVJM-Sport wird dem Vorstand zur Genehmigung vorgelegt.*

gen wurden Ende 2002 eingestellt und die Nachrichten vom CVJM-Sport in die CVJM-Informationen integriert. Die schon seit einiger Zeit beobachtete Tendenz zur zunehmenden Anzahl von Sportgruppen bei gleichzeitiger Minderung der dort beteiligten Sportlerinnen und Sportler setzte sich auch in dieser Zeit fort.[180] Die Forderung des CVJM-Kongresses in Gera, eine bessere Vernetzung zwischen dem Sport und den anderen Arbeitsbereichen zu ermöglichen, war für den CVJM-Sport Anreiz, die Vernetzungsversuche der vergangenen Jahre erneut aufzugreifen. Gute Voraussetzungen waren dort gegeben, wo hauptamtliche Mitarbeiterinnen und Mitarbeiter für Sport und einen anderen Arbeitszweig zuständig waren. Vom Sport organisierte Veranstaltungen, an denen Jungen und Mädchen, Männer und Frauen aus anderen Arbeitsbereichen teilnahmen, fanden in vielfältiger Weise an vielen Orten auf regionaler Ebene statt.

Die Weltdienstkonferenz im November 2001 in Dassel beschäftigte sich u. a. mit folgenden Themen: „Spiritualität im CVJM – Vielfalt der partnerschaftlichen Beziehungen". 174 Teilnehmer aus 21 Ländern nahmen daran teil. Der CVJM-Gesamtverband hatte sich bereits Jahre vorher die Kampagne „Erlassjahr – Entwicklung braucht Entschuldung" zu eigen gemacht. Sie spielte auf der Weltdienstkonferenz selbstverständlich eine große Rolle.[181]

Die internationale Arbeit des CVJM-Gesamtverbandes wurde hauptsächlich durch zwei Ereignisse geprägt. Das war einmal die Weltratstagung[182] 2002 in Mexiko und die Beschäftigung mit der „Challenge 21" und dem „Global Operating Plan" und zum anderen die unvorhergesehenen Ereignisse im Nahen Osten und in Südostasien, die un-

---

180 2001 = 44.500 Personen in 852 Vereinen; 2002 = 42.500 in 877 Vereinen.

181 Der massive Druck der NGOs mit dieser Kampagne auf den G-8-Gipfel hat dann schließlich zu Teilerfolgen geführt.

182 Ab 2002 Ökumenischer Rat genannt

mittelbare Aktionen erforderten. Der Krieg im Nahen Osten betraf unmittelbar Einrichtungen, in denen der CVJM-Weltdienst engagiert war. Die Folgen der Tsunami-Katastrophe 2004 waren eine neue Herausforderung, gemeinsam mit dem CVJM-Weltbund schnelle Hilfe zu organisieren. Durch die Aktion Hoffnungszeichen hatten viele Vereine und Einzelpersonen finanzielle Mittel für die unmittelbare Hilfe für den Wiederaufbau in den betroffenen Gebieten, vor allem im Süden Sri Lankas, bereitgestellt, durch die Familien wieder eine Grundausstattung ihres Haushaltes erhalten konnten. Neben der unmittelbaren Nothilfe sind durch die CVJM in Indien und Sri Lanka mittelfristige und langfristige Rehabilitation und Bildungsprogramme eingeleitet worden.

Zwei neue Arbeitsbereiche wurden der internationalen Arbeit zugeordnet. Das war ab 2003 die bereits oben erwähnte Trägerschaft für das Freiwillige Soziale Jahr (FSJ) und „Volunteers for Europe". „Volunteers for Europe" war ein Austauschprogramm innerhalb des europäischen CVJM, angeregt durch die „European Camping Group". Es fehlte dafür aber an der Unterstützung in den Leitungsgremien des Europäischen CVJM-Bundes. Auch als die Europäische Union entsprechende Förderprogramme auflegte, wurde die Chance nicht erkannt. Erst durch die Forderung des deutschen CVJM auf der Vollversammlung des Europäischen CVJM-Bundes 1999 in Melun beschloss der Vorstand die Einrichtung einer Arbeitsgruppe „Volunteers for Europe" (VfE). Ehrenamtliche Leiterin der Arbeitsgruppe wurde Beate Turck aus Lüdenscheid. Die Verbindung mit den FSJ eröffnete neue Möglichkeiten für den Austausch von Volontären.

Auf der Weltratstagung 2006 in Durban/Südafrika wurde Rechtsanwalt Martin Meißner vom CVJM Frankfurt am Main als neuer Präsident des CVJM-Weltbundes gewählt.

Treffen und Jubiläen

Zum CVJM-Kongress 2003 Anfang Oktober in Gera kamen 450 leitende Mitarbeiterinnen und Mitarbeiter des CVJM-Gesamtverbandes und seiner Mitglieder. Ziel des Kongresses war, für 27 Arbeitsfelder Empfehlungen für die Optimierung der Zusammenarbeit der Gremien und Mitglieder untereinander zu erarbeiten. Die Empfehlungen wurden drei Wochen später dem Hauptausschuss vorgelegt und beraten. Für 21 Arbeitsfelder wurden Kompetenzzentren geschaffen. Das sind Einrichtungen des CVJM-Gesamtverbandes oder seiner Mitglieder, die bestimmte Aufgaben stellvertretend für das Gesamtwerk übernehmen und diese Dienste allen Mitgliedern und Gremien im CVJM-Gesamtverband anbieten. Die Weiterentwicklung lief unter dem Namen „CVJM-Prozess Gera 2008". Dieser führte u. a. auch zur Strukturveränderung in den Gremien des CVJM-Gesamtverbandes. Der Hauptausschuss wurde abgeschafft, der Vorstand von zehn auf zwölf Mitglieder erweitert. Jährlich im April treffen sich der Vorstand des CVJM-Gesamtverbandes mit den Vorsitzenden und Generalsekretären der Mitglieder zu einer thematischen Klausurtagung. Die Arbeitskreise und Ausschüsse tagen im Herbst getrennt und Ende Januar im Rahmen eines gemeinsamen Strategiewochenendes zu einem Schwerpunktthema.

Im Jahr 2005 wurde das 150jährige Bestehen der Pariser Basis des CVJM an verschiedenen Orten gefeiert. Der CVJM-Gesamtverband reihte sich mit dem KOMMT-Festival vom 24. bis 26. Juni in Kassel in die weltweiten Jubiläumsfeierlichkeiten ein. Die Feiern wurden am 19. März in Paris eröffnet, eine Fackel wurde in einem Festgottesdienst entzündet, die zur Eröffnung des Festivals nach Kassel gebracht und am Ende an Vertreter des Jugendfestivals im Mumbai/ Indien weitergegeben wurde. Zehn Tsd Teilnehmerinnen und Teilnehmer feierten auf der Karlswiese und in den Messehallen ein fröhliches Fest. Die 300 internationalen

CVJM-Kommt-Festival 2005 in Kassel, Fackelübergabe an den Vertreter Indiens

Gäste aus 27 Nationalverbänden aller Erdteile repräsentierten zusammen mit dem Weltbundpräsidenten Cäsar Molebatsi aus Südafrika die weltweite Gemeinschaft des CVJM. Die weltweite Gemeinschaft zeigte sich u. a. auch in den verschiedenen Darbietungen im Global Village. Alle Arbeitszweige der CVJM-Arbeit luden zu Gesprächen, Foren und Mitmach-Aktionen ein.

2007 jährte sich zum 125. Mal die Gründung des CVJM-Gesamtverbandes[183]. Aus diesem Anlass wurde unter dem Leitwort „125 Jahre Stark im Leben“ zu verschiedenen Veranstaltungen eingeladen. Eine Internationale Konferenz, ein Kongress für junge Erwachsene, eine jugendpolitische Konsultation und ein Sportforum *haben für die CVJM-Arbeit wichtige Impulse gegeben.* Den Abschluss bildete das

183 1882 als Gesamtvorstand für die deutschen Jünglingsbünde und erst 1890 satzungsmäßig als Nationalvereinigung der Evangelischen Jünglingsbünde gegründet.

Treffen am 11. November am Gründungsort, dem Hermannsdenkmal im Teutoburger Wald. Im Festgottesdienst sprach der Generalsekretär Dr. Wolfgang Neuser den Wunsch aus, *dass wir als CVJM den Kindern und Jugendlichen noch einiger und wirksamer als bisher die Stärke Jesu zeigen, die Weisheit Jesu vermitteln und die Gnade Jesu mit ihnen leben.*[184]

Neue Programme – neue Möglichkeiten der Hilfe

Im ersten Jahrzehnt des 21. Jahrhunderts hatte der CVJM-Gesamtverband die Möglichkeit, mit zwei neuen Programmen jungen Menschen und Ortsvereinen direkte Hilfen und Möglichkeiten anzubieten.

Seit 2003 konnte sich der CVJM-Gesamtverband als Träger des Freiwilligen Sozialen Jahres (FSJ) registrieren lassen. Zusammen mit dem europäischen CVJM-Austauschprogramm „Volunteers for Europe" (VfE) und den Förderungsmöglichkeiten durch die EU mit dem „Europäischen Freiwilligendienst" eröffneten sich für den CVJM-Gesamtverband neue Möglichkeiten, das bisher mit nur mäßigem Erfolg durchgeführte Austauschprogramm auszuweiten. Bereits 2004, im ersten Jahr nach der Einstellung des früheren Nordbundsekretärs Klaus-Martin Janßen als Referent für die Freiwilligendienste, konnten 66 Einsatzstellen für das FSJ geschaffen werden. Für das Jahr 2004/2005 konnten 60 FSJler in Einsatzstellen vermittelt werden. Im Rahmen des VfE-Programms waren es im selben Jahr 13 Volontäre. Die Einbindung der Freiwilligendienste in das Internationale Referat eröffnete zudem die Möglichkeit für den intensiveren Einsatz der Volontäre bei Weltdienstprojekten. Wesentlicher Teil der Freiwilligendienste sind die obligatorischen vier Seminare für

---

184 Beide Zitate aus dem Bericht über die Veranstaltungen in Berichte und Fakten 2007/2008. Die besondere Hervorhebung der Kinder und Jugendlichen nimmt Bezug auf die Weltbund-Gebetswoche im November 2008 unter dem Motto „Kinder zuerst".

die FSJler. Der CVJM-Gesamtverband sieht dort die Möglichkeit, seinem Bildungsauftrag nachzukommen. Mit dem französischen CVJM wurde ein „Tandemprogramm“ vereinbart. Dieselbe Anzahl deutscher und französischer Teilnehmender wurde zeitgleich in Einrichtungen beider Länder eingesetzt und nahm zu Beginn, zwischendurch und nach Beendigung des einjährigen Dienstes an Seminaren teil.

Der CVJM-Gesamtverband startete im Juni 2008 die Ausbildungsinitiative packs's. Mit dieser bundesweiten Aktion begleitete, förderte und unterstützte der CVJM junge Menschen, die Lern- und Anpassungsprobleme in Schule und Ausbildung hatten.

> *Mit der Ausbildungskampagne wollen wir jungen Menschen helfen, die keinen Einstieg in die Arbeitswelt finden, und sehen dies als eine Dimension unseres missionarischen Auftrages. Mit pack's kehren wir an die Ursprünge der CVJM-Bewegung zurück. Evangelisation und Diakonie, Wort und Tat wollen wir neu zusammenbringen.*[185]

Die Kampagne stützte sich auf das Engagement ehrenamtlicher Mitarbeiter vor Ort. Es sollten in den vier Jahren, für die die Initiative vorgesehen war, Brücken gebaut werden zwischen Schulen, Unternehmen und Ausbildungsstätten auf der einen und unterstützungsbedürftigen Auszubildenden und jungen Menschen ohne oder mit schlechtem Schulabschluss auf der anderen Seite. Mitarbeiter und Mitarbeiterinnen wurden dafür in Seminaren auf ihre Aufgabe vorbereitet. Die sogenannten Mentoren begleiteten als Paten die Jugendlichen in die und durch die Ausbildung. Dort, wo die traditionellen Begleiter und Korrektive für die Jugendlichen keine Bedeutung mehr haben, begann die Aufgabe der Mentoren. Vermittlung von Schlüsselqualifikationen wie Pünktlichkeit und Verantwortungsbewusstsein, Einzelnachhilfe für

---

185 Projektleiter Volker Sauerbrey in: Berichte und Fakten 2006/2007

die Berufsschule und Bereitstellung von Ansprechpartnern in schwierigen Fragen wurden als Ziele für die Begleitung der Jugendlichen genannt. Der damalige Vorstandsvorsitzende der Bundesagentur für Arbeit lobte den CVJM in einem Brief für diese Initiative:

> *Eine soziale Gesellschaft ist angewiesen auf Freiwillige, die sich über das Gewohnte hinaus für andere einsetzen. Zu diesen Freiwilligen gehören auch die Mitglieder des CVJM, die sich, durch ihren christlichen Glauben gestärkt, für die Schwächeren engagieren wollen.*

Bereits ein Jahr vor dem Start der Ausbildungsinitiative wurde Volker Sauerbrey als Projektleiter eingestellt. Der Start selbst im Juni 2008 begann an vielen Orten mit einem Torwandschießen neben anderen öffentlichkeitswirksamen Programmen. Das Torwandschießen war auch als Finanzierungsquelle für das Projekt gedacht. Die Schützen sollten sich Sponsoren für jeden Treffer suchen, was aber nur in wenigen Fällen gelang. Ein Jahr nach dem Start waren an 65 Orten CVJM und Kirchengemeinden im Rahmen dieses Projektes aktiv. Der neue Projektleiter Burkhard vom Schemm, der im September 2009 Volker Sauerbrey ablöste, hatte sich für die nächsten zwei Jahre 100 pack's-Projekte zum Ziel gesetzt.

Das Jahr der Bibel

Dem Jahr mit der Bibel 1992 folgte 2003 das Jahr der Bibel der christlichen Kirchen und Verbände. Der CVJM stellte den Vorsitzenden. Die Geschäftsführung und damit die Verantwortung übernahm die Bibelgesellschaft. Nach zweijähriger Planung ging die Bibel-Entdecker-Tour an den Start. Die Zielgruppe waren in erster Linie Kinder. Mit spielerischen Elementen und kreativen Aktionen wurde das Interesse der Kinder an biblischen Geschichten geweckt. Getragen wurde die Tour von einem Initiativkreis der Kirchen und Verbände. Der CVJM beteiligte sich an der Entdecker-Tour mit vollem

Engagement. Nach einer Startveranstaltung folgten sieben bis zwölf Gruppenstunden. Jede rankte sich um einen Gegenstand, der in einem Rucksack mitgegeben wurde und mit einer biblischen Geschichte in Zusammenhang stand. 6000 Gruppen mit etwa 130.000 Kindern und 15.000 Mitarbeitenden beteiligten sich an der Bibel-Entdecker-Tour. Was von einem die Kirchen- und Verbandsgrenzen überschreitenden Arbeitskreis geplant und auch vor Ort als Gemeinschaftsinitiative gedacht war, reduzierte sich vor Ort in den meisten Fällen leider auf die Aktion eines Vereins oder einer Kirchengemeinde. Ein 110-seitiges Programmheft unterstützte die Mitarbeiterinnen und Mitarbeiter vor Ort in ihrem Bemühen, Kinder mit der Bibel in Kontakt zu bringen.

Ein CVJM-eigenes Projekt war die One-World-Tour. Ihre Zielgruppe waren Jugendliche, in der Regel in ihrer schulischen Umgebung. Aber auch auf öffentlichen Plätzen machte die Tour halt. Ein umfangreiches Materialpaket mit Programmraster, Konzepten für die Programmbausteine und Vorbereitungshinweisen wurde im Internet zur Verfügung gestellt. Die Teams gingen an die Schulen und bauten in der Aula oder im Foyer ihren Parcours auf. Der Parcours war für einen 45-minütigen Durchgang konzipiert, in dem sich die Jugendlichen mit Personen und Geschichten der Bibel auseinandersetzen konnten. Das Projekt stieß auf so großes Interesse beim Lehrpersonal und bei Schülerinnen und Schülern, dass nicht alle Anmeldungen der Schulleitungen für den Aufbau des Parcours in ihrer Schule befriedigt werden konnten. Und auch nicht alle Klassen in einer Schule konnten in die knappen Besuchszeiten eingeplant werden. Aber die One-World-Tour hat junge Menschen an 20 Orten angeregt, neu einen Bibeltreff zu gründen. *Für viele jugendliche Mitarbeiterinnen und Mitarbeiter vor Ort war der Bibelparcours eine große Hilfe, sich mit der Bibel vor ihre Mitschüler zu wagen.*[186]

---

[186] Projektbetreuer Günter Lücking in: Berichte und Fakten 2002/2003

Das CVJM-Bildungswerk: CVJM-Kolleg und CVJM-Hochschule

Im Juni 2008 kam ein zehnjähriger Prozess des Planens und Verhandelns mit dem Ziel der Gründung einer CVJM-Hochschule zu einem gefeierten Abschluss. Die CVJM-Hochschule erhielt nach langem, zähem Ringen die Akkreditierung durch den Wissenschaftsrat des Landes Hessen. Am 27. März 2009 wurde in Kassel in einer Feierstunde im Beisein vieler Unterstützer und Vertreter aus Politik und Kirche offiziell die CVJM-Hochschule gegründet. Im September 2009 begann die Arbeit mit dem ersten Semester für das Bachelor-Studium im Studiengang für Religions- und Gemeindepädagogik mit 54 Studentinnen und Studenten. Die Dozenten des CVJM Kollegs, Dr. Klaus Schulz und Dr. Wilhelm Eppler, wurden vom Ministerium als die beiden ersten Professoren ernannt; drei weitere wurden berufen.

Es waren im Wesentlichen zwei Ausgangspunkte für die Pläne, die zur Gründung einer CVJM-Hochschule führten. Die Notwenigkeit eines höher qualifizierten Ausbildungsabschluss, der Absolventen des CVJM-Kollegs auch nach dem Ausscheiden aus der Jugendarbeit eine Zukunftsperspektive

Gründungsmitglieder der CVJM-Hochschule, Gründungsfestakt 2009

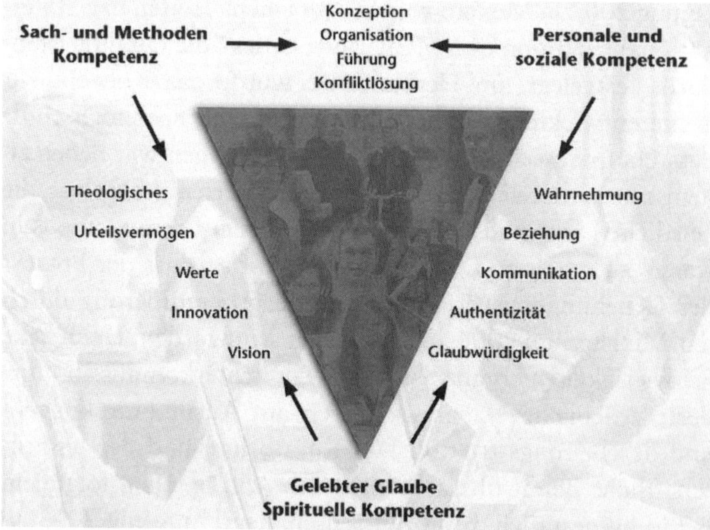

eröffnen würde, zeigte sich deutlich an der steigenden Zahl der nach dem zweisemestrigen Grundkurs extern weiterstudierenden jungen Menschen.[187] Zum anderen entstand infolge des Bolognaprozesses[188] der Wunsch nach einer vergleichbaren Ausbildung in Kassel gegenüber anderen Fachhochschulen in Deutschland und anderen CVJM-Ausbildungsstätten weltweit. Im November 2001 wurde das CVJM-Kolleg Mitglied im internationalen Verbund der YMCA-Ausbildungsstätten.[189] Im Anschluss an die Weltrats-

187 Vgl. „Von der CVJM-Sekretärschule zum CVJM-Kolleg"

188 Der Bolognaprozess als Folge der Lissabon-Konvention der UNESCO und des Europarates zur Vergleichbarkeit des bestehenden Hochschulbetriebes. Die Bildungsminister von 29 europäischen Nationen beschlossen die Einführung eines konsekutiven, zweistufigen Abschlusssystems mit dem Bachelor- und Master-/Magisterabschluss.

189 Bilaterale, aber auch gemeinsame Treffen zwischen dem CVJM-Kolleg und den Ausbildungsstätten in London und Stockholm hatte es bereits seit Mitte der neunziger Jahre gegeben, ebenso den Versuch, über die Universität Belfast eine internationale Anerkennung der Ausbildung am CVJM-Kolleg zu erhalten.

tagung 2002 in Mexiko wurden auf einem Treffen der „International Coalition of YMCA-Universities" die Qualitätsstandards festgelegt. Im Herbst 2002 wurde das Konzept zur Weiterentwicklung des CVJM-Kollegs zur Fachhochschule dem Hauptausschuss vorgelegt. Grundanliegen war neben einem international anerkannten qualifizierten Abschluss die geistliche Lern- und Lebensgemeinschaft auf dem Campus in Kassel zu erhalten. Das Kuratorium hoffte, dass der Prozess des Genehmigungsverfahrens und die Akkreditierung durch das Ministerium 2004 abgeschlossen sein würden. Doch neue Schwierigkeiten ergaben sich. Die Gutachterkommission forderte erhebliche Nachbesserungen am Ausbildungskonzept und der Leitungsstruktur. Das Kuratorium und der wissenschaftliche Beirat überarbeiteten den Antrag. Dem folgte ein Beratungsgespräch beim Wissenschaftsrat im Juli 2005 in Köln. Endlich, am 1. September 2007, konnte der überarbeitete Antrag dem Wissenschaftsministerium in Wiesbaden zugestellt werden. Es dauerte jedoch noch nahezu zwei Jahre, bis die Akkreditierung endlich erteilt wurde.

Die Anerkennung lag vor, der Lehrbetrieb konnte beginnen, aber die Finanzierung des Unternehmens CVJM-Hochschule war nicht gesichert. Die Hoffnung, 100 Gründungsmitglieder zu finden, die bereit waren, mit 1000 Euro den Start der Hochschule zu unterstützen, wurde mit 116 Gründungsmitgliedern übertroffen. Dennoch mussten jährlich weitere 150 Tsd. bis 200 Tsd. Euro durch Sponsoring und Spender gefunden werden, und das trotz der hohen Studiengebühren von 240 Euro monatlich. Um auch den Studenten, die trotz BAföG die Studiengebühren nicht erbringen können, zu helfen, wurde im Mai 2009 der Verein „die hochschulpaten" gegründet.

Während des Prozesses um die Anerkennung als Fachhochschule gab es im CVJM-Kolleg erhebliche personelle Veränderungen. 2004 verstarb plötzlich der Psychologiedozent Reinhard Heinz. Mit Jürgen Eilert konnte 2005 die

Lücke geschlossen werden. Dr. Christoph Raedel begann seinen Dienst als Theologiedozent im selben Jahr. 2007 verließ der Theologiedozent Andreas Synofzik das Kolleg, um sich ganz seiner Aufgabe als Pfarrer in Niederkaufungen zu widmen. Dr. Wolfgang Neuser, der zwei Jahre lang sowohl als Generalsekretär den CVJM-Gesamtverband und als Direktor das CVJM-Kolleg leitete, konnte die Leitung des Kollegs 2007 an die bisherige Stellvertreterin Ursel Luh-Maier übergeben.

Seit dem Beginn des Herbstsemesters 2009 gib es in Kassel zwei Ausbildungsstätten für den hauptamtlichen Dienst im CVJM: das CVJM-Kolleg und die CVJM-Hochschule. Am CVJM-Kolleg wurde der bewährte dreisemestrige integrative Studiengang weitergeführt, als Qualifizierungsmöglichkeit für den hauptamtlichen Dienst für Personen ohne Hochschulreife.[190] Das externe Studium in verschiedenen Studiengängen an anderen Hochschulen wurde ersetzt durch den Bachelor-Studiengang an der CVJM-Hochschule. Seit 2008 bilden CVJM-Kolleg und CVJM-Hochschule gemeinsam das CVJM-Bildungswerk. Im Februar 2010 beschloss der Vorstand des CVJM-Gesamtverbandes die Berufung von Pfr. Dr. Wolfgang Neuser zum Rektor der CVJM-Hochschule. Dieser trat sein Amt im Mai 2010 an. Dass Neuser dieses Amt übertragen bekam, war die logische Konsequenz aus seinen langjährigen und intensiven Bemühungen um die Akkreditierung der CVJM-Hochschule und seiner Arbeit an der Hochschule auch während seiner Zeit als Generalsekretär. Mit der neuen Berufung und Ernennung zum Professor am 1. Mai 2010 endete diese Doppelbelastung. Die Überreichung der Ernennungsurkunde des Ministeriums für Wissenschaft und Kunst des Landes Hessen durch den Präses des CVJM-Gesamtverbandes geschah in der Abschlussveranstaltung einer einzigartigen Aktion, einer

---

190 Die Ausbildung 2009 begann mit acht Studierenden.

116-Stunden dauernden Marathon-Vorlesungsreihe[191]. Die 116 Vorlesungen wurden von 55 Referenten in der CVJM-Hochschule und teilweise in der dokumenta-halle gehalten. Von sieben weiteren Referenten wurden die Vorlesungen live übertragen. Die Idee war, dass die Referenten sich um Sponsoren ihrer Zeit bemühen sollten. Das Ziel der Fundraising-Aktion von 116000 Euro wurde nicht erreicht. Nur etwas mehr als 12 % davon kamen zusammen.

Herausforderungen und Möglichkeiten des Dienstes für den CVJM-Gesamtverband in diesem Jahrzehnt

Generalsekretär Dr. Wolfgang Neuser schrieb dazu:[192]

> *Wesentliche Aufgabe bleibt die kontinuierliche Verbesserung der Zusammenarbeit unter und mit den Mitgliedsverbänden. Der CVJM-Gesamtverband ist nicht nur eine Organisationseinheit, vielmehr verkörpert er die Gesamtheit der deutschen CVJM-Arbeit mit ihrem jugendmissionarischen Auftrag.*
> *Über die Bildungs- und Ausbildungsarbeit des CVJM-Kollegs und insbesondere der internationalen CVJM-Hochschule kann der deutsche CVJM sein geistlich-missionarisches Profil noch stärker als bisher in die internationale CVJM-Arbeit einbringen.*
> *Der CVJM muss mehr denn je dahin gehen, wo die Jugendlichen sind: im Internet, in der Schule, im Beruf. Angesichts veränderter gesellschaftlicher Rahmenbedingungen ist der CVJM gefragt, ob er über die verbandliche Gruppenarbeit hinaus Partner der Kommunen in öffentlicher Verantwortung werden will, z. B. in der aufsuchenden Jugendsozialarbeit oder in den Nachmittagsangeboten der Schulen.*

---

191 In Anlehnung an die 116 Gründungsmitglieder
192 Brief vom 10. Februar 2010

Generalsekretär Dr. Wolfgang Neuser

TEIL 2

Kurzbiografien

In den nachstehenden Kurzbiografien werden Männer vorgestellt, die im CVJM-Gesamtverband seit Mitte der siebziger Jahre entweder ehrenamtlich als Präsides oder hauptamtlich als Generalsekretäre gedient haben oder in den gleichen Ämtern im Bruderrat der Jungmännerwerke der DDR ab 1945 tätig und zur Drucklegung im Ruhestand oder verstorben sind. Die Liste der Vorsitzenden ist nicht komplett. Es konnten nur Biografien von Männern aufgenommen werden, deren Einverständnis oder das ihrer Witwen vorlag. Ausnahmen von dieser notwendigen Eingrenzung der Auswahl sind die kurzen Lebensbilder von Fritz Hoffmann und Fritz Reschke. Ersterer wegen seiner Bedeutung für den Aufbau der Versandstelle und deren Bedeutung für die Jungmännerwerke in der DDR und Letzterer wegen seiner Originalität. Mit Walter Arnold und Egon Slopianka werden Männer des deutschen CVJM vorgestellt, die in internationalen Gremien leitende Funktionen bekleideten.

Walter Arnold
Präsident des CVJM-Weltbundes von 1977 bis 1981

Walter Arnold wurde im Juli 1929 in Stuttgart geboren. Seine Eltern, Mitglieder einer Baptistengemeinde, waren aus beruflichen Gründen dorthin gezogen. Seine Kindheit spielte sich im Umfeld der Baptistengemeinde ab, in der sein Vater einer der Ältesten war. Dort ist er auch als Jugendlicher getauft worden. Zunächst ging Walter in Stuttgart in die Grundschule und ab 1940 ins Karlsgymnasium. Als Schüler

OKR Walter Arnold (Mitte) mit Generalsekretär Hector Caselli bei Papst Paul VI. 1978

ging er in die Jungschargruppe der Gemeinde. Mit Beginn der Bombenangriffe auf deutsche Großstädte wurden 1943 ganze Schulklassen evakuiert. Walter Arnold kam mit seiner Klasse nach Marbach am Neckar. Im dortigen Gymnasium lernte er Theo Sorg kennen, der zur Jungschar der Kirchengemeinde gehörte. Er schloss sich dieser Gruppe an. Als der Jungscharleiter eingezogen wurde, übergab er die Jungscharleitung Theo Sorg. Dieser bat Walter Arnold um seine Mitarbeit. So übernahmen zwei 15-jährige Schüler in einer für die Kirche schweren Zeit und gegen die herrschende Ideologie Verantwortung für die Weitergabe der biblischen Botschaft an andere Jungen. Aus dieser Arbeitsgemeinschaft wurde eine lebenslange Freundschaft.

Im Herbst 1944 wurden die jungen Leute des Jahrgangs 1929 eingezogen. Walter Arnold kam zu Schanzarbeiten an den Westwall. Dabei erkrankte er schwer. Daraufhin wurde er entlassen. Auf dem Land, nahe der Schwäbischen Alb, fand die Familie bis 1945 eine Unterkunft. Nach der

Rückkehr nach Stuttgart besuchte Walter Arnold nochmals die Schule, die er 1949 mit dem Abitur verließ.

Auf einer CVJM-Freizeit vollzog Walter Arnold eine entscheidende Hinwendung zu Jesus Christus. Nach dem Abitur begann er mit dem Theologiestudium in Tübingen, später dann in Basel. Seine erste theologische Prüfung legte er 1955 ab. Für seine spätere Tätigkeit war es ein großer Gewinn, dass er ein Stipendium für einen 13-monatigen Studienaufenthalt des Ökumenischen Rates für die USA erhielt. 1956 wurde Walter Arnold ordiniert. Sein Vikariat verbrachte er in Ludwigsburg. 1959 bekam er eine Stelle beim Stadtjugendpfarrer Theo Sorg.

1960 hat Walter Arnold die Wiesbadener Ärztin Dr. Elfriede Seids geheiratet. Er hatte sie auf einer Reise des CVJM nach Palästina kennengelernt. 1960 bekam Walter Arnold eine Pfarrstelle an der Stadtkirche in Ludwigsburg. Dort wurden dem Ehepaar Arnold ihre beiden Kinder Gabriele und Christoph geboren.

1963 leitete Walter Arnold mit Paul Heiland wieder eine vierwöchige Palästinareise im Auftrag des Evangelischen Jungmännerwerkes Württemberg. Dort kam die Situation des CVJM-Gesamtverbandes zur Sprache. Es war die Zeit, in der der CVJM-Gesamtverband einen Reichwart suchte, der in einer schwierigen Phase das Werk wieder in ruhigeres Fahrwasser leiten konnte. Walter Arnold wurde von Theo Sorg und Paul Heiland gefragt, ob er diese Aufgabe übernehmen wolle.

In einem Gespräch mit dem neuen Vorstand legte Walter Arnold in 14 Punkten dar, warum er für dieses Amt nicht geeignet sei. Die Reaktion des damaligen Präses Bieneck darauf war: „Sie sind der richtige Mann." Walter Arnold wurde für diesen Dienst von der Landeskirche für fünf Jahre beurlaubt. Er trat seinen Dienst als Reichswart des Reichsverbandes der

Evangelischen Jungmännerbünde im Oktober 1964 an. Nach Ablauf der fünf Jahre wurde seine Beurlaubung um weitere fünf Jahre verlängert. In Arnolds Dienstzeit fällt auch die Entscheidung der Namensänderung des deutschen CVJM-Werkes in „CVJM-Gesamtverband in Deutschland" 1969. 1970 konnten Grundstück und Gebäude in der Hugo-Preuß-Straße erworben werden, die fortan als Wohnheim der Studierenden der CVJM-Sekretärschule und als Wohnungen der Dozenten dienten. Ein Jahr später wurde die CVJM-Sekretärschule als staatlich anerkannte Fachschule für Sozialpädagogik anerkannt. Ein Meilenstein während Arnolds Amtszeit war die Mitarbeitertagung 1971 im Bernhäuser Forst, auf der die Richtlinien für die Entwicklungshilfe des CVJM in der „Bernhäuser Basis" formuliert wurden. Walter Arnold konnte das Auseinanderbrechen des Werkes verhindern. Sein großes Verdienst ist es, das Vertrauen der Mitglieder des Gesamtverbandes und der Kirchen in den CVJM-Gesamtverband wiedergewonnen zu haben. Arnolds besonderes Augenmerk galt der Arbeit des CVJM-Weltdienstes, der Verbindung mit dem Jungmännerwerk in der DDR und der Mitarbeit im CVJM-Weltbund. Es gelang ihm, die drängenden Themen des Weltbundes den Mitgliedern und vielen Vereinen nahezubringen, sodass sich mehr und mehr Vereine der Weltdienstarbeit verpflichtet fühlten. Der Weltbund berief ihn in das höchste Gremium des Verbandes, das Präsidialkomitee. Auf der Weltratstagung 1973 in Kampala hielt er die Laudatio für den ausscheidenden Präsidenten. Sein Ökumeneverständnis zeigte sich in der Pflege der Beziehungen zur DJK, dem katholischen Sportverband und dem BDKJ. Walter Arnold schied im Herbst 1973 aus dem CVJM-Gesamtverband aus. Neue Aufgaben warteten auf ihn. Die Landeskirche berief ihn zum Referenten für Mission und Ökumene und Publizistik im Oberkirchenrat. Dort galt sein Interesse besonders der serbisch-orthodoxen Kirche, der koptischen Kirche in Ägypten und den Christen in Palästina. Und er widmete sich der Überwindung der Grenzen zwischen der katholischen und evangelischen Kirche in Württemberg.

Auf der Weltratstagung des CVJM-Weltbundes 1977 in Buenos Aires wurde er zum Präsidenten des Weltbundes gewählt. Als Generalsekretär stand ihm Hector Casselli zur Seite. Die CVJM in den lateinamerikanischen Staaten hatten zu der Zeit große Schwierigkeiten, von der katholischen Kirche akzeptiert zu werden. Junge Menschen wurden vor einer Verbindung mit dem CVJM gewarnt. Aus diesem Anlass bat Walter Arnold mit Hector Casselli um eine Audienz bei Papst Paul VI. Das Ergebnis war ein öffentliches Lob, verbunden mit dem päpstlichen Segen für die Arbeit des CVJM. Dieses positive Verhältnis des Heiligen Stuhls zum CVJM wurde durch Papst Johannes-Paul II. bestätigt, indem er dem Oberkirchenrat Walter Arnold[193] 1993 die Komturwürde des Gregoriusordens anlässlich der ökumenischen Wochen in Genf verlieh. Als Weltbundpräsident setzte er sich für eine gleichberechtigte Partnerschaft zwischen den CVJM der Industriestaaten und denen in den Schwellenländern und sich entwickelnden Staaten ein. Er propagierte das im Weltbund, was er im deutschen CVJM vertreten hatte. *Die Zeit, in der mächtige Nationalverbände oder CVJM-Organisationen ein überseeisches „CVJM-Imperium" aufgebaut haben, ist vorbei.*"[194]

Trotz der weltweiten Verpflichtungen ist Walter Arnold der lokalen Arbeit verbunden geblieben. Bis 1993 war er Vorsitzender des CVJM Stuttgart. Als Präsident des Weltbundes war Walter Arnold ja kein Hauptamtlicher. Seine Tätigkeit als OKR im Ökumenereferat ruhte nicht. Seine Dienste konnten zwar teilweise kombiniert werden, als aber eine neue Wahlperiode 1981 anstand, war klar, dass die vielfälti-

---

193 Walter Arnold war da nicht mehr Präsident des Weltbundes.

194 Walter Arnold in einem Referat auf der europäischen Sekretärskonferenz im Mai 1975

gen Verpflichtungen im Amt nicht mehr mit seiner ehrenamtlichen Tätigkeit zu vereinen waren. Jim Love aus Schottland wurde als neuer Präsident des Weltbundes gewählt. Walter Arnold war zudem zweiter Vorsitzender der Württembergischen Bibelgesellschaft und Mitglied im Missionsrat des Evangelischen Missionswerkes. Seit 1983 gehörte er dem Zentralausschuss des Ökumenischen Rates (ÖKR) an. Noch 1991 hat er an der Vollversammlung des ÖKR teilgenommen. Genannt sind hier nur einige seiner vielen nebenamtlichen Tätigkeiten. Es würde zu weit führen, sie alle aufzuzählen. 1992 begann sein Ruhestand. Er arbeitete weiterhin im Süddeutschen Rundfunk (SDR) und verschiedenen Gremien mit. Im SDR hielt regelmäßig Morgenandachten.

Anhaltende Bauchbeschwerden machten es nötig, dass er sich im Juli 1993 einem operativen Eingriff unterziehen musste. Dabei wurde ein bösartiges Geschwür in der Bauchspeicheldrüse festgestellt, das nicht mehr zu entfernen war. Der Professor erklärte ihm, dass er noch sechs Monate zu leben habe. *Nun muss ich an mir selbst beweisen, was ich ein Leben lang anderen gepredigt habe,* sagte er daraufhin seinem Freund Theo Sorg. Im Oktober 1993 sprach er im SDR über seine Krankheit und wies dabei auf die tragende Kraft hin, die ihm aus den Worten der Bibel geschenkt werde.

> *Ich bin meinem Gott unendlich dankbar, dass der Bescheid des Arztes … nicht dazu geführt hat, dass ich innerlich und äußerlich zusammengebrochen bin, … sondern dass es auch in Krisen des Lebens eine Glaubensgelassenheit gibt und dass ich diese erfahren habe.*[195]

Am 8. April 1994 ist er im Krankenhaus nach tiefer Bewusstlosigkeit in Gottes ewige Welt gegangen.

---

[195] Theo Sorg in einem Nachruf in „CVJM-Weltdienst – von der Auferstehung leben“, 1995

Matthias Dannenmann

Generalsekretär des CVJM-Gesamtverbandes von 1974 bis 1983

Matthias Dannenmann wurde am 9. Januar 1943 in Berlin geboren. Er wuchs in Faurndau/Göppingen, dem Heimatort seines Vaters, auf. Dort lebten auch dessen Schwester Luise Horch mit ihrem Mann Dr. Karl-Otto Horch, dem Begründer der Jungscharen im Reichsverband. Karl-Otto Horch leitete die Jungschar in Faurndau. *Dort habe ich auf eindrucksvolle Weise Jesus Christus kennengelernt. Die morgendliche Jungschar-Bibellese wurde zum festen Bestandteil meines Lebens.*

Mit 16 Jahren konnte Matthias Dannenmann an dem Schüler-Austauschprogramm des ICYE mit den USA teilnehmen. Er lebte bei einer Gastfamilie, die in der örtlichen Brethren-Church aktiv war.

Er besuchte anschließend die Jugenddorf-Christophorusschule Oberurff bei Fritzlar. Durch einen beeindruckenden Religionsunterricht angeregt, reifte in ihm der Wunsch, statt Medizin Theologie zu studieren. Er begann mit dem Theologie-Studium 1962 in Göttingen. Dort lernte er seine Frau Inge kennen. Sie studierte Germanistik und Theologie. Später, an der Universität Heidelberg, war er in intensiver Verbindung mit den Professoren von Rad, von Campenhausen, Kimm und Slenczka. Er war Hilfsassistent bei dem Alttestamentler Rolf Rendttorf und baute in seinem Team das Archäologische Seminar an der Theologischen Fakultät auf.

Nach dem Fakultätsexamen bekam Matthias Dannenmann eine Vikarsstelle in Leimen bei Heidelberg. Der Kirchenkreis Heidelberg-Land berief ihn während seines Vikariats zum Bezirksjugendpfarrer. Noch während seiner Vikariatszeit in Leimen wurde er als gebürtiger Berliner an die

Markuskirche in Berlin-Steglitz gerufen. Auf seinen Wunsch hin war er in den letzten Monaten seiner Vikarszeit Gefängnisgeistlicher in der Untersuchungshaftanstalt Moabit, um diese besondere Arbeit kennenzulernen. In Berlin, im Johannesstift, wurde Matthias Dannenmann 1969 ordiniert.

1970/71 war Matthias Dannenmann im Auftrag des CJD an der North Yarmouth Academy, Maine, USA, tätig und unterrichtete Philosophie und Deutsch, seine Frau Französisch. Zu seinem Auftrag gehörte auch die pädagogische Begleitung der Jugendlichen im Internat. Von dort baute er einen internationalen Schüler- und Lehreraustausch zwischen privaten Internatsschulen in den Neuengland-Staaten und den Jugenddorf-Christophorusschulen des CJD auf. Nach seinem Aufenthalt in Maine wechselte er aus der Berliner Landeskirche in das CJD.

Er vertrat das CJD in den Gremien des CVJM-Gesamtverbandes und nahm 1973 an der Weltratstagung des Weltbundes der YMCA in Kampala/Uganda teil. Dort wurde er vom Präses des CVJM-Gesamtverbandes, Hermann Kupsch, und dem kommissarischen Generalsekretär, Herbert Demmer, gefragt, ob er bereit sei, die Nachfolge von Walter Arnold als Generalsekretär des CVJM-Gesamtverbandes anzutreten. Nach der Rückkehr und Beratung mit der Familie und guten Freunden fand Matthias Dannenmann im Gebet die Antwort. Er sagte zu und wurde 1974 in Kassel vom damaligen Ratsvorsitzenden der EKD, Landesbischof Claß, in das Amt eingeführt.

In meiner Aufgabe als Generalsekretär hatte ich ein breites Aufgabenfeld mitzuverantworten. Die CVJM-Sekretärschule, Eichenkreuzsport, CVJM-Weltdienst, die Musik- und Posaunenarbeit, TEN SING entstand, die Fortbildung musste neu konzipiert werden. Die freizeitpädagogische Aufgabe von CVJM-Reisen mit dessen nationalen und internationalen Angeboten war mir wichtig. In Verbindung mit den Geschäftsführern Gerhard Elser und Fritz Kaufmann waren die Verwaltung und die Häuser des CVJM zu gestalten und zu prägen. Es gelang mir, mit Fritz Kaufmann die Familien- und Jugendstätte Haus Hintersee, Berchtesgaden, für den CVJM-Gesamtverband zu erhalten.

Im Laufe der Zeit bildeten sich u. a. folgende Schwerpunkte seiner Arbeit heraus: Wichtiges Anliegen war ihm die jugend- und verbandspolitische Aufgabe. Sein Ziel war, in enger Zusammenarbeit mit der AEJ, dem BDKJ, der DJK und anderen Verbänden der Jugend- und Jugendsozialarbeit, mit dem Diakonischen Werk in der EKD und direkt mit dem Familien- und Jugendministerium, Bonn, dem CVJM einen respektablen Standort unter den Jugendverbänden zu geben und dem CVJM mehr Gewicht in der Gesellschaft und den Kirchen zu verleihen.

In diesem Zusammenhang kam es zu den ersten jugendpolitischen Konferenzen des CVJM zu verschiedenen gesellschaftlichen Themen. Spannungen in der AEJ wegen eines unterschiedlichen Verständnisses von missionarischer und emanzipatorischer Jugendarbeit, unterschiedliche Auffassungen in der Jugend- und Gesellschaftspolitik blieben nicht aus. Als langjähriger stellvertretender Vorsitzender der AEJ war er von all diesen Fragestellungen betroffen. Der Wunsch einer direkten Mitgliedschaft des CVJM-Gesamtverbandes im Deutschen Bundesjugendring (DBJR) konnte nicht verwirklicht werden, weil von einigen Mitgliedsverbänden des CVJM die Zugehörigkeit zu den evangelischen Kirchen nicht belastet werden sollte.

Über allem stand die missionarische Herausforderung. Dannenmann gründete und leitete die Tage für Theologiestudenten in Willingen und Kassel. In regelmäßigen Konferenzen mit dem EC, MBK, Ring Missionarischer Jugendbegegnungen und der SMD wurden missionarische und strategische Ziele konzipiert. 1977 nahm der CVJM-Gesamtverband erstmals mit eigenen Programmen am Deutschen Evangelischen Kirchentag teil.[196] Dagegen gab es anfangs viele Widerstände. Die Anfrage des damaligen Kirchentagspräsidenten Richard von Weizsäcker, ob Matthias Dannenmann bereit sei, im Kirchentagspräsidium mitzuarbeiten, lehnte der Vorstand des CVJM-Gesamtverbandes ab.

Aber es war mir immer ein missionarisches Anliegen, auch auf dem Kirchentag, als CVJM vor vielen Menschen in aller Öffentlichkeit die Botschaft Jesu Christi zu verkündigen. Wichtig war mir, dass alle Aufgaben, die ich zu verantworten hatte, vom missionarischen Auftrag Jesu Christi geprägt waren.

Ihn beunruhigte, dass ein Teil des Lehrkörpers der CVJM-Sekretärschule immer wieder Positionen vertrat, die seiner Überzeugung nach den missionarischen Auftrag des CVJM nicht in aller Deutlichkeit erkennen ließen.

Zu den schönsten Erlebnissen in meiner Kasseler Zeit gehörten die Veranstaltungen in den Vereinen und Landesverbänden, die Bibelarbeiten, Vorträge und Gottesdienste, die ich halten durfte.

Vom Rat der EKD wurde er in die 6. Synode der EKD von 1979-1984 berufen. Er übernahm dort die Verantwortung in der Leitung einer der beiden Gesprächskreise der Synode. Matthias Dannenmann war auch Mitglied in der Jugendkammer der EKD.

Zudem mussten die werksinternen Probleme in Angriff genommen werden. Das Evang. Jugendwerk in Württemberg und das CJD stellten sich die Frage nach der Zugehörigkeit zum CVJM-Gesamtverband. Die AG der CVJM beanspruchte das Alleinvertretungsrecht der CVJM in Deutschland. Der LV Hannover wollte aus dem CVJM-Nordbund

---

196 Die CVJM-Posaunenchöre hatten schon vorher seit 1946 an allen Kirchentagen mitgewirkt.

austreten und direktes Mitglied im CVJM-Gesamtverband werden. Diese Probleme konnten in den folgenden Jahren im guten Einvernehmen gelöst werden.

Wichtig waren ihm die enge Zusammenarbeit und die Begegnungen mit den evangelischen Jungmännerwerken und dem Ostwerk in der damaligen DDR. Mit dessen Generalsekretär Hilmar Schmid verband ihn eine enge Beziehung – bis heute.

Auf dem internationalen CVJM-Parkett profilierte sich Matthias Dannenmann mit seiner klaren geistlichen Aussage. Er engagierte sich in Kooperation mit dem amerikanischen YMCA für eine Ausbreitung der Weltdienstarbeit. Eine besondere Freundschaft verband ihn mit dem indischen YMCA, dem YMCA in Ost-Jerusalem – insbesondere mit der Familie Nasir –, den YMCAs Kenia, Nigeria, Ghana, Sierra Leone, dem schottischen und norwegischen YMCA und dem späteren Weltbundpräsidenten Jim Love vom schottischen YMCA.

Nach seinem Ausscheiden aus dem CVJM-Gesamtverband 1983 war Matthias Dannenmann Kurator des CJD und Mitglied in der Geschäftsleitung. Bis 1995 war er im Vorstand des CVJM-Gesamtverbandes.

Im CJD hatte er folgende Schwerpunktaufgaben zu gestalten: die religionspädagogische Aufgabe, die Vertretung des CJD gegenüber der unternehmerischen Wirtschaft, den Kirchen und der Öffentlichkeit, das Sponsorenwesen, die internationalen Aufgaben, die Verantwortung für die Jugenddorf-Christophorusschulen.

1995 wechselte Dannenmann in die geschäftsführende Pfarrstelle in Bad Waldsee. So erfüllte sich sein Wunsch, nach seinen vielen bundes- und weltweiten Aufgaben einmal Pfarrer in einer örtlichen Gemeinde zu sein.

Nach seinem Wechsel aus der hauptamtlichen Tätigkeit in Bad Waldsee 2004 war es ihm wichtig, sich aufgrund seiner Lebens- und Berufserfahrungen einem wesentlichen Thema in Kirche und Gesellschaft zu stellen und darüber wissenschaftlich zu arbeiten. Er entschied sich, aufgrund der absehbaren enormen Veränderungen wegen der demografischen Entwicklung, den Kirchen und Gemeinden deutlich zu machen, die sogenannten „neuen Alten“ ins Blickfeld zu bekommen – auch als Chance für einen starken Gemeindeaufbau und eine wachsende Kirche. Sein Doktorvater war Prof. Dr. Michael Herbst von der Theologischen Fakultät der Ernst-Moritz-Arndt-Universität Greifswald. Die Promotion zum Dr. theol. erfolgte 2008 mit seiner Arbeit „Die Begleitung älterer Menschen durch Bildung, Gemeindeaufbau und Seelsorge – ein wachsender Auftrag christlicher Gemeinden in einer älter werdenden Gesellschaft“. Die Dissertation erschien 2009 als Buch im Weißensee Verlag, Berlin. Ein Text-Bild-Band, „Momente des Lebens“, der älteren Menschen Möglichkeiten neuer Lebensfreude eröffnen soll, erschien 2010.

Matthias Dannenmann lebt mit seiner Frau Inge in Gerlingen bei Stuttgart.

Hilmar Schmid

Fritz Hoffmann

Landeswart für Sachsen-Anhalt von 1935 bis 1966

Fritz Hoffmann wurde am 17. August 1906 in Ludwigshafen/ Rhein geboren, als sechstes Kind evangelischer Pfarrersleute. Durch einen Pfarrstellenwechsel nach Hinterweidenthal verlegte die Familie 1916 ihren Wohnsitz in die innere Pfalz, die zur eigentlichen Heimat des jungen Fritz wurde. Dort begann er im April 1919 auch seine Ausbildung und Laufbahn als Kaufmann, die ihn über mehrere Stationen im April 1927 zur Vertretung als Geschäftsführer in das Erholungsheim des Reichsverbandes der Evangelischen Jungmännerbünde in Dassel führte, um die ihn seine erkrankte Tante gebeten hatte. Diese Aushilfe leistete er etwa für ein halbes Jahr. Fritz schreibt:

> *Zum Dank für die Aushilfe vermittelte mir der Reichsverband der Evangelischen Jungmännerbünde Deutschlands in Kassel einen Aufenthalt in London zur Vervollkommnung in der englischen Sprache. Neben diesen Sprachstudien lernte ich den YMCA in London und England kennen und befasste mich eigentlich zum ersten Mal intensiv mit der christlichen Botschaft, zumal ich der Sprache wegen jeden Sonntag in einen Gottesdienst in London ging.*[197]

Wieder zurück in Deutschland schloss er sich dem Jünglingsverein in Einbeck an. Der für Fritz entscheidende Übergang von einer herkömmlichen, allgemeinen Zugehörigkeit zur evangelischen Kirche zu einem persönlich verantworteten und engagierten Glauben widerfuhr ihm 1928 bei dem großen Himmelfahrtsfest auf der Marienburg bei Nordstemmen, zu dem rund zehntausend Jugendliche zusammengekommen waren. Fritz schreibt:

> *Zum Abschluss des Festes legte Bischof D. Mahrarens im Schlosshof das Bild von Albrecht Dürer „Ritter trutz Tod und Teufel" so aus, dass es mich packte und ich mich an diesem Tage ganz Jesus Christus übergab. Diese Bekehrung hatte zur Folge, dass ich mich fragte, ob ich nicht mein Leben ganz in den Dienst der Verkündigung der frohen Botschaft stellen sollte.*

Fritz beantwortete diese Frage mit einem „Ja". Er bewarb sich beim Evangelischen Johannesstift in Berlin-Spandau zur Ausbildung als Diakon für kirchliche Jugendarbeit. Am 14. Januar 1929 begann diese Ausbildung. Im März 1932 war sie beendet, zum 1. April 1932 war er als Jugendwart in die Kirchengemeinden in Schneidemühl (heute Pila in Polen) gesandt worden. Dort blieb er bis zum 31. August 1935.

---

[197] Fritz Hoffmann im Gespräch mit Hilmar Schmid, vgl. „Das Himmelreich gleicht einem Kaufmann" wie auch alle übrigen Zitate

Die im Laufe der Zeit zunehmenden Schwierigkeiten mit der Hitlerjugend in Schneidemühl waren der Auslöser dafür, dass Fritz vom Leiter des Jungmännerwerkes Arnold Dannenmann als Landeswart für Sachsen-Anhalt berufen wurde. Der Dienstsitz sollte Magdeburg sein, die Werksarbeit sollte in Anhalt und der Kirchenprovinz Sachsen getan werden. Dort blieb er auch über seinen Ruhestand hinaus.

Im Vorfeld der Olympischen Spiele 1936 in Berlin gab es eine Initiative des CVJM-Ostwerkes auf Bitten des Organisationskomitees, die die USA bewegen sollte, ihren angedrohten Boykott der Spiele zurückzunehmen. Die Initiative hatte Erfolg. Dem CVJM und EC wurde zugestanden, auf dem Sportfeld in einem Großzelt abendliche Evangelisationen durchzuführen und das Olympische Jugendlager mitzuorganisieren und die Teilnehmer geistlich zu betreuen. Die Organisation des Jugendlagers wurde Fritz Hoffmann und dem CVJM-Sekretär Rudolf Klammt übertragen. Allmorgendlich hielten die beiden Andachten im Jugendlager, bei denen Posaunenchöre mitwirkten, und organisierten auf der Waldbühne interessant gestaltete evangelistische Abende.

Unterbrochen wurde Fritz Hoffmanns Dienst als Landeswart durch die Kriegsjahre. 1939 wurde er zur Wehrmacht eingezogen. Er meldete sich für den Sanitätsdienst. 1945 wurde er aus englischer Kriegsgefangenschaft entlassen und kehrte nach Magdeburg zurück.

Nach 1945 musste die evangelische Jugendarbeit in Sachsen-Anhalt neu aufgebaut werden. Die Zeit war geprägt durch die russische Besatzungsmacht und die spätere DDR-Regierung, die eine Jugendarbeit nur in enger Anbindung an die Evangelische Kirche erlaubten. Jungmännerwerk und Kirche danken Fritz, dass er bereits 1937 aus dem Theobaldistift in Wernigerode ein Freizeit- und Rüstzeitheim für junge Menschen gemacht hat, aus dem eine lange Geschichte des Segens hervorgegangen ist.

In gleicher Weise geht die heutige Existenz der Jugendfreizeit- und -Bildungsstätte auf seinen Ideenreichtum und seine Tatkraft zurück, als 1947 das Schloss Mansfeld der Kirche durch die damalige Regierung der DDR zur Verfügung gestellt wurde[198]. Die kirchliche Jugendarbeit der Jahre 1947 bis 1990 in Sachsen-Anhalt ist kaum vorstellbar ohne diese Stätte der geistlichen Zurüstung und Begegnung.

Fritz war der Initiator der Petersbergtreffen zu Himmelfahrt, die 1947 begannen und bei denen sich zu besten Zeiten ca. 5.000 junge Menschen versammelten. Die Ausstrahlungskraft dieser jährlichen Treffen war erheblich.

Es war die Zeit, in der die Jugendwarte ständig in der Gefahr standen, wegen unbedachter Handlungen und Äußerungen oder falscher Anschuldigungen verhaftet und inhaftiert zu werden. Der Landeswart Fritz Hoffmann aus Magdeburg war einer von ihnen; er wurde im Februar 1953 verurteilt und saß drei Monate im „Roten Ochsen“ ein. Nach den Gesprächen zwischen den Kirchen und der Regierung zur Entspannung der Lage kam wieder frei.[199]

Und schließlich gelang Fritz mit dem Aufbau der Versandstelle und dem Filmdienst in Magdeburg, kirchliches Informationsmaterial für Gemeinde- und Jugendarbeit bereitzustellen und zu vertreiben, auf das viele Gemeinden und Mitarbeiter in den Kirchen der DDR nicht mehr hätten verzichten wollen. Und mit dem finanziellen Gewinn wurden Huberhaus und Schloss Mansfeld unterhalten, so gut es ging.

Dann kam der Ruhestand, der nochmals 19 Jahre ausfüllte. Was vorher nur begrenzt möglich war, für sein Werk und seine Kirche in der Allianzbewegung, in der Evangelistenkonferenz, im Evangeliumsrundfunk und im Lausannekomitee tätig zu sein und Initiativen bzw. Arbeitsergebnisse

---

198 Zu Schloss Mansfeld, vgl. „Die Jungmännerwerke in der DDR“, „Rüstzeitheime“

199 Vgl. „Die Jungmännerwerke in der DDR“

dieser Arbeitsgemeinschaften in Kirchengemeinden zu vermitteln, das machte er jetzt mit ganzen Zeiteinsatz als Ehrenamtlicher. So blieb er der Aufgabe seiner Berufung treu bis zum Ende seines Lebens. Drei Tage bevor er heimgerufen wurde, leitete er auf Schloss Mansfeld eine „Bonhoeffer-Tagung“ des Freundeskreises. So schloss sich der Kreis seines Lebens: „Gottes Stimme lasst uns sein, rufen in die Welt hinein: Jesus lebt und Jesus siegt, alles ihm zu Füßen liegt!“.

Von der Persönlichkeitsstruktur her gesehen war Fritz ein kluger, überaus tatkräftiger Mann, der es hervorragend verstand, eine große Zahl von Frauen und Männern für die Mitarbeit in den von ihm verantworteten Arbeitsbereichen zu gewinnen und zu motivieren.

Das die ganze Persönlichkeit absolut Prägende aber war seine Willenskraft, die Jesusbotschaft, wie er sie für sich selbst empfangen, verstanden und verarbeitet hatte, jedem jungen Menschen als Freudenbotschaft nahezubringen und den Hörer zu versichern, dass er bei persönlicher Annahme dieser Botschaft Ziel und Ordnung und ein unerwartetes Maß an Freiheit in seinem Leben erlangen könne. Aus diesem einen Ziel lassen sich fast alle seine Aktivitäten und Einsätze ableiten. Er verstand sich als Freudenbringer.

Zu seinem Kummer konnte seine Frau Hildegard, die er noch vor dem Kriege geheiratet hatte, diesen unermüdlichen, missionarischen Eifer nicht mittragen, sodass es trotz dreier gemeinsamer Kinder (geboren 1936, 1940, 1946) nach einer langen belastenden Zeit des Nebeneinanders Anfang 1959 zur Scheidung kam. Dass Fritz die Freiheit gewann, sich nochmals zu verheiraten, ist der Tatsache zu verdanken, dass sich Hildegard wieder verheiratet hatte und nach Westdeutschland zog.

Seine zweite Ehe mit der Krankenschwester Ursula, geb. Arlt, war für Fritz und das Werk ein Glücksfall. Denn mit Ursula zusammen wurde er tätig in der Verbreitung der Literatur, die das Ehepaar Trobisch in Westdeutschland herausgegeben hatte. Seine Ursel hat ihn in der zweiten Hälfte seines Lebens begleitet, ihm geholfen, ihn versorgt und gelegentlich korrigiert. Wegen Rückführungsforderungen mussten Hoffmanns ihre Magdeburger Wohnung räumen und zogen in das evangelische Johannestift in Berlin-Spandau, seiner geistlichen Heimat. Dies wurde nun für das kurze Stück Weg, das er noch zu gehen hatte, seine neue Heimat, im Kreise der Brüderschaft, in der er einstmals seinen Weg begonnen hatte. Am 4. Juni 1996 ist er von Gott heimgerufen worden.

In diesen Jahren hat ihn die Öffentlichkeit als einen authentischen Mann wahrgenommen, der ohne „Heiligenschein" seinem Auftrag und seiner Botschaft absolut verpflichtet war, ein Prediger der frohen Botschaft in Wort und Schrift, ohne in das Image eines „Bußpredigers" zu geraten, seelsorgerlich treffsicher in seiner Verkündigung und mit großer Treue und Zuverlässigkeit gegenüber Menschen, die sich an ihn gewandt hatten, um seine Hilfe, seinen Rat oder auch seine Unterstützung zu erbitten.

Jürgen Wehrs

Hermann Kupsch

Präses des CVJM-Gesamtverbandes von 1969 bis 1987

In der Geschichte des CVJM-Gesamtverbandes hat Hermann Kupsch in seiner Eigenschaft als ehrenamtlicher Mitarbeiter in führenden Ämtern eine nachhaltige Rolle gespielt. Von Beruf ist Kupsch Kaufmann; er war Inhaber eines Lebensmittelunternehmens mit Sitz in Würzburg.

In seiner Heimatstadt Würzburg, in der er am 24. September 1918 geboren wurde, trägt er in der CVJM-kundigen Öffentlichkeit den Ehrentitel „Mister CVJM". Und dass man in dieser

Stadt vom CVJM einen Begriff hat, liegt wiederum an Hermann Kupsch. Mit 16 Jahren wurde er hier Mitglied im CVJM und engagierte sich nach dem Zweiten Weltkrieg beim Wiederaufbau der CVJM-Arbeit. Dabei kamen ihm seine Kontakte zu den amerikanischen Besatzern sehr zugute. Den amerikanischen YMCA hatte er schon vor dem Krieg kennengelernt.

So wundert es nicht, dass es vor allem CVJMer waren, die Hermann Kupsch auch geistlich geprägt haben. Hier sind besonders der Reichssekretär Gustav Adolf Gedat und der Würzburger CVJM-Sekretär Oskar Zeiß zu nennen, die er bei Evangelisationen wie auch in der praktischen Arbeit erlebte. Zu beiden hatte er lang anhaltende Kontakte. Wenige Jahre nach dem Zweiten Weltkrieg lernte er durch einen CVJM-Termin in Frankfurt am Main, der eigentlich kein CVJM-, sondern ein Familientermin war, seine spätere Frau Christa kennen. Ihr Vater war der Schatzmeister des CVJM Frankfurt.

Nach und nach engagierte sich Kupsch auf allen Ebenen des CVJM und nahm hier auch jeweils für längere Zeitabschnitte Leitungsaufgaben wahr. 1945 wurde er Vorsitzender des CVJM Würzburg; von 1955 an war er Mitglied im Vorstand des CVJM-Landesverbandes Bayern. Im selben Jahr wurde er auch in den Hauptausschuss des Reichsverbandes der Evangelischen Jungmännerbünde mit Sitz in Kassel berufen und sieben Jahre später in dessen Vorstand gewählt.

Ende der sechziger Jahre zeichnete sich in der Struktur und Arbeit des Reichsverbandes ein Umbruch ab. Die Verwendung des Wortes „Reich“ in seinen verschiedenen Verbindungen (Reichsverband, Reichsvertretung, Reichswart, Reichstagung) war im geteilten Deutschland vor allem bei der jüngeren Generation nicht mehr zu vermitteln. Auch die sogenannte Geschlechterfrage stand auf der Tagesordnung, nachdem sich abzeichnete, dass im CVJM immer mehr Mädchen und junge Frauen mitmachten. Und schließlich hatte der Reichsverband die Nachwirkungen einer schweren finanziellen Krise, die im Zusammenhang mit Fehlverwendungen öffentlicher Gelder Anfang der sechziger Jahre entstanden war, durchzustehen.

In dieser Situation wurde Hermann Kupsch Präses des Reichsverbandes, und er machte sich sogleich an die Neuordnung der nationalen CVJM-Arbeit. Mit ihm kamen auch andere Vertreter einer neuen Generation in die Leitungsverantwortung des Vorstandes. Als klar profilierter CVJMer und als Mann aus der Wirtschaft nahm Hermann Kupsch 1969 die Herausforderung an, Präses des Reichsverbandes zu werden. Unter seiner Leitung änderte der Reichsverband seinen Namen noch im selben Jahr in CVJM-Gesamtverband um, gab sich eine neue Satzung und verfolgte bei der Neuordnung der Finanzen des Gesamtverbandes einen klaren Sanierungskurs. Mit seiner Unterstützung erfolgte auch die Namensänderung von Christlicher Verein Junger Männer in Christlicher Verein Junger Menschen. An der eingeführten und weithin bekannten Abkürzung CVJM musste sich dadurch nichts ändern.

Um die Arbeit im Gesamtverband wirtschaftlich zu sichern, setzte er sich für eine bauliche Erneuerung der Häuser des Gesamtverbandes ein. Da, wo eine Rentabilität nicht zu erwarten war, trennte man sich auch schon einmal von einer Einrichtung. Bei allem Bemühen um die wirtschaftliche Gesundung des Gesamtverbandes verlor Hermann Kupsch ein Ziel nie aus den Augen, das sich in dem von ihm gern zitierten Satz ausdrückte: „Die Hauptsache ist, dass die Hauptsache die Hauptsache bleibt." Der Auftrag, den CVJM als einen christlich-missionarisch orientierten Verband für die Jugend- und Junge-Erwachsenen-Arbeit erkennbar zu erhalten, stand und steht für ihn über allem. Im CVJM sollte drin sein, was drauf stand.

Wichtig war ihm, dass in der nationalen CVJM-Arbeit die staatliche Teilung nicht das letzte Wort haben konnte. So veranlasste er auf der Leitungsebene regelmäßige Treffen zwischen dem CVJM-Gesamtverband und dem Evangelischen Jungmännerwerk in der DDR, mit denen vielfach auch eine praktische Unterstützung der christlichen Jugend- und Junge-Erwachsenen-Arbeit in der DDR verbunden war. Als sich nach 1989 im Gebiet der ehemaligen DDR die CVJM-Landesverbände neu gründeten, konnten die lange gepflegten Kontakte für den Neuaufbau der CVJM-Arbeit genutzt werden.

Hermann Kupsch erkannte, dass sich der CVJM neuen Formen der Jugendarbeit nicht verschließen darf, wenn sie dem Ziel seiner Arbeit dienen. So unterstützte er nachdrücklich das Bekanntmachen der aus Norwegen kommenden TEN SING-Bewegung und die Gründung von TEN SING-Gruppen im deutschen CVJM.

Parallel zu seinen Funktionen auf örtlicher, regionaler und nationaler CVJM-Ebene engagierte sich Hermann Kupsch auch im weltweiten Netzwerk des CVJM. Von 1969 bis 1985 gehörte er den Exekutiv- bzw. Finanzkomitees des CVJM-Weltbundes an und nahm an sieben Weltratstagungen teil. Hier verstand er sich als Brückenbauer sowohl im Zusammenspiel der nationalen CVJM-Bewegungen untereinander als auch in der Verbindung zwischen örtlicher, nationaler und internationaler Arbeit, die keine Hierarchie von oben nach unten kennt.

Da für ihn schon die Teilnahme an der 100-Jahr-Feier des CVJM-Weltbundes 1955 in Paris ein bewegendes Erlebnis war, war er an der Gestaltung eines anderen großen CVJM-Treffens maßgeblich beteiligt. Das war die 100-Jahr-Feier des CVJM-Gesamtverbandes 1982 in Kassel, u. a. mit einer großen Festversammlung im Aue-Stadion. Diese Feier war für ihn deshalb so wichtig, weil sie, wie er es selbst formulierte, „uns besonders deutlich ins Bewusstsein rückt, dass wir in einer ununterbrochenen Segenskette stehen von den Gründern des Werkes bis heute". Hermann Kupsch sah die Notwendigkeit, dass sich der CVJM auf die aktuellen Anforderungen an eine christliche Jugend- und Junge-Erwachsenen-Arbeit einstellen musste, und unterstützte entsprechende Aktivitäten nach Kräften, wenn sie ihm dem Zweck der CVJM-Arbeit zu dienen schienen; zugleich sah er im Erbe der CVJM-Geschichte aber keine Last, sondern eine Verpflichtung, nicht aus der Segensspur dieser Arbeit auszuscheren.

Als Hermann Kupsch 1987 aus dem Amt des Präses des CVJM-Gesamtverbandes ausschied, ging sein Interesse an der CVJM-Arbeit keineswegs zurück. 1992 gründete er die Hermann-Kupsch-Stiftung und später zwei Unterstiftungen, die den Zweck haben, die CVJM-Arbeit gezielt finanziell zu unterstützen. Das Stiftungskapital, das inzwischen mehr als zwei Millionen Euro beträgt, kam aus dem Erlös seines Lebensmittelunternehmens, das er auf Druck der Banken an einen Marktführer verkaufen musste. Seit 1992 konnten viele Projekte im CVJM mit insgesamt mehr als einer Million Euro gefördert werden. In der Geschichte des deutschen CVJM ist dies eine beispiellose Unterstützungsinitiative eines einzelnen CVJM-Mitarbeiters.

Zum 90. Geburtstag von Hermann Kupsch erschien 2008 eine Festschrift mit dem Titel „Hermann Kupsch – ein Unternehmer des CVJM". Damit ist nicht ausgedrückt, dass er den CVJM zu einem Wirtschaftsunternehmen gemacht hätte, sondern in diesem Titel drückt sich aus, welchen unternehmerischen Geist er sowohl bei der inhaltlichen als auch bei der wirtschaftlichen Gestaltung des CVJM entwickelt hat. Er gehört zu den Menschen, die ihre Gaben in der ehrenamtlichen Arbeit eines christlichen Jugendverbandes nachhaltig eingesetzt und die wirtschaftlichen Erträge ihres Unternehmens nicht für private Zwecke „verjubelt", sondern zur Finanzierung von Baustellen in der Reichs-Gottes-Arbeit zur Verfügung gestellt haben.

Ulrich Parzany

Generalsekretär des CVJM-Gesamtverbandes von 1984 bis 2005

Ulrich Parzany wurde im März 1941 in Essen geboren. Seine Eltern waren in der Bekennenden Kirche engagiert, sein Vater arbeitete in der Jugendarbeit von Pfarrer Wilhelm Busch im Weigle-Haus Essen mit. Während der Bombenangriffe auf das Ruhrgebiet wurden Parzanys, wie viele andere Familien, in vermeintlich sichere Gebiete evakuiert. Familie Parzany kam in den Schwarzwald, dann in den Westerwald, wo sie ausgebombt wurde. Nach Ende des Krieges kehrte sie ins zerstörte Essen zurück. Dort besuchte Ulrich die Volksschule und danach das Humanistische Burg-Gymnasium. Mit dem Abitur 1960 erwarb er auch gleich das Graecum und Hebraicum.

Während seiner Schulzeit besuchte Ulrich die Jugendarbeit des Weigle-Hauses. Er begeisterte sich für Boxen, Hockey und Fußball. *Totschlagen der Langeweile*[200] nennt das Parzany. Unter dem Einfluss von Wilhelm Busch, dem Leiter des Weigle-Hauses, fand er zum Glauben an Jesus Christus. Nach einer Bibelstunde über Hebräer 11,22 wurde Ulrich klar, *dass mich Gott im hauptamtlichen Dienst haben will.* Er beschloss, sein Berufsziel Ingenieur zu ändern. Ulrich studierte in Wuppertal, Bonn, Göttingen und Tübingen Evangelische Theologie, belegte in Göttingen aber auch Volkswirtschaft. Es waren vor allem Karl Heim, Joachim Jeremias, Otto Michel und Otto Weber, die seinen weiteren theologischen Werdegang beeinflussten. Da Ulrich die Kenntnis der alten Sprachen von der Schule mitbrachte, konnte er bereits 1964 sein erstes Theologisches Examen machen.

---

200 Alle Zitate aus einem Interview mit dem Autor am 19. Januar 2010

In Göttingen arbeitete Ulrich in der Studentenmission in Deutschland (SMD) mit. In der Studentengruppe lernte er seine spätere Frau Regine Drunk kennen. 1964 verlobten sie sich. Regine ging danach als Lehrerin in den Harz, Ulrich als Vikar nach Jerusalem. Er arbeitete in der deutschen Gemeinde und im Internat der arabischen Lutherischen Sekundarschule in Beit Jala. Parzany beendete nach seiner Rückkehr seine theologische Ausbildung bis zum Herbst 1966 am Predigerseminar in Essen. Danach war er ein halbes Jahr Synodalvikar im Kirchenkreis Bonn. Im April 1967 legte er das zweite Theologische Examen ab. Es folgte die Berufung zum Jugendpfarrer und Leiter des Weigle-Hauses in Essen. Er heiratete Regine im April 1967. Das Ehepaar bekam eine Tochter und zwei Söhne.

Ulrichs evangelistische Begabung kam sowohl in der örtlichen Arbeit in Essen als auch in Vortragswochen, zu denen er bald eingeladen wurde, zum Zuge. Von Wilhelm Busch übernahm er die Praxis, Evangelisationswochen mit Jugend- und Mitarbeiterfreizeiten der Essener Jugendarbeit zu verbinden. Sicher der wichtigste Teil seines Dienstes in dieser Zeit waren die regelmäßigen Sonntagsgottesdienste im Weigle-Haus.

Ende 1982 wurde Ulrich Parzany von Hermann Kupsch, dem Präses des CVJM-Gesamtverbandes, angefragt, die Nachfolge vom Matthias Dannenmann als Generalsekretär des CVJM-Gesamtverbandes anzutreten.

> *Ich konnte mir das gar nicht vorstellen, in eine strukturelle Arbeit zu gehen. Hermann Kupsch, Herbert Demmer und Konrad Eisler haben mir aber deutlich gemacht, dass ich in diesem Dienst einen evangelistischen Schwerpunkt setzen sollte. Das missionarische Profil des CVJM sollte gestärkt werden.*

Parzany war Vorsitzender der missionarischen Jugendkongresse Christival 1976 in Essen und Christival 1988 in

Nürnberg. *Die Zusammenarbeit mit anderen missionarischen Jugendbewegungen entsprach der Brückenbaueraufgabe des CVJM und verstärkte im CVJM und weit darüber hinaus die jugendmissionarische Arbeit.* Das missionarische Engagement stieß innerhalb des CVJM nicht überall auf Zustimmung, gelegentlich auch auf Widerstand. *Mein erstes Ziel war, den missionarischen Impuls zu stärken. Während meiner Zeit gab es in dieser Hinsicht in der Konferenz der Generalsekretäre immer Einigkeit.* Ulrich Parzany war daran gelegen, die Einmütigkeit der Mitgliedsverbände im Gesamtverband zu fördern. Die Akzeptanz der Arbeit der CVJM-Sekretärschule musste in wichtigen Bereichen der Mitgliedsverbände gestärkt werden. Parzany selbst unterrichtete Evangelistik und führte mit den Studierenden Lehrevangelisationen durch. Als Generalsekretär des CVJM-Gesamtverbandes arbeitete er im Vorstand der Arbeitsgemeinschaft der Evangelischen Jugend (aej) mit. Der Weltbund der CVJM erforderte ein starkes Engagement. Nach der Weltratstagung 1985 in Nyborg Strand, Dänemark, begann ein intensives Ringen darum, ob der CVJM Südafrika wegen der Apartheid aus dem Weltbund ausgeschlossen werden sollte oder ob in diesem Verband eine Erneuerung bewirkt werden konnte. Eine Delegation des Weltbundes, zu der auch Parzany gehörte, informierte sich vor Ort über die Situation. Parzany konnte dazu beitragen, dass der südafrikanische CVJM ein Statement zur Überwindung der Apartheid verfasste. Nach der Weltratstagung 1988 in Aruba begann ein weltweiter Prozess, die Grundlagen und Ziele des Weltbundes zu überprüfen. Der „Mission Review Process" wurde auf den Weg gebracht, der 1998 bei der Weltratstagung in Frechen vorläufig damit abgeschlossen wurde, dass ein Dokument mit der Bezeichnung „Challenge 21" verabschiedet wurde. Die Pariser Basis wurde weiter als gültige Grundlage des Weltbundes beibehalten. Ulrich Parzany hat dazu beigetragen, dass Caesar Molebatsi, der Gründer der dynamischen missionarischen Jugendarbeit Youth Alive in Soweto, zunächst Vorsitzender des CVJM Südafrika und später Präsident des CVJM-Weltbundes wurde. Die Verbundenheit mit Caesar Molebatsi war durch die Lausanner Bewegung für Weltevangelisation entstanden, in der sich Parzany schon seit 1974 engagierte. Für den europäischen Zusammenschluss dieser Bewegung übernahm Parzany auch einige Zeit in den 90er Jahren den Vorsitz.

Schon in der Vorbereitung auf die per Satellit übertragene Großevangelisation mit Billy Graham 1993 in Essen arbeitete Ulrich Parzany als Vorsitzender im Trägerkreis ProChrist mit. Ab 1995 in Leipzig war er der Hauptredner der folgenden ProChrist-Evangelisationen. Aus seiner missionarischen Arbeit entstanden eine Reihe von Büchern.

In Parzanys Amtszeit als Generalsekretär fiel die friedliche Revolution in der DDR. Die Wiedervereinigung mit den Jungmännerwerken und den CVJM-Landesverbänden, die sich im Osten des wiedervereinigten Deutschlands gebildet hatten, war eine große Aufgabe, die Parzany im CVJM-Gesamtverband hielten. Unter dem Vorsitz von Günter Steffenhagen und der Geschäftsführung von Ulrich Parzany entwickelte die sogenannte Gemeinsame Kommission Lösungen für einen gemeinsamen Weg der Mitgliedsverbände aus den alten und neuen Bundesländern. Ein Höhepunkt in Parzanys Amtszeit war sicher die Feier zur Wiedervereinigung am 20. April 1991 in Kassel.[201]

1998 bekam Parzany für seine Verdienste um Jugendarbeit, Mission und Seelsorge das Bundesverdienstkreuz verliehen.

Ulrich Parzany hat durch seine Beziehungen sehr stark mit dazu beigetragen, dass die Pläne für die Beteiligung des CVJM an der Weltausstellung EXPO 2000 in Hannover umgesetzt werden und die Evangelische Allianz und World

201 Vgl.: Die Jungmännerwerke formieren sich neu

Vision als Partner gewonnen werden konnten. Parzany war einer der drei Direktoren des „Pavillons der Hoffnung“.[202]

2005 wurde Ulrich Parzany im Beisein des CVJM-Weltbundpräsidenten Cäsar Molebatsi in den Ruhestand verabschiedet. Er konzentrierte sich danach auf evangelistische Verkündigung in dem europäischen Projekt ProChrist. Er blieb weiter schriftstellerisch tätig. Fernsehsendungen für ProChrist TV in Zusammenarbeit mit dem ERF kamen hinzu sowie von 2006 bis 2009 monatlich die „Gottesdienste als Entdeckungsreise“ in der Berliner Kaiser-Wilhelm-Gedächtniskirche.

Sportliche Aktivitäten waren Ulrich Parzany während seines Dienstes im CVJM nicht vergönnt. Im Ruhestand fand er im Golfsport eine Gelegenheit, sich fit zu halten.

Albrecht Kaul

Fritz Reschke

Landeswart in Sachsen von 1971 bis 1978

Geboren wurde Fritz Reschke am 5. Januar 1921. Es gab keinen so bezaubernden Jugendwart wie Fritz Reschke. In der amerikanischen Kriegsgefangenschaft begann er, sich kleine Taschenspielertricks anzueignen. Als Ehrenamtlicher wollte er nach dem Krieg wieder in die Jugendarbeit, doch er konnte weder singen noch kam er mit einem Musikinstrument zurecht. So hat er im Laufe der Zeit seine Künste so perfektioniert, dass er bei Kindern nur „der Zauberer“ genannt wurde. Schließlich war dies auch sein Markenzeichen, obwohl er unheimlich spannend erzählen konnte und seine Verkündigung treffend, gewinnend und tiefgründig war.

---

202 Vgl. die ausführliche Darstellung unter „EXPO 2000“ im Teil 1

Als 15-Jähriger kam er beim CVJM Dresden zum Glauben. Eigentlich ist er dorthin gegangen, weil er gern Tischtennis spielte. Sein Vorbild und Lehrer war Sachsenmeister, aber dieser hatte ihn eingeladen, sein Leben unter der Regie und den Regeln Jesu zu leben. So wurde der CVJM dem Maschinenbauerlehrling eine zweite Heimat.

Den Krieg hat er vom ersten bis zum letzten Tag mitmachen müssen. Er war in Frankfurt und Norwegen stationiert, gehörte zur technischen Truppe der Funkabhörung und kam in amerikanische Kriegsgefangenschaft. In Hof haben sie unter freiem Himmel campieren müssen. Nach dem Potsdamer Abkommen wurden die Gefangenen an die sowjetischen Truppen übergeben. Er kam nach Plauen und lernte am Lagerzaun ein junges Mädchen kennen, das sich für den jungen sympathischen Soldaten interessierte. Bald war eine lockere Zaunlatte gefunden und Fritz büchste öfters mit seinem Freund aus und waren so in einer Plauener Familie zu Gast – nicht ohne die Latte immer wieder provisorisch zu befestigen.

Ende 1945 kam er in die Freiheit (und nicht nach Sibirien!) und er reiste zu seinen Eltern nach Dresden. Sie hatten das Feuerinferno der Bombardierung unbeschadet überlebt und freuten sich, ihren Sohn lebendig und gesund zurückzubekommen. Aber der sagte nach einiger Zeit: *Ich habe da etwas in Plauen vergessen* und holte seine Braut nach Dresden. 1947 heirateten sie und aus der Inge wurde bald die legendäre „Egni“, weil in einer Jugendfreizeit es zum Spaß gehörte, die Worte halt rückwärts zu sprechen.

Der Pfarrer der Versöhnungsgemeinde in Dresden erkannte das Talent für Jugendarbeit in Fritz und überredete ihn, eine Kurzausbildung im Diakonenhaus Moritzburg zu absolvieren. Nach wenigen Jahren Gemeindearbeit berief ihn das Jungmännerwerk Sachsen zum Landesjugendwart und sein Wirkungskreis erstreckte sich bald weit über Sachsen hinaus. Wenn er mit seinem schweren Motorrad mit Boxermotor vorfuhr, hatte er die begeisterten jungen Männer schon auf seiner Seite. Seine Verkündigung kam ohne alle Fremdwörter aus und das machte sie so lebensnah und überzeugend für junge Männer. *Rede nicht zu theologisch – logisch reicht.* Seine Stärken machten ihn zum beliebten Referenten bei Kinder- und Konfirmandentagen. Es war erstaunlich zu beobachten, wie eine Kirche voller quirliger Konfirmanden nach drei Sätzen von Fritz Reschke zur gespannten Zuhörerschaft wurde. Mancher Kinderkirchentag mit über 1000 Kindern war nur von „Onkel Fritz" zu bändigen.

Als 1971 Herbert Gehre das Jungmännerwerk verließ und Rainer Dick berufen wurde, musste er die Leitung des Jungmännerwerkes übernehmen. Eine Aufgabe, die ihm nicht leicht fiel. Er war froh, als 1978 Albrecht Kaul nachrückte und er ungehindert zum Reisedienst im Lande unterwegs sein konnte. Weit über seinen Ruhestand hinaus ist er durch die Lande gereist und hat als Rentner sein Wirkungsfeld – nach dem Fall der Mauer auf ganz Deutschland – ausweiten können; und alle waren von seiner handfesten, knappen Verkündigung und seinem Zaubern begeistert.

30 Jahre lang hat er mit seiner Frau „Egni" die Jugendrüstzeiten in Lancken-Granitz auf Rügen geleitet. Erst eine Aufbaurüstzeit, um das Haus für den Sommer instand zu setzen, dann eine Rüstzeit für Junge Erwachsene und schließlich zwölf Tage mit Jungen von 14 bis 17 Jahren. In 30 Jahren sind so Tausende geprägt und unter schwierigsten Versorgungsmöglichkeiten von Egni und ihrem Team verpflegt worden.

Auch in den letzten Wochen seines Lebens ist er allen Besuchern und seiner Familie ein Beispiel für unkomplizierten Glauben geblieben. Er wusste, dass es „nach Hause" geht und hat dann auch lebensverlängernde Maßnahmen abgelehnt. Am 5. Januar 2007 wurde er von seinem Herrn in die Ewigkeit gerufen. Auf seiner Beerdigung wurde gelacht und Beifall geklatscht, als seine Tochter den legendären immerwährend wasserspendenden „Krug aus Indien“ als ein Beispiel für das Leben von Fritz den Trauergästen vorstellte. Gefüllt von Gottes Liebe konnte Fritz austeilen, immer wieder und immer wieder. Mehr wollte er nicht und das haben unzählig viele Jugendliche erlebt und begriffen.

Hilmar Schmid

Generalsekretär des Bruderrates der Evangelischen Jungmännerwerke in der DDR von 1970 bis 1982

Hilmar Schmid wurde am 7. August 1933 in Berlin-Charlottenburg als Sohn eines Flugzeugbauers und einer Putzmacherin geboren. Ab Ostern 1940 besuchte er die Grundschule in Jüterbog. 1944 kam er auf die Oberschule. Eine Aufnahmeprüfung in einer national-politischen Schule schaffte er wegen fehlender sportlicher Leistungen nicht. Mit Stolz war Hilmar Schmid Mitglied der Pimpfe und des Jungvolks, trug Braunhemd und Halstuch und durfte an einem Ausbildungslager für „Führernachwuchs“ teilnehmen. Mit dem „Jungvolk“ kam es zum Bruch, als sein Führer im Ausbildungslager damit prahlte, einem Polen die Haare abgeschnitten und verspottet zu haben.

Das Kriegsende und die damit verbundene Besatzung durch die Rote Armee brachten auch für die Schmids Jahre großer Not. Vater Schmid, 1946 aus amerikanischer Kriegsgefangenschaft heimgekehrt, erlitt einen Schlaganfall und wurde Invalide. Er starb im Februar 1951.

Im Juni 1952 machte Hilmar Schmid unter schwierigen schulischen Voraussetzungen das Abitur. In der Schule kam er mit Mitgliedern der Jungen Gemeinde in Kontakt. Die Diskussionen mit ihnen um Grundsatzfragen des Lebens brachten ihm und seinen beiden Schwestern 1948 eine Einladung zur Jungen Gemeinde der St. Nikolai-Gemeinde in Jüterbog ein. Die Jugendstunden und Bibelarbeiten des ehemaligen CVJM-Sekretärs Erich Lüdersdorf und die ungewohnte Umgangsweise der jungen Menschen untereinander setzten einen Umdenkungsprozess bei Hilmar in Gang, sodass er im Rückblick sagen kann: *In diesem Prozess von 1949 bis 1952 bin ich selbst zum erklärten und bekennenden Christen geworden.*[203]

Ein Jahr vor dem Abitur kam Hilmar nach einem Vortrag über das Wort aus Matthäus 9,37: „Die Ernte ist groß, aber wenige sind der Arbeiter“ der Gedanke, Pfarrer zu werden. Wenige Wochen vor dem Abitur machte er die Entscheidung fest, dem erkannten Ruf zu folgen, statt Mathematik und Physik zu studieren.

Von 1952 bis 1957 studierte er an der Humboldt-Universität in Berlin Theologie. Während dieser Zeit leitete er in Jüterbog an den Wochenenden Kinder- und Jugendgruppen.

Zur Zeit seines Studiums wird der Landesjugendkonvent in Brandenburg gegründet, in dem Hilmar Schmid mitarbeitete. Dort lernte er seine Frau Christel kennen. Es folgten ein Vikariat in Bad Saarow, das zweite Theologische Examen am 22. April 1959 und die Hochzeit am 16. Mai. Hilmar Schmid war vier Jahre Pfarrer in Selchow bei Storkow/Mark und hatte dort in den letzen Jahren das Amt des Kreisjugendpfarrers inne. Es folgte ein Ruf in eine der drei zerstrittenen Gemeinden in Luckenwalde. *Im Rückblick waren die Jahre von 1963 bis 1970 eine Zeit aktiver gemeindlicher und zugleich entwickelter ökumenischen Zusammenarbeit.*

Anfang 1970 wurde Hilmar Schmid von der Leitung des Jungmännerwerkes gefragt, ob er bereit sei, in den Dienst des Jungmännerwerkes der EKU-Ost als Theologi-

---

203 Hilmar Schmid in seinen „Erinnerungen“

scher Leiter und Nachfolger von Günther Hein zu treten. Hilmar Schmid begann seinen Dienst im Jungmännerwerk am 1. Juli 1970 und war somit auch der Generalsekretär des Bruderrates der Jungmännerwerke in der DDR. Im Oktober wurde er durch den Ratsvorsitzenden der EKU, Bischof Fränkel, in sein Amt eingeführt. Er bekleidete dieses Amt bis zum Dezember 1982 und war danach in dieser Funktion noch ehrenamtlich tätig bis zum Amtsantritt seines Nachfolgers Arne Witting im August 1983. Nun galt es, sich mit den Mitarbeitern, die seit Jahren im Jungmännerwerk arbeiteten und sich profiliert hatten, auf die Arbeitsweisen in der Zentrale und im Land zu einigen. Trotz einiger theologischer Differenzen zu Fritz Hoffmann und einigen anderen Mitarbeitern des Jungmännerwerkes *gab es nur die Bereitschaft, mich zu akzeptieren und mir für die Arbeit den Rücken zu stärken.* Schmids wohnten mit ihren fünf Kindern zu der Zeit, also ab 1970, in Pfaffendorf, wo er eine aufgelöste Pfarrstelle ehrenamtlich ausfüllte. Das war 80 km vom Berliner Büro in der Sophienstraße entfernt. Der Dienst im Jungmännerwerk war das Kontrastprogramm zur Arbeit vor Ort. Als Vertreter des Jungmännerwerkes gegenüber der EKU und Generalsekretär des Bruderrates ging es gegenüber den Partnern im Werk und in der Kirche einerseits und dem Staat andererseits um Verhandlungsgeschick und Flexibilität. Als Leiter eines Werkes mit Wirtschaftsbetrieben und Angestellten waren Fähigkeiten in der Verwaltung und Menschenführung gefragt. Er verstand sich als Brückenbauer und ausgleichende Person zwischen der Amtskirche und den pietistisch geprägten Mitarbeitern des Jungmännerwerkes. Eine neue Satzung und Ordnung des Jungmännerwerkes musste erstellt werden, um die alte des Ostwerkes den neuen Gegebenheiten anzupassen.

Eine wesentliche Aufgabe sah der neue Generalsekretär darin, die Landeswarte und Jugendwarte in ihrem missionarischen Auftrag zu stärken und zu schulen. Lehrwochen für

Jugendevangelisation wurden durchgeführt. Auf theologischen Arbeitswochen konnten sich Pfarrer und Jugendwarte fortbilden lassen. Gelegenheit, das Thema Jugendevangelisation in die Ausbildung der Jugendwarte einzubringen, hatte Hilmar Schmid durch seine Mitgliedschaft im Kuratorium und durch seine nebenamtliche Lehrtätigkeit an der Predigerschule Paulinum.

Die notwendigen Sanierungsarbeiten in der Sophienstraße 19 und in mehreren Häusern des Werkes führten zur Bildung eines „Bautrupps". Zu ihm gehörten Handwerker, die vom Jungmännerwerk angestellt wurden und bereit waren, als kirchliche Mitarbeiter für weniger Geld als in staatlichen Betrieben zu arbeiten. Das war ein besonderer Dienst junger Männer in einer besonderen Situation und Zeit. So konnten manche Häuser des Werkes Schritt für Schritt renoviert werden.

Als Generalsekretär der Jungmännerwerke war er „geborenes" Mitglied in verschiedenen Gremien. Im Ökumenischen Arbeitskreis für Bibellesen (ÖAB) für den deutschsprachigen Raum war er bis 1990 der Vorsitzende der DDR-Gruppe. In der Kommission Kirchliche Jugendarbeit (KKJ) und der ökumenischen Arbeitsgemeinschaft christlicher Jugend (AGCJ) vertrat er mit einem weiteren Landesjugendwart das Jungmännerwerk. Die Arbeit in diesem Gremium war nicht ganz spannungsfrei. Sie war konfliktbeladen, weil die Kommission den Status und die Vielfalt der Jungmännerwerke als Hindernisse in ihren Bemühungen zu einer Zentralisierung der kirchlichen Jugendarbeit ansah. Auf der anderen Seite war die Kommission aber das Gremium, über das die materielle Hilfe lief, die von der Arbeitsgemeinschaft der Evangelischen Jugend (aej) in der Bundesrepublik ausging.

1979 konnte Hilmar Schmid zusammen mit Rudolf Reese an der Sekretärskonferenz des europäischen CVJM in Canterbury teilnehmen. 1981 gelang die Teilnahme an der CVJM-Weltbundtagung in Estes Park (Colorado, USA).

Über die Zeit im Jungmännerwerk sagt Hilmar Schmid:

> *Im Blick auf die Zusammenarbeit unter unseren drei Werken sind wir in Laufe der Jahre viele gute Schritte weitergekommen. Der Bruderrat und seine Kompetenzen haben eine deutliche Stärkung erfahren. Das tut gut, wenn man sich aufeinander verlassen kann. Das Entscheidende ist, dass Brüder sich niemals aufgeben.*

Zur Zeit des Dienstes im Jungmännerwerk musste notgedrungen seine Abneigung zum Sport der Einsicht weichen, dass die Probleme, die ihm sein Herz und der Kreislauf bereiteten, nur durch Ausdauertraining in den Griff zu kriegen waren. So begann Hilmar Schmid regelmäßig zu laufen, zuerst weniger als einen Kilometer, dann aber waren zehn Kilometer kein Problem mehr. Ein Sportunfall beim Schwimmen brachte vorerst das Aus für das Lauftraining. 1992 konnte er dann wieder mit dem Lauftraining anfangen.

Nach seinem Ausscheiden aus dem Dienst im Jungmännerwerk wurde Hilmar Schmid zum Superintendenten des Kirchenkreises Oberspree in Berlin berufen und erhielt eine halbe Pfarrstelle in Köpenick-Altstadt, wo er mit den Pfarrkollegen Lehrgänge für christliches Grundwissen entwickelte. Weil er durch den erwähnten Sportunfall unter Tinnitusgeräuschen litt, konnte er seinen Dienst in der lärmbelasteten Großstadt nicht mehr wahrnehmen. In Erkner, am Rande Berlins, bekam er eine neue Pfarrstelle. Hilmar Schmid trat diese Pfarrstelle im November 1986 an und blieb dort bis zu seiner Pensionierung 1995. Es gab neue Herausforderungen, aber auch Bewährtes aus der Köpenicker Zeit, so die „14-Wochen-Lehrgänge“ zur Vermittlung christlichen Grundwissens. Seit August 1995 wohnen die Schmids in ihrer Ruhestandswohnung in Rüdersdorf. Im Ruhestand tun die Schmids, was sie bis 1989 nicht konnten: mit dem Auto und Wohnwagen Europa erkunden und das, was Hilmar Schmid immer schon getan hatte: in Gottesdiensten predigen und Bibelarbeiten halten. 1998 hat Hilmar Schmid eine umfangreiche, nicht verlegte Autobiografie mit einer ausführlichen Beschreibung der Dienste und Strukturen des Jungmännerwerkes geschrieben.[204] Im Rückblick auf seine Erfahrungen in einem totalitären Regime stellt Hilmar Schmid fest:

> *Es war möglich, ohne „vorauseilenden Gehorsam" und viele „verbale Loyalitätserklärungen" in der kirchlichen Jugendarbeit tätig zu sein, in äußerst sensiblen Gebieten zu handeln und dabei der eigenen Überzeugung treu zu bleiben."*

Egon Slopianka
Europasekretär von 1973 bis 1990

Egon Slopianka (links) mit dem Vorsitzenden des euroäischen CVJM-Bundes Terry Redcliff

Egon Slopianka wurde im November 1926 in Ortelsburg in Masuren geboren. Dort verlebte er auch seine Jugendzeit und ging dort auch zur Schule. Die masurische Landschaft weckte in ihm die Liebe zur Natur. Mit dem Beginn des Zweiten Weltkrieges war es mit der Ruhe und Beschaulichkeit in Masuren vorbei. Mit 18 Jahren wurde Egon zum Militärdienst eingezogen und an die Westfront geschickt. Seinen Wunsch, nach dem Krieg Medizin zu studieren, hoffte Egon dennoch verwirklichen zu können. Die Flucht seiner Mutter mit seinen drei Geschwistern mit dem letzten Zug Richtung Westen im Januar 1945 erlebte Egon nicht mit. Die Mutter kam mit den Kindern im Emsland unter. Sein Vater blieb in Masuren, um mit dem letzten Aufgebot, dem Volkssturm, die Heimat gegen die Rote Armee zu verteidigen. Egon wurde an der Westfront einge-

204 Unter www.hilmar-schmid.de nachzulesen. Alle Zitate sind diesen „Erinnerungen" entnommen.

setzt. Wegen einer Rippenfellentzündung kam er in Würzburg ins Lazarett. Dort war er auch, als die Amerikaner in die Stadt einrückten. Egon kam erst in amerikanische Kriegsgefangenschaft, dann in französische. Seinen Traum, Medizin zu studieren, konnte er wegen des fehlenden Abiturs nicht verwirklichen. Als Kriegsgefangener arbeitete er im Labor einer Chemiefabrik. Nach seiner Entlassung 1949 versuchte Egon, eine Lehrstelle als Chemielaborant zu bekommen. Eine Lehrstelle hat er nie erhalten. Er arbeitete schließlich als Werkprüfer in der Baustoffindustrie.

Während der Kriegsgefangenschaft im Lager Clermont-Ferrand lernte Egon durch die Kriegsgefangenenhilfe des YMCA-Weltbundes den CVJM kennen. Nach seiner Rückkehr aus der Gefangenschaft schloss sich Egon dem CVJM in seiner Ortsgemeinde in Lathern, Emsland an und wurde auch bald als Mitarbeiter dort und über die Ortsgrenzen hinaus bekannt. Leitende Mitarbeiter des CVJM-Nordbundes drängten Egon Slopianka, eine Ausbildung an der CVJM-Sekretärschule zu machen. Nach der Ausbildung bekam er 1954 eine Stelle als CVJM-Sekretär in Bielefeld. Er war dort der einzige Hauptamtliche. Sein Aufgabenbereich war schwerpunktmäßig die Jungmännerarbeit in ihrer ganzen Vielfalt an Sport, Freizeiten, Bildungsprogrammen. Egon wurde zum Pionier in Sachen Basketball in Bielefeld. Das Spiel hatte er in der Kriegsgefangenschaft und an der CVJM-Sekretärschule kennengelernt.

In Bielefeld lernte Egon auch seine spätere Frau Erika kennen. Sie war Uhrmacherin im Geschäft ihres Vaters, einem Vorstandsmitglied des CVJM Bielefeld. Sie lernten sich 1954 kennen und heirateten 1959. Als Delegierter des deutschen CVJM nahm Egon Slopianka an der 100-Jahr-Feier des CVJM-Weltbundes in Paris teil. Für die CVJM-Sekretärskonferenz arbeitete er als Übersetzer. Während dieser Zeit besuchte er den CVJM-Ortsverein in Paris und bekundete sein Interesse, für ein Jahr dort zu arbeiten. 1958 war es dann endlich so weit. Im UCJG Paris arbeitete Egon ein Jahr lang als stellvertretender Generalsekretär und Programmsekretär. In seine Zuständigkeit fiel auch das Wohnheim für afrikanische Studenten. *Dort begann mein Interesse an Afrika durch die Arbeit mit afrikanischen Studenten zu wachsen.* Während der 100-Jahr-Feier nahm er Kontakt mit afrikanischen CVJM-Leitern auf, unter anderem auch mit dem Präsidenten des nigerianischen CVJM, Chief Oyesina aus Ibadan. Dieser fragte ihn, ob er nicht nach Afrika kommen wolle. Egon war nicht abgeneigt; seine Präferenz war jedoch ein frankofones Land. Der Weltbund hatte vorgesehen, Egon in den Kongo zu entsenden. Die politischen Entwicklungen ließen dies aber nicht zu. Auch Madagaskar schien keine zukunftsträchtige Perspektive zu sein. Egon war inzwischen auch bereit, sich in ein Englisch sprechendes Land entsenden zu lassen. Seine Frau Erika war von der Idee, nach Afrika zu gehen, gar nicht begeistert. Noch aber war es nicht soweit.

1957 fand in Kassel eine Weltratstagung des CVJM-Weltbundes statt. Während dieser Tagung stand Chief Oyesina auf und rief dem deutschen CVJM zu: *Kommt herüber und helft uns.* Sein Wunsch war es, zusätzlich zu den Sekretären aus den USA und Kanada einen deutschen CVJM-Sekretär ins Land zu holen.

1958 ergab sich aber erst einmal für Egon Slopianka die Chance, in Paris zu arbeiten. Nach seiner Pariser Zeit nahm Egon eine Stelle im CVJM Essen an. In Essen fiel dann die Entscheidung für ihn, sich nach Ibadan in Nigeria als Bruderschaftssekretär der AG der CVJM aussenden zu lassen. Im Oktober 1963 reisten Egon und Erika Slopianka nach Nigeria aus. In der West-AG bildete sich spontan ein „Opferring Nigeria“, der die Arbeit finanziell unterstützte.[205]

---

205 Der Dienst deutscher Bruderschaftssekretäre wird offiziell von CVJM-Gesamtverband betreut und koordiniert. Die finanziellen Verpflichtungen tragen die Mitglieder des CVJM-Gesamtverbandes.

Die Aufgabe des Bruderschaftssekretärs war, eine CVJM-Arbeit in Zusammenarbeit mit den Kirchen in der Millionenstadt Ibadan und in der westlichen Region aufzubauen, Programme zu entwickeln, Mitarbeiter zu schulen, dem Verein finanzielle Mittel zu erschließen und ein Haus für die Aktivitäten zu finden. Egon hatte die Idee, eine Druckerlehrwerkstatt aufzubauen. Aus ganz bescheidenen Anfängen ist im Laufe der Jahrzehnte mithilfe deutscher Fachleute und Maschinenspenden eine überall im Land anerkannte und produktive Lehrwerkstatt entstanden. Auch die in der „Western Region“ existierenden CVJM wollten betreut und die Mitarbeiter geschult werden. Neue CVJM im Lande entstanden. Der Plan, eine Lehrwerkstatt für Schreiner in einem dieser Vereine aufzubauen, scheiterte. Egon Slopianka knüpfte viele Verbindungen zu Behörden, Clubs und Firmen, die dem CVJM ermöglichten, Programme anzubieten und seine Arbeit auszubauen. Nach zehn Jahren verließen die Slopiankas Nigeria. Neue Herausforderungen warteten in Europa auf sie.

Obwohl es seit 1949 einen europäischen CVJM-Verband gab, gab es keine festen Strukturen oder Arbeitsweisen. Es war ein loser Zusammenschluss von CVJM-Verbänden, die sich zu Konferenzen trafen, gelegentlich europäische Camps und Lehrgänge im Internationalen CVJM-Institut Mainau und Sportveranstaltungen durchführten. Mit Schaffung der politischen europäischen Behörden waren die Jugendverbände gezwungen, sich zu strukturieren und sich eine Plattform für ihre Belange zu schaffen. 1973 entschied sich das europäische CVJM-Komitee, einen hauptamtlichen Sekretär anzustellen. Egon Slopianka wurde der erste hauptamtliche CVJM-Europasekretär. Ein bescheidenes Büro wurde im Gebäude des CVJM-Gesamtverbandes eingerichtet. Seine Aufgaben waren u. a. Plattformen für Programme der verschiedenen Arbeitszweige zu entwickeln[206] und den

[206] Solche gab es bereits im Sport (European Sports Committee und in der Campingarbeit (European Camping Group) für Jugendliche.

europäischen CVJM bei den europäischen Instanzen zu vertreten. Von einem gemeinsamen Interesse der Nationalverbände konnte in Europa noch keine Rede sein. Neue Programme entstanden auf Initiative einiger weniger Nationalverbände, die dann doch so etwas wie ein europäisches CVJM-Bewusstsein entwickelten. Entscheidenden Anteil hatte sicher das Euromeet in Österreich 1988 anlässlich des Jahres der Jugend. Mitte der siebziger Jahre kam TEN SING aus Norwegen und begeisterte schnell die Verantwortlichen und Jugendlichen in anderen Ländern. Ein Netz von CVJM-Interrailprogrammen spannte sich über Europa, als für Jugendliche die Möglichkeit geschaffen wurde, mit dem Interrail Ticket durch Europa zu reisen. Egons Bemühungen, die Jahreshauptversammlungen zu richtungsweisenden Konferenzen werden zu lassen, trugen nach und nach ihre Früchte. Dort wurden gemeinsam die Weichen für die europäische CVJM-Arbeit gestellt und mehr und mehr leitende Mitarbeiterinnen und Mitarbeiter der nationalen CVJM übernahmen Verantwortung im CVJM Europa.

Die größte Herausforderung für den Europasekretär kam jedoch mit der Öffnung der Grenzen und dem Zusammenbruch der kommunistischen Jugendstrukturen in Osteuropa. Zur Europäischen Delegiertenversammlung 1990 in Wuppertal konnten schon Vertreter der entstehenden CVJM aus einigen osteuropäischen Ländern teilnehmen. Es war aber auch die Versammlung, bei der „Mister Europe" in den Ruhestand verabschiedet wurde. Die Kontakte zum polnischen CVJM und seiner Heimat hielt er aufrecht. Masuren wurde zu seiner zweiten Heimat. Dort konnte er sich ganz seinem Hobby, den Naturstudien im Mikrokosmus, widmen, an Konferenzen teilnehmen und sich in Berlin ein Labor und eine bemerkenswerte Bibliothek aufbauen.

1992 zogen Slopiankas von Hannoversch Münden in ihr neu erbautes Haus in Ostfriesland. Die gemeinsame Zeit im Ruhestand war leider nur sehr kurz. 1994 starb seine

Frau Erika. Egon siedelte nach Berlin um. Der härteste Schlag für den viel belesenen Egon Slopianka war das Nachlassen seiner Sehkraft mit zunehmenden Alter.

Schwächen und Enttäuschungen hat es genug gegeben und vielleicht braucht man die, um stark zu sein. Ich habe immer wieder erfahren, dass ich oft Verlierer in den Augen der Welt war, aber nur dann stark war, wenn ich im Auftrag Jesu seinem Wort treu war, dass seine Kraft in den Schwachen mächtig ist.

Eine Lebenserfahrung gibt Egon als Rat weiter: *Erhalte dir die Neugier, Entdeckungen zu machen ,aber nimm dich nicht zu wichtig.*

Walter E. Sommer
Präses des CVJM-Gesamtverbandes von 1987 bis 1995

Walter Eugen Sommer wurde im November 1928 auf Java, damals Niederländisch-Indien, geboren. Sein Vater war dem Ruf der Rheinischen Mission gefolgt, die junge Kaufleute für die Versorgung ihrer Missionsstationen über den rheinisch-borneischen Handelsverein suchte.

1933 kam die Familie Sommer mit ihren damals vier Kindern zurück nach Stuttgart. In der Schule wurde er von seinen Freunden gedrängt, mit in die Jungschar zu kommen. Die unbeschwerten Jungscharjahre 1933/34 waren bald vorüber. Ab 1935 mussten alle Jungen gleichzeitig im Jungvolk und ab 14 Jahren in der Hitlerjugend sein. So traf man sich zweimal in der Woche mit denselben Jungen und meist mit denselben Leitern, einmal als Jungscharler und andermal als Jungvolker. Weil in der Jungschar Sport und Geländespiele verboten waren, waren es biblische Erzählungen, die den Schwerpunkt der Jungschararbeit bildeten. Nach einer Sommerfreizeit im Jahr 1934 wurde Walter gefragt, ob er an Jesus glaube. Nach dem er das bejahen konnte, ließ er sich mit 18 Jahren taufen. Walter war als Kind nicht getauft worden, weil sein Vater einer pietistischen Gruppe angehörte, nach deren Auffassung die Kindertaufe nicht biblisch ist. Nachdem der damalige Jungscharleiter zur Wehrmacht eingezogen wurde, wurde Walter gebeten, die Leitung der Jungschar zu übernehmen. Aber auch diese Zeit war bald vorbei. Die gesamte Schulklasse, zu der Walter gehörte, wurde im Januar 1944 als Luftwaffenhelfer eingezogen. Nach einer kurzen Zeit an den Flakbatterien um Stuttgart wurde die Einheit ins Industriegebiet Auschwitz verlegt. Dort konnte er die ausgemergelten und wie Hunde behandelten KZ-Häftlinge beobachten, die für Hilfsarbeiten herangezogen wurden. Später bekennt Walter Sommer: *Ich bin bis zum heutigen Tag mit der Situation nicht fertig geworden.* Bevor die Russen Auschwitz einnehmen konnten, schickte der befehlshabende Major die jungen Leute nach Hause. Auf dem Weg nach Westen gerieten sie in amerikanische Kriegsgefangenschaft. Nach sechs Monaten Dahinvegetierens unter freiem Himmel und ständigem Hunger wurde Walter entlassen. Ein besonderes Erlebnis hat ihn in dieser schweren Zeit ganz existenziell die Gültigkeit der Zusage des 23. Psalms erleben lassen. Beim Anstehen für das Essen wurde vier Männer vor ihm die letzte Ration ausgegeben. Er bekam kein Essen mehr. Er las in seinem Lieblingspsalm die Worte „Du bereitest mir einen Tisch im Angesicht meiner Feinde, du salbest mein Haupt mit Öl und schenkst mir voll ein." Im Rückblick sagt Walter: *Und ein Wunder geschah. Ich war satt. Ich hatte keinen Hunger mehr.*

Zurück in Stuttgart galt es, eine Lehrstelle zu finden. Sein Wunsch, eine Offizierslaufbahn bei der Handelsmarine zu beginnen, konnte nicht realisiert werden. So wurde er das, was er nie werden wollte: Kaufmann. Aber im Rückblick kann Walter sagen: *Er führet mich auf rechter Straße*. In dieser Zeit waren Ernst Schiele, Paul Heiland, Heiner Völker und Helmut Lamparter wichtige Wegbegleiter für ihn und viele junge Männer in den Jungmännerkreisen des CVJM. Dort wuchs Walter zwangsläufig in die Leitungsverantwortung hinein. Nach der Lehre hatte er im Rahmen des deutsch-amerikanischen Jugendaustausches die Gelegenheit zu einen sechsmonatigen Aufenthalt in Michigan/USA.

Wieder in der Heimat, wurde er aufgrund seiner Erfahrungen in Leitungsgremien für Jungmännerarbeit auf Landesebene berufen. Als der damalige Reichswart des Reichsverbandes der Evangelischen Jungmännerbünde, Erich Stange, das Jungmännerforum ins Leben rief, wurde Walter als einer der Vertreter des Evangelischen Jungmännerwerkes Württemberg (ejw) in dieses Gremium berufen, in dem ihm bald die Leitung übertragen wurde. Das Jungmännerforum war kein offizielles Gremium des Reichsverbandes, aber eine wichtige Diskussionsplattform, die sich mit allen Fragen der Jungmännerarbeit befasste. In der fraglichen Zeit war es in erster Linie die Wehrdienstfrage. Am Handbuch für Jungmännerarbeit hat Walter Sommer tatkräftig mitgearbeitet. Ein besonderer Ort für die Ostertagungen des Jungmännerforums war die Burg Liebenzell. Dort haben sich Walter Sommer und Fräulein Hannelore Aigner verlobt. Kennengelernt hatten sie sich 1947 bei einem Krippenspiel im CVJM-Heim Degerloch. Trotz der Warnungen eines Leiters: *Wenn Sie den Walter heiraten wollen, dann wird das immer so sein. Ostern wird er immer auf der Jungmännerfreizeit sein*, haben sie 1956 geheiratet.

Das Jungmännerforum war auch das Gremium, das die jungen Männer, die an der 100-Jahr-Feier des CVJM-Weltbundes in Paris teilnehmen sollten, vorbereitete. Und als der Weltbund für die Arbeitsgruppen je einen Vertreter der Erdteile benannt haben wollte, wurde Walter Sommer als Vertreter der europäischen jungen Männer benannt. In Paris erlebte Walter auch die Voreingenommenheit einiger Delegierter gegenüber den Deutschen als Folge des Zweiten Weltkrieges. Er erlebte aber auch Versöhnung nach vielen gegenseitigen Anklagen und Vorwürfen. Die klare christliche Ausrichtung der deutschen Delegation wurde weithin mit Verwunderung aufgenommen und führte damals und auch später, wie Walter Sommer als Präses des CVJM-Gesamtverbands erlebte, zu kontroversen Diskussionen.

Als ein Nachfolger für Hermann Kupsch im Amt des Präses für den CVJM-Gesamtverband in Deutschland gesucht wurde, war es Konrad Eisler, der Walter fragte, ob er nicht bereit sei, das Amt zu übernehmen. 1987 wurde Walter Sommer auf der Delegiertenversammlung zum Präses gewählt. Er hat dies Amt bis 1995 bekleidet. Der absolute Höhepunkt seiner Amtszeit war zweifelsohne die Wiedervereinigung mit den Jungmännerwerken der DDR zu einem gemeinsamen CVJM-Gesamtverband in einem feierlichen Akt im Kasseler Rathaussaal im April 1991. Schon immer hatte Walter Sommer intensive Kontakte zu den Evangelischen Jungmännerwerken, insbesondere zu Thüringen gepflegt. Eine Einrichtung, die Walter Sommer heute noch am Herzen liegt, ist das Missio-Center in der Sophienstraße in Berlin-Mitte. Der Generalsekretär Ulrich Parzany hatte Evangelisation zu seinem Schwerpunktthema gemacht. Und bei der Suche nach einer praktischen Umsetzung kam der Gedanke einer Schule für Evangelisation auf. Walter Sommer unterstütze diese Idee mit aller Kraft und half entscheidend mit, dass im Oktober 1993 das Missio-Center eröffnet werden konnte.

Im Alter von fünfzig Jahren kam eine neue Herausforderung auf Walter Sommer zu. Er wurde gefragt, ob er nicht die Geschäftsführung in der Altenfürsorge der Evangelischen Altenheimat für das Personal- und Heimwesen übernehmen wolle. Der diakonischen Altenarbeit galt fortan sein ganzes berufliches Engagement.

1971 wurde Walter Sommer in die Landessynode der Evangelischen Kirche Württemberg gewählt. Dort erlebte er von der Position der evangelischen Sammlung aus die Auseinandersetzungen um die Ökumene und feministische Theologie. Trotzdem bekennt Walter Sommer, dass man bei all den unterschiedlichen Positionen im Laufe der Jahre gelernt hatte, aufeinander zu hören und sich zu respektieren. Im Finanzausschuss der EKD war er der Fürsprecher der freien Verbände. Die „Treffpunkte" der älteren Freunde und Förderer des ejw sind ihm auch noch heute ein besonderes Anliegen. Außerdem gehörte Walter Sommer zum Kuratorium der Evangelischen Akademie Bad Boll. Schon in seiner Zeit als Kaufmann arbeitete er im Verband christlicher Kaufleute, heute Christen in der Wirtschaft, mit. Für sein vielfältiges Engagement erhielt er 1995 das Bundesverdienstkreuz und von der Landeskirche wurde er mit der Johann-Brenz-Medaille geehrt.

Als die Zeit des Ruhestandes nahte, hoffte das Ehepaar Sommer, all das nachholen zu können, was durch das vielseitige Engagement Walters zu kurz gekommen war. Leider war der Start in den Ruhestand sehr beschwerlich. Seine Frau Hannelore erlitt einen Schlaganfall und musste gepflegt werden. Drei weitere folgten. *Das Leben musste und muss ganz neu arrangiert werden,* bekennt Walter als 80-Jähriger, *aber auch hier habe ich erfahren: Dein Stecken und Stab trösten mich.*

Zum 80. Geburtstag erhielt er vom Vorstand des CVJM-Gesamtverbandes für die Verdienste als Präses des CVJM-Gesamtverbandes den CVJM-Ring. Als Walter Sommer im Frühjahr 2010 bei einem Spaziergang stürzte und einige Zeit im Koma lag, musste er sich danach wegen fortschreitender Demenz in Pflege begeben.

Hermann Sörgel
Präses des CVJM-Gesamtverbandes von 1995 bis 2002

Hermann Sörgel wurde im Februar 1939 in Lauf a. d. Pegnitz geboren. Als die Jungschararbeit in Lauf wieder aufgenommen wurde, nahm ihn sein älterer Bruder Helmut mit in die Jungschar. Dort aber störte der „Kleine" durch ständiges „Schmarren", was zur Folge hatte, dass Helmut aufgefordert wurde, den Hermann demnächst zu Hause zu lassen. Damals kam man frühestens mit neun Jahren in die Jungschar. Er wurde dann später ein regelmäßiger Besucher der Jungschar. Seine erste Aufgabe als Mitarbeiter war, den Ofen vor den Jungscharstunden anzuheizen, was ihm den liebevollen Spottnamen „der Einheizer" einbrachte. In der Jungschar hat Hermann die ersten Glaubensschritte getan. Als Jugendlicher war Hermann auch Mitglied im örtlichen Sportverein, wo er seinem Interesse am Laufen nachgehen konnte und auch zu einigen Erfolgen kam. Später hat er durch seine geistliche Anbindung an den CVJM aus eigener Entscheidung die Tätigkeit im Sportverein aufgegeben. Das verschaffte ihm die Zeit, sich als Mitarbeiter im CVJM zu engagieren. Er übernahm 1961 die Leitung des Jungmännerkreises und später die des Jungfamilienkreises. Als um 1958/59 die älteren Brüder des CVJM Lauf die Verantwortung in jüngere Hände legen wollten, bot sich Hermann selbstverständlich an, Verantwortung zu übernehmen. Aufgrund seiner Ausbildung an der Bayerischen Vereinsbank übernahm er als 20jähriger das Amt des Kassierers. Sein Jugendfreund und Bergkamerad Ludwig Walz wurde als Vorsitzender des CVJM Lauf gewählt.[207]

---

207 Von Ludwig Walz, dem Autor der Chronik „100 Jahre CVJM

1975 folgte ihm Hermann Sörgel in dieses Amt. Beide waren später auch in leitenden Funktionen auf Landesverbandsebene tätig. Hermann war Anfang der achtziger Jahre stellvertretender Vorsitzender. Ohne dass sein Freund Ludwig davon wusste, schlug Hermann diesen als Schatzmeister vor, und Ludwig Walz wurde als Schatzmeister berufen. Hermanns sportliche Leidenschaft waren auch Hochgebirgstouren. Von 1957 bis 1963 unternahm Hermann mit anderen bergbegeisterten CVJMern teilweise sehr extreme Touren in den Alpen. Zu denen gehörte auch eine Überschreitung des Gletschermassivs zwischen Zermatt und Saas Fee. In Saas Fee wurden später dann vom CVJM-Landesverband Bayern Skifreizeiten durchgeführt, bei denen Hermann mitarbeitete.

1968 heiratete Hermann Sörgel seine Verlobte Betty Gömmel. Siebzehn Jahre währte die Ehe. Ihnen wurden drei Söhne geboren: Wolfgang, Hartmut und Achim. 1981 erkrankte Betty schwer. 1985 starb sie an den Folgen einer später hinzukommenden Krebserkrankung. *Der größte Tiefpunkt in meinem Leben war sicherlich der Tod meiner ersten Ehefrau im Jahr 1985. … Aber es hat mich wieder getröstet, dass meine Frau im Glauben gestorben ist.*[208]

Ab 1972 gehörte Hermann der Delegation des Landesverbandes an, die an den Delegiertenversammlungen des CVJM-Gesamtverbandes teilnahm. Nach sechs Jahren Erfahrung in diesen Delegationen wurde er 1978 in den Hauptausschuss gewählt. 1991 wählte ihn die Mitgliederversammlung des Landesverbandes zu ihrem Vorsitzenden. 1995 trat er die Nachfolge von Walter Sommer als Präses des CVJM-Gesamtverbandes an. Mit Hermann Sörgel und Ulrich Parzany standen nun zwei recht unterschiedliche Charaktere an

---

Lauf", hat der Autor viele der verarbeiteten Angaben zu Hermann Sörgel erhalten.

208 In einem Interview mit Peter Kaiser von der Landeskirchlichen Gemeinschaft im Frühjahr 2000.

der Spitze des größten deutschen Jugendverbandes. Aber durch seine Leitungsfunktion im Landesverband war er eine notwendige Ergänzung zum Generalsekretär. Mit der Erfahrung auf Landesverbandsebene konnte er zwischen den sehr selbstbewussten Mitgliedern vermitteln und in Bayern die Anliegen des Gesamtverbandes gut vertreten.

> *Hermann Sörgel war und blieb Vorsitzender des CVJM-Landesverbandes Bayern, als er zum Präses des CVJM-Gesamtverbandes gewählt wurde. Die Verantwortlichen der anderen Mitgliedsverbände trauten ihm zu, dass er die Verantwortung in beiden Leitungsämtern sorgfältig unterscheiden konnte. Zugleich brachte er lange praktische Erfahrungen aus der Arbeit eines Mitgliedsverbandes in die Leitung des Vorstandes des CVJM-Gesamtverbandes ein. Aus seiner ehrenamtlichen Mitarbeit an der Basis war die Entschlossenheit gewachsen, dass CVJM-Arbeit immer dynamisch-missionarisch sein müsse. Seine berufliche Tätigkeit als Banker in leitender Position hat ihn zu einem Experten für den sorgfältigen Umgang mit den immer sehr begrenzten finanziellen Ressourcen des CVJM gemacht. In seine Amtszeit fiel die Planung und Durchführung des „Pavillons der Hoffnung", der als „Wal" populär geworden war. Das erforderte vom Präses sowohl unternehmerischen Wagemut als auch haushalterische Sorgfalt. Hermann Sörgel verband auf sehr hilfreiche Weise die inspirierende Begeisterung mit der kritischen Nüchternheit.*[209]

1992 lernte Hermann auf einer Traumschiffreise des CVJM durch das Mittelmeer die Lehrerin Ingrid Kroll kennen. 1993 heirateten sie. Ingrid brachte den Sohn Andreas mit in die Ehe. In Heilsbronn schafften sie sich ein neues Zuhause, in das sie 1997 einziehen konnten. Bis Ende 2000 war Hermann Sörgel Direktor der Bayerischen Vereinsbank in Nürnberg mit den Schwerpunkten im Wertpapiergeschäft und der Vermögensanlage. Hermann war Lektor der Kirchenge-

[209] Ulrich Parzany über Hermann Sörgel

meinde in Lauf und viele Jahre Mitglied im Kirchenvorstand. Er engagierte sich bei ProChrist, beim Christival und für die Arbeit des Evangelium-Rundfunks. Außerdem war er Mitglied in Verwaltungsräten der an den CVJM-Gesamtverband angegliederten Gesellschaften und im Verwaltungsrat des Nürnberger Krankenhauses und Diakoniewerkes Martha-Maria und im Kuratorium anderer Stiftungen. Seinen vorgezogenen Ruhestand konnte er für ein verstärktes ehrenamtliches Engagement besonders im CVJM nutzen.

Im Sommer 2001 zeigten sich die ersten Symptome einer beginnenden Krankheit. Im Herbst war es für ihn immer schwieriger, sich auf den Ablauf von Sitzungen zu konzentrieren. Am 24. November diagnostizierten die Ärzte des Krankenhauses Martha-Maria in Nürnberg nach einer Kernspintomografie einen Hirntumor. Am 6. Dezember wurde Hermann in Erlangen operiert. Danach erholte er sich rasch und es kam ein wenig Hoffnung auf. Hermann konnte noch einmal an der Gesamtmitarbeitertagung des Landesverbandes auf der Burg Wernfels teilnehmen. Er gab bei dieser Gelegenheit den Mitarbeitern ein eindrucksvolles Zeugnis über sein Leben mit der Krankheit. Dann folgte eine Reihe von Bestrahlungen. Ingrid ließ sich von der Schule beurlauben. So konnte sie sich ganz der Pflege ihres Mannes widmen. Hermanns Zustand verschlechterte sich weiter. Am Osterdienstag, dem 2. April 2002, verstarb er infolge einer Lungenembolie. Eine Woche später wurde er in Lauf zu Grabe getragen.

Hermann Sörgel hat oft in Andachten und Bibelarbeiten über die Erfahrungen gesprochen, die er mit seiner kranken ersten Frau und bei ihrem Tod gemacht hat. Dabei hat er stets auf die Aussage Bengels verwiesen und zitiert: *Gott hilft uns nicht am Leiden vorbei, aber er hilft uns hindurch.* Das hat er, nach Aussagen seiner Frau und engster Freunde, nun selbst durchlebt. Kurz vor seinem Tod schrieb er einen bewegenden Brief vom Januar 2002 an seine Freunde.

Jesu Gegenwart spüre ich täglich mit sehr großer Freude. Ich bin dessen gewiss, dass unser Herr uns täglich nahe ist und er es gut mit uns meint. Das ist der Grund, warum ich getrost und freudig bleiben kann. Deshalb ist auch der Fortgang der Krankheit nicht das Problem, das mich von früh bis Abend bewegt. Das überlasse ich vertrauensvoll unserem Herrn, und auch, wie er mein Leben weiterhin gestalten will. Ich freue mich jeden Tag darüber, dass unser Herr und Heiland es gut mit mir meint und Wert darauf legt, dass ich mich zu ihm bekenne und täglich in seiner Nachfolge bleibe, die mein Lebensziel darstellt. Nicht nur mit diesem Lebensziel will ich leben, vielmehr soll mein Leben in Zukunft viel missionarischer werden als bisher. Das habe ich Gott versprochen.

Dazu, wie Hermann Sörgel dachte, das tun zu können, kam es nicht mehr. Aber die letzten Wochen seines Lebens sind so eindrückliche missionarische Zeugnisse, dass er sein Versprechen bereits erfüllen konnte, bevor er es selbst aussprach.

Günter Steffenhagen
Vorsitzender des Bruderrates der Jungmännerwerke von 1984 bis 1990 und der Gemeinsamen Kommission 1990/91

Günter Steffenhagen wurde im Mai 1939 in Labiau in Ostpreußen geboren. Dort lebte er bis Anfang 1945 mit seiner Mutter und seinen vier Geschwistern eine behütete Kindheit. Als die Rote Armee anrückte, begann die Flucht mit all ihren Grausamkeiten des Zweiten Weltkriegs. In einem Alter, in dem normalerweise Kinder mit der Schule beginnen, erlebte Günter den Hunger und den Kampf ums Überleben und das ohne den Vater; Dienstverpflichtungen verboten damals das Verlassen der Arbeitsstätte. Die Flucht der Mutter mit den fünf Kindern quer durch Deutschland endete in Erfurt. Die Mutter legte Wert auf eine christliche Erziehung der Kinder. Die Steffenhagens schlossen sich der Luthergemeinde in Erfurt an. Als er zwölf Jahre alt war, fragte ihn sein Pfarrer: *Du glaubst, dass Jesus Christus dein Herr und Heiland ist? Dann erzähle es den anderen und übernimm die Jungschar der Kleinsten. – Dieser Ruf, es war ein Sendungsbefehl, prägte mich ein Leben lang* bekennt Günter Steffenhagen. Die Worte aus dem Römerbrief: „Ich schäme mich des Evangeliums nicht, denn es ist eine Kraft Gottes, die selig macht alle, die daran glauben" (Römer 1,16) standen in erhabenen Lettern über dem Eingangsportal der heimischen Lutherkirche. Sie haben Günter geprägt und geleitet. Es tröstete und trug auch, als er die Mitteilung bekam, dass ein Oberschulbesuch an bestimmte politische Voraussetzungen gebunden sei, die er nicht erfülle. Damit war die Möglichkeit, ein staatliches Studium aufzunehmen, nicht gegeben.

Kummer empfand Günter Steffenhagen darüber nicht. Er bekennt, dass Gott sein Leben mit Freude erfüllte. Ausdruck und Raum fand diese Grundstimmung im Mitwirken beim Singen und in einem Posaunenchor. Und mit dem Posaunenchor nahm Günter an den großen Jungmännertreffen in Thüringen und am Petersbergtreffen teil. Diese Treffen waren weitere intensive Glaubens- und Gemeinschaftserfahrungen.

Da ihm ein Studium verwehrt war, begann Günter Steffenhagen eine Lehre als Lokomotivbauer und machte darin auch seinen Abschluss.

Als der Vater, sehr spät, aus russischer Gefangenschaft heimkam, lernte er den ursprünglichen Beruf des Vaters und wurde Korbmacher in dem Handwerksbetrieb des Vaters. Meisterprüfung 1968, Selbständigkeit, Galerie für Kunsthandwerk folgten. Die Werkstatt war mehr als nur eine Arbeitsstelle. Hier arbeiteten Gleichgesinnte und hier wurde Behinderten eine Chance gegeben.

1961 heiratete Günter Steffenhagen die Lehrerin Hannelore Hein. Aus der Ehe erwuchsen die Kinder Michael und Katja. Das Haus Steffenhagen war ein gastfreies Haus. Namhafte Evangelisten aus dem Ausland, solange das möglich war, und der DDR genossen die Gastfreundschaft.

Im Jahr der Eheschließung begann das Theologische Fernstudium seinen ersten Kurs. Mit dem Abschlusszeugnis und der Ordination wurde ein neues Arbeitsfeld eröffnet, die freie Wortverkündigung. Fortan trug die ganze Familie den Beruf, eine hinzugekommene Aufgabe als Berufsschullehrer, regelmäßiger Verkündigungsdienst in der Kirche und Aufgaben im Jungmännerwerk. *Und wieder war es der Ruf, dem ich folgte, als Kurt Eis, Landesjugendwart in Thüringen, sagte: „Stell dich zur Wahl für den Vorstand. Wir brauchen dich.*" Günter folgte! Er wurde gewählt, 1979 wurde er Vorsitzender des Evangelischen Jungmännerwerkes Thüringen, im April 1984 Vorsitzender des Bruderrates der Jungmännerwerke. Er hatte dieses Amt bis zur Zusammenführung aller CVJM-Landesverbände/Jungmännerwerke zum neuen CVJM-Gesamtverband im April 1992 inne. Es war die besondere Aufgabe eines ehrenamtlichen Vorsitzenden, deutlich zu machen, dass das Jungmännerwerk, obwohl es ein Werk der Kirche war, in seiner Leitung und Arbeit unabhängig war und von Ehrenamtlichen geleitet wurde. Das galt es immer wieder, auch im Angesicht der finanziellen Abhängigkeit von der Kirche, ihr gegenüber deutlich zu machen. Günter Steffenhagen sah auch seine Aufgabe darin, das geistliche, vom Evangelium geprägte Profil der Jungmännerwerke, wie es in der Pariser Basis formuliert ist, in der Zeit einer populär werdenden Theologie der „Entmythologisierung" zu stärken. Ein klares Bekenntnis zu Jesus Christus half ihm auch, sich vor ungerechtfertigen Verdächtigungen von Seiten der staatlichen Organe zu schützen, die bei Treffen mit den Geschwistern vom CVJM-Gesamtverband oder bei Großtreffen durch IMs oder über Abhörgeräte alles bis ins Detail erfuhren.

Als Vorsitzender des Bruderrates hatte Günter Steffenhagen die Gelegenheit, an den YMCA-Weltratstagungen 1985 in Dänemark und 1988 in Aruba teilzunehmen. *Unvergessen ist für mich das Ringen um den Fortbestand der Pariser Basis. Beeindruckend war für mich die Bruderschaft aus vielen Völkern, ein Vorgeschmack des einen Gottesvolkes.* 1990 konnte Günter Steffenhagen auf Einladung des japanischen CVJM zu dessen Jahrestagung zum Thema „ein Jahr nach der Wende" zu den Delegierten und vielen internationalen Gästen sprechen.

Als nach der politischen Wende Überlegungen über den zukünftigen Weg der Jungmännerwerke und die Frage, wie der CVJM-Gesamtverband bei der Neuorientierung helfen könnte, anstanden, wurde Günter Steffenhagen zum Vorsitzenden der „Gemeinsamen Kommission" gewählt. Es war eine schwierige Aufgabe, waren die Vorstellungen über die Zukunft der Jungmännerwerke doch recht unterschiedlich. Günter Steffenhagen konnte dann noch einige Jahre im Vorstandsmitglied des CVJM-Gesamtverbandes mitarbeiten.

Mit der politischen Wende kam auch bald das Aus für die Galerie Maître. Die Korbmacherprodukte waren nicht mehr gefragt. Günter Steffenhagen musste sich beruflich neu orientieren. Seine Vorbildungen gaben die Richtung vor, denn Günter Steffenhagen hatte nebenberuflich bereits zu DDR-Zeiten ein Fachstudium für Berufsschullehrer absolviert. Eine Weiterbildung im Bereich sozialer, pädagogischer und beruflicher Rehabilitation qualifizierte ihn für den Aufbau und die Leitung eines Rehabilitationszentrums für behinderte Menschen im Christlichen Jugenddorfwerk Deutschlands, im CJD Erfurt. Dort war er bis zu seinem Ruhestand im Mai 2009 tätig. Aber auch danach ließen ihn CVJM und die Behinderten nicht los. Günter Steffenhagen gründete eine Malschule für Menschen mit Behinderungen und konnte erleben, welch positive Einflüsse diese Tätigkeit auf die Entwicklung der Menschen hatte, wie viel seelsorgerliche Arbeit daraus erwächst. Diese ehrenamtliche Aufgabe nimmt er noch immer wahr.

CVJM-Presse, Lokalpresse und Evangeliums-Rundfunk fanden Interesse an Günter Steffenhagens Lebensgeschichte. Es folgte eine Reihe von Interviews, in denen er seine im Glauben an Jesus wurzelnde Liebe zu den Menschen und seine Begeisterung für den CVJM zum Ausdruck bringen konnte. Auf die Frage nach der Zukunft des CVJM sagt er:

> *Der CVJM hat so lange eine Zukunft, wie er als Zentrum seiner Botschaft Jesus Christus als die Mitte und die Hoffnung unseres Lebens verkündigt. Es zeichnet ihn aus, wenn er grenzüberschreitend arbeitet. Nicht nur territorial, sondern auch grenzüberschreitend im Sinne von Glaubensanschauungen. … Der CVJM ist gut beraten, wenn er die Grundlagen unseres Glaubens sich immer wieder zusprechen lässt. Die Grundlagen, dass wir von Gott berufen sind. In dieser Berufung ist unser irdischer Blick himmelwärts gerichtet, sodass wir der Ewigkeit die Tür öffnen, auf der Grundlage des Glaubensbekenntnisses auf IHN warten, der kommen wird, zu richten die Lebenden und die Toten, in einem klaren Zeugnis vor der Welt in Wort und Tat.*

Günter Steffenhagen bekennt, nun über 70 Jahre alt: *Es gab manch Erdenleid, aber der Herr hat seine Freude bis zum heutigen Tag nicht von mir genommen, Halleluja!*

„Freut euch in dem Herrn allewege! Und abermals sage ich euch: Freuet euch!“[210]

---

[210] Alle Zitate aus einem Brief an den Autor, August 2009

Arne Witting
Generalsekretär des Bruderrates der Jungmännerwerke in der DDR 1983 bis 1991

Arne Witting wurde im September 1943 in Weimar als Sohn eines Pfarrers geboren. Sein Vater fiel 1945 in den letzten Kriegstagen. Auch sein Großvater war Pfarrer. Schon als Sechsjähriger soll Arne den Wunsch geäußert haben, Pfarrer zu werden. Die Jahre nach Kriegsende und dann die immer schwieriger werdenden Auseinandersetzungen um den Bestand der kirchlichen Jugendarbeit ab 1953 hat Arne als Kind und Konfirmand miterlebt. In Weimar gab es eine lebendige Jugendarbeit, geprägt durch den Jugendpfarrer Martin Giersch, der der Boykotthetze bezichtigt und angeklagt wurde und ins Gefängnis kam. Nach Weimar kam dann Jugendwart Eberhard Laue. Er verstand es, die Jungen zu begeistern und geistlich zu prägen. Begleitet durch ihn und den Gemeindepfarrer hat Arne seine ersten Glaubensschritte getan. Er wurde Jungscharhelfer, erlebte Jugendevangelisationen mit Fritz Hoffmann. Arnes Glauben wurde gefestigt und vertieft bei Teilnahme an Rüstzeiten in den Neinstedter Anstalten und den kirchlichen Wochen in Thüringer Wald-Gemeinden. Wie für viele Christen in dieser Zeit war auch für Arne ein klares Bekenntnis zum christlichen Glauben gefordert. Weil Arne die staatliche Jugendweihe ablehnte und auch bei der FDJ nicht mitmachte, war er ausgesondert. Aber wie Arne Witting dankbar bekennt, war *man zwar immer ein Stück für sich, aber nicht alleine.* Vor eine schwierige Situation wurde er durch mehrfache Musterungen für die Nationale Volksarmee gestellt. Totalverweigerung oder zu den Bausoldaten? Dankenswerterweise wurde er als Pfarrer dann nicht eingezogen.

Ab 1958 war Arne Witting ehrenamtlich in der Jugendarbeit tätig, übernahm nach und nach Leitungsaufgaben vor Ort und im Jungmännerwerk und arbeitete im Jungmännerarbeitskreis (JMAK) des thüringischen Werkes mit. So lernte er die Arbeitsweise, Strukturen und Dienste des Jungmännerwerkes kennen. 1962 machte Arne sein Abitur. Seinen Kindheitswunsch konnte er danach in die Tat umsetzen. Er konnte Theologie in Jena und Berlin studieren. 1967 legte Arne Witting an der Humboldtuniversität in Berlin das erste Theologische Examen ab und wurde im November 1969 nach dem zweiten Examen in Eisenach als Pfarrer der Evangelisch-Lutherischen Landeskirche Thüringen ordiniert. Während seines Studiums in Berlin gehörte er zum Studentenkreis, der sich in der Zentrale des Jungmännerwerkes in der Sophienstraße regelmäßig traf. Seine Vikarstelle wurde auch seine erste Pfarrstelle in Oettersdorf in Ost-Thüringen.

Während des Studiums in Berlin lernte Arne die Vikarin Barbara Priester kennen. 1968 haben sie geheiratet. Barbara Witting wurde durch die Heirat Pastorin zur Anstellung. Das bedeutete für sie das Ruhen der Ordinationsrechte. In Thüringen konnte sie aber zunächst als Krankenhausseelsorgerin tätig werden und später im eigenen Pfarramt ihren Beruf ausüben.

In Oettersdorf hat Arne sofort mit der Jugendarbeit begonnen, indem er für die Jugendlichen Junge-Gemeinde-Abende veranstaltete und mit ihnen auf kirchliche Jugendtreffen gefahren ist. 1972 wurde Arne Witting Kreisjugendpfarrer für den Kirchenkreis Schleiz. Das „Schleizer Oberland“ hatte sich seinen pietistisch geprägten Charakter erhalten. In den Dörfern gab es eine kleine Zahl von bekennenden Christen, auf die man zählen konnte. So war es auch möglich, Kreisjugendtage zu veranstalten und zu Jugendkreuzwegen einzuladen.

Das war wunderschön, Jugendkonvente, Jugendtage, Jugendkreuzweg, immer mit Stasibegleitung. Wir haben das ganz frech ohne Anmeldung gemacht. In Schleiz zogen wir, eine Gruppe von etwa 100 Jugendlichen, durch die ganze Stadt, von der evangelischen zur katholischen und methodistischen Kirche. Bis zur Bergkirche haben wir das Kreuz hochgetragen. Mit Lichtern und selbstgemalten Plakaten. Verwarnungen bekam man immer.

In dieser Zeit wurden den Wittings ihre Kinder geboren, zwei Söhne und eine Tochter.

1974 wechselte die Familie von Oettersdorf nach Gfell[211] und Hirschberg (Saale) und übernahm ein Doppelpfarramt im Grenzgebiet. Zu den betreuten Gemeinden gehörte auch der durch eine Mauer geteilte Ort – hier Thüringen – drüben Bayern.

Es war kein leichter Dienst in diesen bedrängten, verängstigten Kirchgemeinden, vor allem immer ein Zittern: bekommst du den Passierschein, um den Dienst ausüben zu können? Wie oft wurde uns gedroht, wenn wir uns nicht richtig verhalten hatten.

Die Zeit war geprägt vom Kampf gegen Atomwaffen, dem Engagement der Jugendlichen bei „Schwertern zu Pflugscharen" und der Selbstverbrennung von Pfarrer Brüsewitz. Nicht immer war sicher, ob die Gottesdienste stattfinden konnten, weil unter Umständen die Pfarrerin aufgehalten worden war.

Zu den Evangelisationsveranstaltungen, die die Wittings in dieser Zeit durchführten, kamen immerhin 200 junge Leute, für ein dünnbesiedeltes, landwirtschaftliches Gebiet eine stattliche Zahl.

---

211 In Gfell wurde 1850 der erste Jünglingsverein Thüringens gegründet. Das 125. Jubiläum wurde mit dem Landesjugendwart Eberhard Laue 1975 mit einer Evangelisationswoche gefeiert. (A. Witting)

1982 erreichte Arne Witting eine Anfrage der Leitung des Jungmännerwerkes der EKU, ob er nicht bereit sei, das Amt des theologischen Leiters des Werkes als Nachfolger von Hilmar Schmid zu übernehmen. Dieses Amt war verbunden mit der Funktion des Generalsekretärs des Bruderrates der Jungmännerwerke in der DDR. 1983 übernahm Arne, ohne die Möglichkeit gehabt zu haben, sich durch seinen Vorgänger einarbeiten zu lassen, diese Stelle. Mit der Leitung des Jungmännerwerkes waren vielfältige Aufgaben verbunden: Leitung der Landeswartekonferenz, Begleitung der Jugendwarte zwischen Magdeburg, Görlitz und Greifswald, Durchführung von Lehrgängen und Rüstzeiten, Verwaltung der Häuser und Buchhandlungen. Die Häuser mussten fortlaufend renoviert und ausgebaut, die finanziellen Probleme mussten gelöst und die bestehende Arbeit musste gefestigt werden.

Die ökumenischen Kontakte und die zum CVJM-Gesamtverband wurden vertieft. Ausländische CVJM-Besuchergruppen lernten die Arbeit des Jungmännerwerkes kennen. Arne Witting hatte die Gelegenheit, an den CVJM-Weltratstagungen in Nyborg Strand/Dänemark 1985 und Aruba 1988 teilzunehmen.

Im Herbst 1989 änderte sich die Situation schlagartig. Die Jungmännerwerke standen vor einer neuen Herausforderung, mit der man nicht gerechnet hatte und bei der man nicht auf Erfahrungen zurückgreifen konnte.[212] Das Jungmännerwerk der EKU zerfiel und musste umgestellt werden, weil sich nach und nach die Landesverbände Sachsen-Anhalt und Görlitzer Kirchengebiet als selbstständige CVJM-Landesverbände formierten und der Landesverband Pommern sich dem Nordbund anschloss. Arne Witting hatte nun die nicht leichte Aufgabe, die Wege des bisherigen Ostwerkes in neue Bahnen zu lenken und die notwendigen Neugründun-

212 Vgl. „Die Jungmäner formieren sich neu"

gen mit vorzubereiten. Aus dem Bruderrat wurde der CVJM-Dachverband-Ost, der 1992 aufgelöst wurde, als alle neuen Landesverbände im Osten Deutschlands dem CVJM-Gesamtverband beitraten.

Arne Witting, der für seinen Dienst in Berlin von der Thüringischen Kirche beurlaubt war, kehrte 1991 als Superintendent nach Greiz zurück in den Dienst der Thüringischen Kirche. Dort stand die Konsolidierung und Neustrukturierung der Gemeinden und Kirchenkreise an, was praktisch eine Reduzierung der Pfarrstellen und Kirchenkreise bedeutete: z. B. Reduzierung der Superintendenturen von 40 auf 18. Das war auch immer mit persönlicher Not der betroffenen Mitarbeiter und Gemeinden verbunden. Im Jahr 2000 ging Arne Witting noch einmal ganz bewusst in eine Gemeindepfarrstelle und war bis zu seinem Ruhestand im Jahr 2006 in Warsungen/Werra tätig.

Zur Zeit der Erstellung der Kurzbiografie lebt er mit seiner Frau im Weimar. Sein Konfirmationsspruch aus Hebräer 13,9 ist ihm Leitwort in all seinen Verpflichtungen und Hilfe bei allen Entscheidungen gewesen: „Lasst euch nicht durch mancherlei und fremde Lehren umtreiben, denn es ist ein köstlich Ding, dass das Herz fest werde, welches geschieht durch Gnade.“[213]

---

[213] Alle Zitate und Angaben stammen aus einem Interview mit dem Autor am 2. April 2009

TEIL 3

Die Abzeichen

Das CVJM-Dreick

Ein oft missverstandenes Symbol

Das gleichseitige CVJM-Dreieck hat der Sportlehrer am YMCA-College in Springfield, Mass. / USA, Dr. Luther Gulik, 1891 entworfen. Nach seinen eigenen Worten wollte er damit die Einheit und Symmetrie der menschlichen Natur von „body, mind and spirit“ zum Ausdruck bringen. Er wandte sich vor allen Dingen gegen die vorherrschende Meinung, körperliche und geistige Kraft ständen in keinem Zusammenhang. Dass das Dreieck auf der Spitze steht, zeigt die Balance und verwehrt die Interpretation, als sei ein Balken, ein Begriff die Basis für die anderen. Die Übernahme des Dreiecks durch den deutschen CVJM als symbolhaftes Zeichen für die Arbeit der Verbände und Vereine und die deutsche Übersetzung von „body – mind – spirit“ in Leib – Seele – Geist führte zu etlichen Missverständnissen. Die deutsche Übersetzung trifft nicht den ursprünglichen Sinn. Ein Balken, der für „spirit“ steht, wurde als Auftrag des CVJM für die Verkündigung des Evangeliums verstanden. Von einem geistlichen Aspekt, im Sinne von missionarisch-evangelistisch, ist jedoch bei Gulik nicht die Rede. Sein Dreieck versinnbildlicht die Symmetrie der menschlichen Natur, die Ganzheitlichkeit des menschlichen Geschöpfs. Ein Auftrag des CVJM lässt sich daraus erst dann daraus ableiten, wenn die Bedeutung der Begriffe klar ist. Body – die Physis, der Körper; Mind – das Denken, der Intellekt; Spirit – die innere Einstellung, die Geisteshaltung. Daraus ergeben sich Bedürfnisse, Handlungen, Lebensäußerungen und Lebenseinstellungen, die von außen beeinflusst werden können. Wenn überhaupt, dann setzt hier die Überlegung ein, wie der CVJM darauf antworten kann und soll. Aus dem Dreieck lässt sich aber auf keinen Fall der Auftrag der Verkündigung des Evangeliums ableiten. Dieser begründet sich im Auftrag Jesu an seine Jünger, wie er dann in der Pariser Basis 1855 für den CVJM konkretisiert wurde. Und dieser steht über der menschlichen Natur, die im CVJM-Dreieck symbolisch dargestellt ist.

Das Eichenkreuz

Abschaffung eines ungeliebten Zeichens

Ab 1921 war das Eichenkreuz das Abzeichen für die gesamte Arbeit im Nationalverband der Evangelischen Jungmännerbünde. Nach dem Zweiten Weltkrieg wurde es nach und nach das Abzeichen für die Sportarbeit. Seit den 70er Jahren wurde es ausschließlich als Bezeichnung und Abzeichen der Sportarbeit im CVJM benutzt. Der „Erfinder" des Zeichens, Johannes Tack aus Duisburg, erläuterte in einem Brief vom Mai 1990 an den Autor, warum der das Symbol so entwarf und wie es dann vom Vorstand akzeptiert wurde.

> *Ich sah meine Aufgabe darin, die beiden Symbole des Christentums und des Deutschtums nicht nur darzustellen, sondern auch in Beziehung zueinander zu setzen. Wenn wir uns als Christen verstehen, dann hat das Kreuz unbedingten Vorrang. Alles andere muss sich dem unterordnen. Um diesen Gedanken in Klarheit zum Ausdruck zu bringen, fügte ich die drei Eichenblätter in die drei oberen weißen Balken des Kreuzes ein. ... So konnte dieser Eichenzweig mit den Blättern schließlich selbst die Form eines Kreuzes annehmen und zu einem kräftigen Symbol werden. Das geschah 1921 ... Das Eichenlaub, zunächst nur als Symbol des Deutschtums gedacht, weist heute auf Gottes ganze lebendige Schöpfung hin, die es zu bewahren gilt.*

In den achtziger Jahren wurde beim deutschen Patentamt der Namens- und Zeichenschutz, der vor dem Zweiten Weltkrieg schon bestand, erneuert. In den neunziger Jahren wurde die Gebührenzahlung an das Patentamt eingestellt und der rechtliche Schutz aufgegeben. Die Sportarbeit des CVJM-Gesamtverbandes trug weiterhin den Namen „Eichenkreuzsport im CVJM" und war auch unter diesem Namen Mitglied im Deutschen Sportbund. 2006 beschloss der Ausschuss für Sport im CVJM-Gesamtverband die Bezeichnung Eichenkreuz nicht mehr zu verwenden und stattdessen die Sportaktivitäten fortan „CVJM-Sport" zu nennen.

Personen, die in leitender Funktion in den Verbänden tätig waren[214]

Vorsitzende und leitende Landeswarte der Jungmännerwerke

Jungmännerwerk der EKU

Die theologischen Leiter waren ab 1957 gleichzeitig Generalsekretäre des Bruderrates

1934 bis 1945	Arnold Dannenmann
1946 bis 1950	Georg Wichmann
1950 bis 1952	Fritz Hoffmann (kommissarisch)
1952 bis 1955	Ernst Höver (kommissarisch)
1955 bis 1958	Ernst-Eugen Meckel (Gründung des Bruderrates 1957)
1959 bis 1970	Günter Hein
1970 bis 1982	Hilmar Schmid
1983 bis 1991	Arne Witting

[214] Bezieht sich auf die im Text beschriebenen Verbände, vgl. auch Einleitung

Vorsitzende des Verwaltungsrates des Jungmännerwerkes im Bereich der EKU

1934 bis 1950	Arnold Dannenmann
1950 bis 1956	Hans Radke
1956 bis 1963	Bernhard Heinrich Forck
1963 bis 1966	Friedrich Krahnert
1966 bis 1971	Dr. Reinhold Pietz
1972 bis 1976	Peter Müller
1977 bis 1988	Reinhard Becker
1989 bis 1992	Gerhard Kopp

Die Vorsitzenden des Bruderrates:

Bis 1974 gab es keine Vorsitzenden. Die Sitzungen wurden vom jeweiligen Gastgeber geleitet.

1974 bis 1980	Klaus Müller
1980 bis 1984	Karl-Heinz Wild
1984 bis 1992	Günter Steffenhagen

Landeswarte der Landesstelle Berlin-Brandenburg

Die Leitung der Landesstelle hatte die Zentrale in Berlin, deshalb gab es keine leitenden oder geschäftsführenden Landeswarte. Hier werden alle Landeswarte aufgeführt, die in der Landesstelle gearbeitet haben.

1937 bis 1961	Herbert Hennersdorf
1959 bis 1967	Horst Reichelt
1964 bis 1973	Johannes Kutschbach
1972 bis 1983	Ekkehard Wicher
1973 bis 1984	Peter Müller
1978 bis 1991	Christian Eggert
1986 bis 1994	Wolfgang Bunzel

Geschäftsführende Landeswarte der Landesstelle Sachsen-Anhalt

1936 bis 1966 Fritz Hoffmann
1966 bis 1976 Rudolf Reese

1976 bis 1981	Peter Grundmann
1981 bis 1999	Rainer Saurbier

Landeswarte/Kreisjugendwarte der Landesstelle Görlitz

1950 bis 1959	Horst Reichelt
1959 bis 1968	Horst Tasche
1969 bis 1979	Frieder Schirrmeister
1980 bis Sommer	1990 Frieder Böttger
1990	Johannes Ramm († 15.8.94)

Landeswarte in Pommern/Landesstelle Greifswald

1955 bis 1966	Rudolf Reese
1966 bis 1976	Ehrenfried Fuhrmann
1976 bis 1985	Horst Lamprecht
ab 1987	Frank Schindler

Jungmännerwerk Sachsen

Vorsitzende:

1952 bis 1964	Helmut Apel
1964 bis 1970	Walter Tschickart
1970 bis 1984	Karl-Heinz Wild
1984 bis 1992	Otto-Ernst Groh

Geschäftsführende Landeswarte:

1946 bis 1952	Fritz Riebold
1952 bis 1955	Eduard Degen
1955 bis 1971	Herbert Gehre
1971 bis 1976	Fritz Reschke
1976 bis 1977	Wolfgang Freitag
1977 bis 1995	Albrecht Kaul

Jungmännerwerk Thüringen

Vorsitzende

1922 bis 1953	Martin Jentsch[215]
1953 bis 1967	Walter Pichert
1967 bis 1979	Hans Schulz
1979 bis 1984	Wolfgang König
1984 bis 1998	Günter Steffenhagen

Leitente Landesjugendwarte

1939 bis 1950	Willi Stetter
1950 bis 1953	Hellmut Böttger
1953 bis 1966	Hans Schulz
1966 bis 1981	Kurt Eis
1981 bis 1991	Dieter Oberländer

CVJM Gesamtverband in Deutschland e.V.

Vorsitzende/Präsides[216]

1969 bis 1987	Hermann Kupsch
1987 bis 1995	Walter Sommer
1995 bis 2002	Hermann Sörgel († 2. April 2002)
Ab 2003	Karl-Heinz Stengel

Generalsekretäre

1974 bis 1983	Matthias Dannenmann
1983 bis 1984	Willi Reschke (kommissarisch)
1984 bis 2005	Ulrich Parzany
2005 bis 2010	Dr. Wolfgang Neuser

---

[215] Die lange Amtszeit erklärt sich aus der Naziherrschaft, in der die Arbeit zwangsweise ruhen mußte.

[216] Die Wahl fand jeweils im Oktober statt.

Direktoren der CVJM-Sekretärschule/
des CVJM-Kollegs

1970 bis 1987	Dr. Klaus Brockhaus
1987 bis 1991	Siegfried Fischer († 16.07.1991)
1991 bis 2007	Dr. Wolfgang Neuser
Ab 2007	Ursel Luh-Maier

Rektor der CVJM-Hochschule

Ab Mai 2010	Dr. Wolfgang Neuser

Chronik ab 1945

1945 24.-26. August: Erste Vorstandssitzung des Reichsverbandes in Großalmerode
November: Beginn der Ausbildung von CVJM-Sekretären in Rengershausen
September: Mitarbeiterrüste des Jungmännerwerkes Sachsen in Moritzburg

1946 7. März: Gründung der FDJ und im Laufe des Jahres Verbot aller nicht kommunistischen Vereins- und Verbandsarbeit und evangelischer Jugendarbeit außerhalb der Kirchen
Aus dem Ostdeutschen Ev. Jungmännerwerk wird Evangelisches Jungmännerwerk – Zentrale für die kirchliche Jugendarbeit
Weltbundpräsident Dr. John Mott besucht Deutschland
Gründung des Heimkehrerdienstes im Reichsverband
Neuherausgabe versch. Monatszeitschriften im Reichsverband und seiner Mitglieder
1. Oktobertagung in Berlin

1947 Februar: Neukonstituierung des Eichenkreuz
Pfingsten: erstes Petersbergtreffen
18. Juni: Landesstelle Sachsen-Anhalt übernimmt Schloss Mansfeld
September: Zusammenkunft aller Jungmännerwerke in der SBZ in Wernigerode
10. Oktober: 1. Sitzung der Leitung des Jungmännerwerkes Thüringen (LAK)
11. Dezember: Aufnahme des Christlichen Jugenddorfwerkes in den Reichsverband

1948 Himmelfahrt: 1. Jungmännertag in Neudietendorf, Thüringen
Landesstelle Sachsen-Anhalt erhält das Huberhaus
Eröffnung der Versandstelle in Magdeburg
3. Dezember: Gründung des Heimatlosen-Lagerdienstes

1949 1. CVJM-Europakonferenz in Florenz
Pfingsten: Reichstagung in Kassel mit Teilnehmern aus der SBZ

1950 Gründung des CVJM-Reisedienstes in Kassel
Pfingsten: 1. JMAK in Neudietendorf, Thüringen
Sachsen schafft eine Ordnung für die Jungmännertage

1951 Der Reichsverband erwirbt das Eichenkreuzhaus in Willingen

1952 Herbst: Beginn der FDJ-Kampagne gegen die Junge Gemeinde und die Jungmännerwerke

1953 April: Schloss Mansfeld muss geräumt werden. Die Verleumdungskampagne gegen die Junge Gemeinde und das Jungmännerwerk erreicht ihren Höhepunkt

10. Juni: Gespräche zwischen der Kirche und der DDR-Regierung
23. September: Wiedererlangung des Nießbrauchrechtes für Schloss Mansfeld
17. Juni: Aufstand der Bevölkerung in der DDR und dessen Niederschlagung

1954 Pfingsten: Reichstagung in Stuttgart mit Teilnehmern aus der DDR (12000 Teiln.)
Einführung des neuen Reichswartes Fritz Bopp
Kirchentag in Leipzig mit Mitwirkenden aus der Bundesrepublik
Der Filmdienst im Jungmännerwerk Sachsen-Anhalt nimmt seine Arbeit auf

1955 100-Jahr-Feier des CVJM-Weltbundes in Paris
Eröffnung der Landesstelle in Greifswald

1956 Erwerb des CVJM-Familien-Erholungsheimes „Viktoria" auf Borkum
November: Richtlinien für die Arbeit mit Mädchen und Frauen im CVJM

1957 22. Februar: Militärseelsorgevertrag in der Bundesrepublik
14. Februar: Gründung des Bruderrates der Jungmännerwerke in der DDR
Pfingsten: 75-Jahr-Feier des Reichsverbandes in Bielefeld
30. September – 5. Oktober: 1. Jahreslager der Mädchenkreise im CVJM in Dassel

1958 Verordnung der DDR-Behörden zur Freizeitgestaltung Jugendlicher
Jungmännerwerk Sachsen eröffnet ein Tonstudio

Januar: Der erste Bruderschaftssekretär des deutschen CVJM, Siegfried Wagner, wird nach Montevideo ausgesandt
Pfr. Dr. Horst Fild wird Reichssekretär

1964 Pfr. Walter Arnold wird Reichsekretär

1967 Mai: Mitarbeitertagung in Siegen (Reichstagung)

1969 Oktober: Reichsverband ändert seinen Namen in CVJM-Gesamtverband
Hermann Kupsch wird Präses des CVJM-Gesamtverbandes

1970 Der CVJM-Gesamtverband erwirbt den Gebäudekomplex in der Hugo-Preuß-Straße für die CVJM-Sekretärschule. Im Oktober beginnt der Unterricht in den neuen Räumen

1971 März: Die CVJM-Sekretärschule erhält die staatliche Anerkennung als Fachschule
Mai: Mitarbeitertagung im Bernhäuser Forst/Württemberg
Oktober: Beschluss zur „Bernhäuser Basis für die Entwicklungshilfe im CVJM"

1974 Pfr. Matthias Dannenmann wird Generalsekretär

1975 Mai: 1. Europäische CVJM-Sekretärskonferenz in Bonn
September: Beginn des deutsch-israelischen Sportjugendaustausches zwischen dem religiösen israelischen Sportverband Elizur und dem Eichenkreuzsport im CVJM

1976 Oktober: Verabschiedung der Zusatzerklärung zur Pariser Basis
Ende Oktober: Mitarbeitertagung in Kassel
Dezember: Namensänderung des Evang. Jungmännerwerkes in „Evang. Jungmännerwerk – Sitz Berlin – Werk der Evang. Kirche der Union“

1977 Juli: OKR Walter Arnold wird zum Präsidenten des CVJM-Weltbunds gewählt

1978 4. Juni: 100-Jahr-Feier des Jungmännerwerkes Sachsen in Karl-Marx-Stadt
Mai: Der Papst empfängt den Präsidenten und den Generalsekretär des CVJM-Weltbundes
Februar: 1. Veranstaltungstour einer norwegischen TEN SING-Gruppe durch deutsche CVJM
50-Jahr-Feier der CVJM-Sekretärschule

1980 Pfingsten: Europäisches CVJM-Musikfestival in Kassel
Herbst: CVJM-Gesamtverband erhält die Lizenz für die Übungsleiterausbildung

1981 Der CVJM-Gesamtverband erwirbt das Haus Hintersee

1982 Pfingsten: 100-Jahr-Feier des CVJM-Gesamtverbandes in Kassel
Mai: Gründung des europäischen Bundes der CVJM (EAY)

1983 Sommerferien: Beginn des deutsch-amerikanischen CVJM-Jugendaustausches
Dezember: 1. Multiplikatorenbegegnung in den USA

1984 Pfingsten: 1. CVJM-Spiele in Kassel
Das Eichenkreuzheim Stryck/Willingen wird verkauft
Herbst: Ulrich Parzany wird Generalsekretär des CVJM-Gesamtverbandes

1985 Pfingsten: 1. Großtreffen des europäischen CVJM „Euromeet" in Oberschützen, Österreich

1986 September: Gründung der Arbeitsgemeinschaft Soldatenseelsorge (ags)

1986/87 TEN SING-Deutschlandprojekt mit TEN SING Norwegen

1987 Walter Sommer wird Präses des CVJM-Gesamtverbandes

1988 9.- 11. Dezember: 100-Jahr-Feier des Ev. Jungmännerwerkes Thüringen, Neudietendorf

1989 9. November: Öffnung der Grenzen zwischen der DDR und der Bundsrepublik

1990 Januar: Sondersitzung des Bruderrates
18. März: 1. freie Wahlen in der DDR
27./28. April: Hauptausschusssitzung in Kassel mit Vertretern der Jungmännerwerke
Bildung einer gemeinsamen Kommission
30. Juni: Gründung des CVJM-Landesverbandes Sachsen
Juni: Europäische CVJM-Kontaktgruppe in Berlin
21. August: Gründung des CVJM-Dachverbandes – Sitz Berlin
November, Satzungsänderung des CVJM-Ostwerkes, Werk der EKU

28. Dezember: Gründung des CVJM Landesverb. Schlesische Oberlausitz

1991 5. Januar: Gründung des CVJM-Landesverbandes Vorpommern
15-20. März: Intern. CVJM-Seminar für Evangelisation in Friedrichroda
April: Beitritt der CVJM-Landesverbände Thüringen, Sachsen, Schlesische Oberlausitz, CVJM-Ostwerk in den CVJM-Gesamtverband
Pfingsten: 1. gemeinsame Mitarbeitertagung in Grabenneudorf „das Leben mitteilen"
April: Projekt „missionarische Sportarbeit" in den neuen Mitgliedsverbänden startet

1992 März: Gründung der Hermann-Kupsch-Stiftung
Dezember: Gründung der Freizeit- und Erholungs-GmbH

1993 April: Gründung des CVJM-Landesverbandes Sachsen-Anhalt
31. Mai: Neugründung des CVJM-Ostwerk – Landesverband Berlin-Brandenburg
Oktober: 1. gemeinsame Tagung aller Ausschüsse und Arbeitskreise des CVJM-Gesamtverbandes und der Mitglieder
Oktober: Beginn des 1. Kursus am Missio-Center

1995 Pfingsten: Mitarbeitertagung Borkum „so werdet ihr leben"
Hermann Sörgel wird Präses des CVJM-Gesamtverbandes

1997 September: aus der CVJM-Sekretärschule wird das CVJM-Kolleg

Oktober: 1. CVJM-Osteuropakonsultation in Dassel
Ende von CVJM-Reisen GmbH

1998 13.-18.Juli: Weltratstagung des CVJM-Weltbundes in Frechen
22.-25. Oktober: 1. CVJM-Kongress in Kassel „Die Welt mit Gottes Augen sehen“

2000 1.7.-31. Oktober: Weltausstellung EXPO 2000 in Hannover, Pavillon der Hoffnung
24. August: Startschuss zur Tour der Hoffnung

2002 Karl-Heinz Stengel wird Präses des CVJM-Gesamtverbandes
Juni: Start der Ausbildungshilfe „pack's“
Ab Juni ist der CVJM-Gesamtverband als Träger des FSJ anerkannt
Oktober: CVJM-Kongress in Gera

2003 Oktober: CVJM-Kongress in Gera

2005 24.-26. Juni: KOMMT-Festival in Kassel, 150 Jahre Pariser Basis
Dr. Wolfgang Neuser wird Generalsekretär des CVJM-Gesamtverbandes

2006 Der CVJM-Weltrat wählt Martin Meißner aus Frankfurt in Durban zum Präsidenten des CVJM-Weltbundes

2007 „125 Jahre stark im Leben“ Kongresse und Konsultationen anl. des 125-jährigen Bestehens des CVJM-Gesamtverbandes

2008 Juli: Akkreditierung der CVJM-Hochschule
Strukturänderung der Gremien des CVJM-Gesamtverbandes

2009 27. März: Gründung der CVJM-Hochschule, September: Beginn der Ausbildung,
Dr. Wolfgang Neuser wird im Mai 2010 Rektor der CVJM-Hochschule

Mitgliedschaften des CVJM-Gesamtverbandes
(Stand 2010)

Arbeitsgemeinschaft der Evangelischen Jugend Deutschlands (aej)
Arbeitsgemeinschaft Missionarische Dienste im Diakonischen Werk der EKD (AMD)
Bundesarbeitsgemeinschaft Evangelischer Jugendferiendienste (BEJ)
Bundesverband Evangelischer Ausbildungsstätten
Christliche InterNet-Arbeitsgemeinschaft (CINA)
CVJM-Missio-Center
Deutscher Olympischer Sportbund (DOSB)
Deutsche Olympische Sportjugend (DOSJ)
Deutsches Jugendherbergswerk (DJH)
Diakonisches Werk der EKD
Diakonisches Werk der Evangelisch-Lutherischen Landeskirche Hannover
Europäischer CVJM-Bund
Evangelisches Missionswerk Deutschlands
Evangelischer Posaunendienst in Deutschland (EPiD)
Gemeinschaftswerk der Evangelischen Publizistik (GEP)
Industrie- und Handelskammer Kassel
Ökumenische Arbeitsgemeinschaft Bibellesen (ÖAB)
Weltbund der CVJM
Weißes Kreuz e.V. Sexualethik und Seelsorge

Arbeitshilfen, herausgegeben im Auftrag des CVJM-Gesamtverbandes
(Stand 2007)

Mitarbeiterhilfe, Fachzeitschrift für Ehrenamtliche und Hauptamtliche in der Jugendarbeit, Hrsg.: CVJM-Gesamtverband

Der Steigbügel, Arbeitshilfe für Gruppenabende und Freizeitgestaltung für die Altersgruppe der 13- bis 17-Jährigen, Hrsg.: buch & musik, Stuttgart

Jungschar, Zeitschrift für Jungen und Mädchen, Hrsg.: CVJM-Westbund

Jungscharleiter, praktisches Material für die Jungschar, Hrsg.: buch & musik, Stuttgart

Maulwurf, Ideen und Praxisentwürfe für neue Formen in der Arbeit mit jungen Menschen, Hrsg.: CVJM-Gesamtverband

KON, Arbeitshilfe für Mädchenarbeit, Hrsg.: CVJM-Westbund

Organigramme

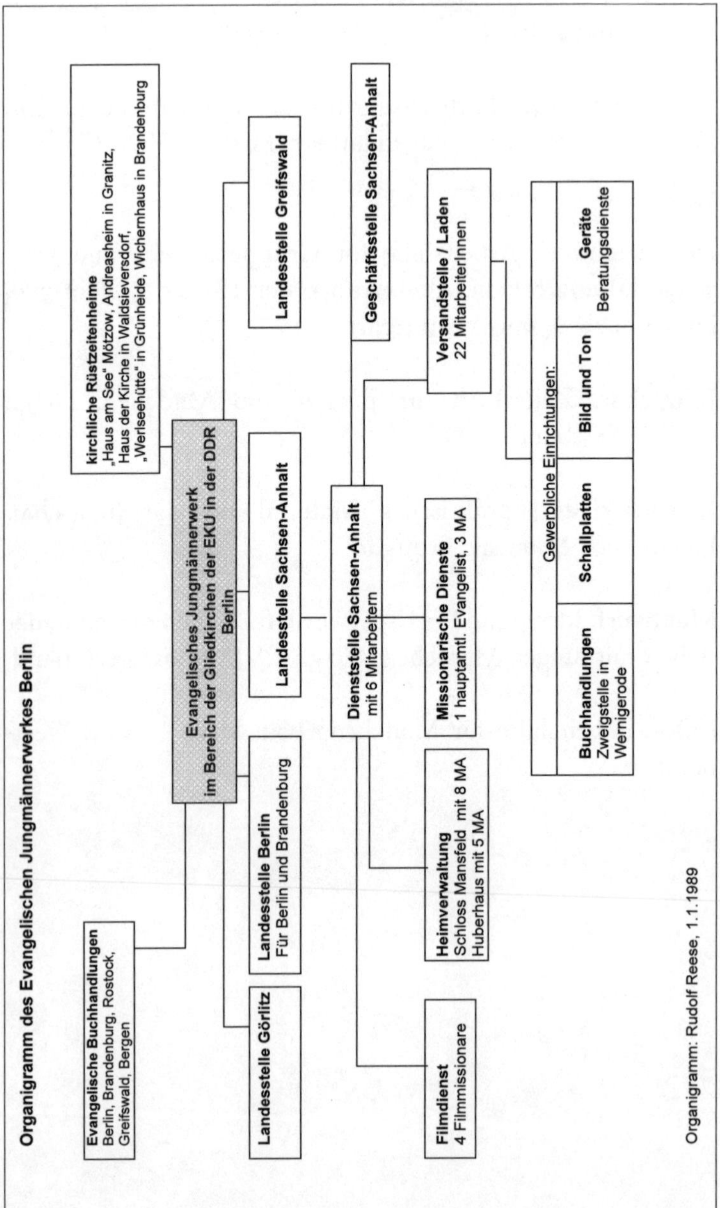

Die Referate im CVJM-Gesamtverband und ihre Aufgabengebiete 2003

Generalsekretariat

Programm und Mitarbeiter
- Jungschar
- Jugendarbeit
- Großveranstaltungen
- Mitarbeiterhilfe, Publikationen
- Kontakt zu missionar. Gruppen

Internationale Arbeit
- CVJM-Weltdienst
- Partnerschaftsarbeit
- Projektförderung
- Aktion Hoffnungszeichen
- Internationale Begegnungen
- Volontärsvermittlung
- Weltbund und europ. CVJM
- FSJ

Sport
- Meisterschaften
- Übungsl.-Lehrgänge
- Sportunterricht
- Kontakt und Vertr. in Sportgremien und sportmiss. Gruppen
- Arbeitsmaterial

& Musisch-kulturelle Bildung
- TenSing
- Jugendchöre
- Jugendkultur

Jugendpolitik
- Mitarb. in aej
- Lobbyarbeit
- Beratung bei Jgd.-Gesetzgebungen
- Aktion Politiker beim CVJM
- jugendpol. Seminare

Öffentlichkeitsarbeit
- CVJM-Informationen
- Pressearbeit
- Werbung / Internet
- neue Medien

Geschäftsführung
- Mittelverwaltung
- Buchhaltung / IT
- Versand
- Häuserverwaltung
- GmbHs

CVJM-Kolleg
- Ausbildung
- Fortbildung
- Studienmaterial
- VHM
- Lern- und Lebens-Gemeinschaft
- Verb. Intern. CVJM-Ausbildungsstätten

Der CVJM in Deutschland

CVJM Norddeutschland (Bremen) **CVJM-Westbund** (Wuppertal) **CVJM-Ostwerk Berlin-Brandenburg** (Berlin) **CVJM-Landesverband Sachsen-Anhalt** (Magdeburg) **CVJM-Landesverband Schlesische Oberlausitz** (Görlitz) **CVJM Thüringen** (Erfurt) **CVJM-Landesverband Sachsen** (Dresden) **CVJM-Landesverband Bayern** (Nürnberg) **CVJM Württemberg/Evangelisches Jugendwerk in Württemberg (ejw)** (Stuttgart) **CVJM Pfalz** (Otterberg) **CVJM-Landesverband Baden** (Karlsruhe) **AG der CVJM** (Kassel)

Evangelisches Jungmännerwerk in der DDR

3 selbständige Werke:

- Evang.Jungmännerwerk in den Gliedkirchen der EKU -Sitz Berlin
  Landesstellen in Greifswald, Görlitz, Magdeburg, Berlin
- Evang.Jungmännerwerk Thüringen (Erfurt)
- Evang.-Luth.Landeskirche Sachsen - Jungmännerwerk (Dresden)

Das Leitbild des CVJM-Gesamtverbandes

Christlicher Verein Junger Menschen

- Wir sind verbunden im Glauben an Jesus Christus.
- Wir stärken missionarische CVJM-Arbeit.
- Wir arbeiten zusammen in gegenseitiger Wertschätzung.

Christlicher **Verein** Junger Menschen

- Wir unterstützen unsere Mitgliedsverbände in der Wahrnehmung ihrer Aufgaben.
- Wir fördern die Zusammenarbeit unserer Mitgliedsverbände.
- Wir unterstützen die Gründung neuer Vereine.
- Wir richten unser Finanzverhalten an christlichen Maßstäben aus.

Christlicher Verein **Junger** Menschen

- Wir koordinieren die Arbeit der Mitgliedsverbände mit jungen Menschen.
- Wir qualifizieren Mitarbeitende durch differenzierte Bildungsangebote.
- Wir unterstützen das missionarische Engagement im Sport und seine gesundheitsfördernde Funktion.
- Wir entwickeln und begleiten musisch-kulturelle CVJM-Arbeit.
- Wir stärken die politische Bildungsarbeit mit jungen Menschen.

Christlicher Verein Junger **Menschen**

- Wir setzen uns für ein klares attraktives Erscheinungsbild des CVJM in der Öffentlichkeit ein.
- Wir vertreten die Interessen junger Menschen in Gesellschaft und Politik.
- Wir machen die weltweite Gemeinschaft der Christen für junge Menschen erfahrbar.
- Wir engagieren uns mit unseren internationalen Partnern im CVJM für benachteiligte Menschen.

Entwickelt von den Referentinnen und Referenten, beschlossen vom Vorstand am 12.4.2002 und zustimmend zur Kenntnis genommen vom Hauptausschuss des CVJM-Gesamtverbandes in Deutschland e. V. am 13.4.2002

Challenge 21

In Bekräftigung der im Jahre 1855 verabschiedeten **Pariser Basis**, die weiterhin als Grundsatzerklärung zum Auftrag des CVJM gültig bleibt, erklären wir an der Schwelle zum dritten Jahrtausend, dass der CVJM eine weltweite, christliche, ökumenische Freiwilligenbewegung für Frauen und Männer mit besonderem Schwerpunkt und echter Beteiligung von jungen Menschen ist und dass er sich zum Ziel gesetzt hat, das christliche Ideal des Aufbaus einer menschlichen Gemeinschaft, in der Gerechtigkeit, Liebe, Frieden und Versöhnung herrschen, damit die gesamte Schöpfung an der Lebensfülle teilhat.

Jeder CVJM ist deshalb dazu aufgerufen, sich bestimmten Herausforderungen zu stellen und nach den eigenen, speziellen Gegebenheiten Prioritäten zu setzen. Diese Herausforderungen, bei denen es sich um eine Weiterentwicklung der 1973 verabschiedeten Kampala-Erklärung handelt, umfassen:

- die gute Nachricht von Jesus Christus weitergeben und sich für das geistliche, intellektuelle und körperliche Wohlergehen der Einzelnen und das Wohl der Gemeinschaft einsetzen
- alle, besonders junge Menschen und Frauen, befähigen, mehr Verantwortung und Führungsaufgaben auf allen Ebenen zu übernehmen, um für eine gleichberechtigte Gesellschaft zu arbeiten
- für die Rechte von Frauen eintreten und sie fördern und die Rechte der Kinder aufrechterhalten
- den Dialog und die Partnerschaft zwischen Menschen un-

terschiedlichen Glaubens und unterschiedlicher Ideologien fördern, die kulturelle Identität von Menschen anerkennen und eine kulturelle Erneuerung unterstützen

- sich verpflichten, in Solidarität mit den armen, besitzlosen und entwurzelten Menschen sowie unterdrückten rassischen, religiösen und ethnischen Minoritäten zu arbeiten
- sich bemühen, eine Mittler- und Versöhnerrolle in Konfliktsituationen zu übernehmen, und für eine bedeutungsvolle Mitbestimmung und Förderung von Menschen für ihre Selbstbestimmung arbeiten
- die Schöpfung Gottes gegen alle sie zerstörenden Kräfte verteidigen und die Ressourcen der Erde für kommende Generationen bewahren

Um sich all diesen Herausforderungen zu stellen, wird der CVJM eine Form der Zusammenarbeit auf allen Ebenen entwickeln, die Eigenständigkeit und Selbstbestimmung stärken.

Verabschiedet am 19. Juli 1998
durch den 14. Weltrat in Frechen bei Köln.

Literaturhinweise

Kurt Eis, Auf dem Wege sein – Evangelisches Jungmännerwerk Thüringen in Geschichte und Gegenwart, 1988, CVJM Thüringen e.V., nicht verlegt

Rainer Saurbier, Schloss Mansfeld – Vergangenheit, die Zukunft hat, Dokumentation, 1998, CVJM Landesverband Sachsen-Anhalt

Hilmar Schmid, Erinnerungen, 1998, nicht verlegt, Eigenverlag

Hilmar Schmid, Das Himmelreich gleicht einem Kaufmann – Begegnungen mit Fritz Hoffmann, Hänssler-Verlag, 1998

Rolf Müller, Zwischen Eigenständigkeit und Fremdbestimmung – Die Geschichte des Sports im CVJM, 2002, CVJM-Gesamtverband in Deutschland e.V.

CVJM Sachsen, unterwegs mit jungen Menschen – 125 Jahre Jungmännerwerk Sachsen, 2003, CVJM Landesverband Sachsen e.V.

Günter Haas, über Grenzen hinaus – Momentaufnahmen aus internationalen Erfahrungen im CVJM-Weltdienst, 2004, CVJM-Gesamtverband

Johannes Leicht, Wir feiern 150 Jahre CVJM-Ostwerk – Vom Östlichen Jünglingsbund zum CVJM-Ostwerk, 2006, CVJM-Ostwerk e.V. Landesverband Berlin-Brandenburg

Ingrid und Frieder Schirrmeister, Gottes Dietrich öffnet Türen – Dietrich Heise – ein Leben für die Jugendarbeit und Evangelisation in der DDR, 2007, Evang. Kirchenkreis Schlesische Oberlausitz

Günter Haas, Die Welt mit anderen Augen sehen – Momentaufnahmen aus 50 Jahren CVJM-Weltdienst, 2008, CVJM-Gesamtverband

Wolfgang Neuser/Jürgen Wehrs, Hermann Kupsch – ein Unternehmer des CVJM, 2008, CVJM-Gesamtverband

Jürgen Wehrs, Wir sind fröhliche Leute, Geschichte des CVJM in Mecklenburg, CVJM-Landesverband Mecklenburg, Rostock 1998

Bildnachweise

Wenn nicht anders vermerkt, stammen die Bilder aus dem Archiv des CVJM-Gesamtverbandes in Deutschland e.V. Die Fotografen der im Privatbesitz befindlichen Bilder sind nicht mehr festzustellen.

Seiten 32, 51, 57 Archiv des CVJM-Landesverbandes Sachsen-Anhalt;
Seite 48 und Karte Seite 292 Archiv des CVJM-Ostwerkes;
Seite 60 Archiv des CVJM Thüringen;
Seiten 61, 242 Archiv des CVJM-Landesverbandes Sachsen;
Seiten 91, 131 Fotos Rolf Müller;
Seite 148 Foto Jürgen Daub;
Seite 149 Foto Reinhart Weiß;
Seite 218 Privatbesitz Dr. Elfriede Arnold-Seids;
Seite 223 Privatbesitz Dr. Matthias Dannenmann;
Seite 228 Privatbesitz Ursel Hoffmann;
Seite 245 Privatbesitz Hilmar Schmid;
Seite 250 Privatbesitz Egon Slopianka;
Seite 264 Privatbesitz Günter Steffenhagen;
Seite 269 Privatbesitz Arne Witting.

Dank

Mein Dank gilt all denen, die mir geholfen haben, das vorliegende Buch zu schreiben. Sie haben mir Interviews gewährt und waren für Gespräche bereit. Sie haben Beiträge geschrieben und mir Unterlagen und Fotos zur Verfügung gestellt. Sie haben mich technisch und bei der Erstellung des Manuskriptes beraten und die notwendigen Korrekturen vorgenommen. Mein Dank gilt:

Dr. med. Elfriede Arnold-Seids, Stuttgart; Pfr. Frieder Böttger, Breitenbrunn; Thomas Brendel, Görlitz; Pfr. Dr. Matthias Dannenmann, Gerlingen; Andreas Frey, CVJM-Landesverband Sachsen; Otto-Ernst Groh, Zwickau; Ursel Hoffmann, Berlin; Albrecht Kaul, Kassel; Johannes Leicht, Potsdam; Dieter Oberländer, Erfurt; Pfr. Ulrich Parzany, Kassel; Rudolf Reese, Bretnig-Hauswalde; Dieter Roll, Bad Emstal; Rainer Saurbier, Magdeburg; Frank Schindler, Altefähr; Frieder Schirrmeister, Ludwigslust; Pfr. Hilmar Schmid, Rüdersdorf; Egon Slopianka, Berlin; Walter und Hannelore Sommer, Stuttgart; Ingrid Sörgel, Heilsbronn; Günter Steffenhagen, Stedten; Ludwig Walz, Lauf; Jürgen Wehrs, Hamburg; Karl-Heinz Wild, Zwickau; Pfr. Arne Witting, Weimar, und den beteiligten Mitarbeiterinnen und Mitarbeitern in der Zentrale des CVJM-Gesamtverbandes.

Der Autor

Rolf Müller, Jahrgang 1936, lernte den CVJM in Wuppertal-Ronsdorf kennen. Nach Praktikum in Gütersloh und dem CVJM-Westbund Ausbildung an der CVJM-Sekretärschule (1958/60) mit anschließenden Gastsemestern an der DSH Köln. Gemeindejugendwart in Kassel, Sportsekretär im CVJM-Westbund bis 1973, 1973 bis 1977 Bruderschaftssekretär der AG der CVJM in Ibadan, Nigeria. 1977 bis 1999 Sportreferent und Referent für internationale Austauschprogramme im CVJM-Gesamtverband. Seit 1999 Rentner. Forschungen in CVJM-Geschichte, Krimiautor.